杜甫的

历史图景

盛世

王炳文——

著

CS 岳麓书社

序　　杜甫的前半生与大唐的盛世

杜甫（712—770）的诗歌,在中国妇孺皆知。随着《长安三万里》的热映,诗人、诗史、诗歌再次进入观众们的眼帘,李白、高适、杜甫的事迹也都栩栩如生。

本书就是一本别开生面的"杜甫传",其中也包括与杜甫有关的高适等人。

"忆昔开元全盛日,小邑犹藏万家室。稻米流脂粟米白,公私仓廪俱丰实。"杜甫《忆昔》诗是中学课本的学习内容之一,但对于杜甫早年的历史,人们其实所知不多。除了少数文学专家之外,一般文学爱好者只能从唐诗中寻觅诗人史实。可是杜诗恰恰略于早期而详于晚期。于是,多数读者只能望诗兴叹。

王炳文博士的《杜甫的历史图景：盛世》（以下简称"杜甫"）这本书则不一样。

本书从杜甫的外家崔氏讲起,追溯到崔氏的家族、高宗去世后诡秘的政治形势,追溯到杜甫的父亲杜闲、爷爷杜审言的早年生活,追溯到杜甫诞生的环境。杜甫在短短一生中,与外家过从甚密,这是作者从杜崔氏的家族写起的重要原因。他的外家诸舅在关中、剑南乃至湖南都有分布，他们是杜崔氏的从父、从祖兄弟。作者认为，杜甫在仕宦、生计、人事等多个方面，都获得了外家崔氏的重要帮助。因此，终杜甫五十九年的生命旅程，他的崔姓舅亲可以说相伴始终。

杜甫出生于开元前一年（712），作者写到安禄山造反的755年，所以"盛世"二字，适当其名。书中详细地梳理了唐代盛世的事实，内容分为"杜甫家世""少年时期""初游文场""京兆贡士""兖州趋庭""东都二年""天宝长安""帝国周边""羯胡构逆"共九章。作者下笔的重点不是杜甫的游历，而是杜甫的时代；不是杜甫的生活，而是为什么会出现杜甫，杜甫为什么会有这样的人生轨迹。

文字老辣而生动，是本书的一个特点。与李白、高适相遇那一段，见于第七章"天宝长安"的第一节"李杜相遇"：

初次相见的李白与高适颇为投缘，三人在宋州城中找了家酒肆，边饮边叙。言谈之间，高、李二人展示出的文藻才华令杜甫大为喜悦。酒酣之际，三人走出酒肆登上吹台。据传先秦著名乐师师旷曾在此演奏音乐，而这一古迹到唐代似乎已在汴州和宋州间存有争议。如果按照唐人方志《元和郡县图志》的记载，当时官方认可的吹台在汴州开封县，也就是说，李、高、杜三人游了一处"伪古迹"，他们登上的更有可能是县城南郊兔园里的吹台。兔园是梁孝王旧园，其中的吹台又名文台。但这并不妨碍他们的怀古之情，从杜甫关于宋州"名今陈留亚"的说法来看，汴、宋这两个密迩相邻的古州本就经常被人们拿来谈论比较。

不管怎样，在天宝三载这个深秋或初冬的日子，从宋州城中酒肆相扶而出的李、高、杜三人醉眼迷离，沿街往城南而去，登上了兔园中的吹台，极目远眺，怀古抚今。台东的平原杂芜遍野，极力伸展向天边，那是芒砀山的方向，大风吹动，孤云飘走，空余一片雁鹜相呼，清冷而悲壮。

虽然引用的是杜甫后来的回忆诗作，但是作者重建的是杜甫当年的过从。

李白之所以被召为翰林学士待诏，与玄宗日益崇信道家密切相关。同时被召的还有道家著名人物吴筠。正是在这种场合下，杜甫结识了李白。三人都是盛唐诗坛的风云人物。作者的重点却瞄向诗坛以外。

众所周知，开元年间的吏治与文学之争，对于长安政坛影响巨大。对于初入文场的杜甫来说，张说、张九龄的黯然失色，也对他产生了莫大的震动，并进而影响其诗歌创作和人生道路。这一点也许读者略知一二，可是对于集贤书院成立前后的政治事件和人际关系，读者则知之较少，而这无疑影响到对于杜诗的理解，进而影响到对杜甫其人行事与作品的理解。

鲜于仲通在唐代政坛上，地位不高不低。但是，他与杨国忠、杜甫都存在不可忽视的关系，交情不浅。因此，杨家、鲜于家族都是研究杜甫不可忽视的历史群体。作者构建了"章仇—鲜于—杨"政治团体，指出其内部地位，特别是天宝三载（744）杨钊进京后，这种权力结构发生的潜在变化。同时，作者重点讨论了"章仇—鲜于—杨"集团蜕变为"鲜于—杨"政治结盟之后产生的连锁反应。这些史实的揭示，让人恍然大悟，茅塞顿开。

从杜甫开元十八年（730）"忤下考功"算起，到天宝四载（745）来到京师，整整十五年间，他没有再参加科举考试。这种情况的原因是多方面的。作者从杜甫父亲杜闲的四品职官位置及其用荫的规定说起，可谓深中肯綮。杜甫不能忍受从斋郎之类的身份起家。尽管姚崇等重臣是以挽郎身份入仕的，但是，作为读书人的杜甫，是"耻不以文墨达"的。作者推测杜闲应当有着常科及第的正式出身，加上祖父杜审言又是正牌进士出身，这就令杜甫难免承受着巨大的压力。

杜甫应该参加了天宝六载那次李林甫主持的考试，可惜没人中选。史家对这次考试有许多微词（谓李林甫从中作梗）。从天宝六载至天宝八载（747—749），杜甫少有诗作，原因可能是他在这段时间与杨氏成婚，杨氏是杜宗文、杜宗武的母亲，她出身名门，杨父为司农少卿杨怡。此期间，杜甫在长安的主要朋友，有郑虔、岑参、顾诚奢等。作者认为对于杜甫个人而言，这三年诗作的空白期非常重要。经过数年积累，杜甫最终通过献给玄宗的《三大礼赋》，获得了皇帝的青睐。

就在此时稍前，杜甫的好友高适获得张九皋的推荐。张九皋时任宋州刺史，是故相张九龄之弟。高适参加有道科考试及第，授为封丘尉（封丘现在隶属河南省新乡市）。担任这个从九品的基层文官考满之后，已过五十岁的高适，决定前往长安，另寻进身之机。正是在这种情况下，天宝十一载（752）秋，高适与杜甫、岑参、储光羲、薛据等人相会于京师，并且一同登上慈恩寺塔，借景抒怀。王炳文细致考察了高适得任河西节度使掌书记之后对于杜甫心态和行为的影响。世称的"杜工部"就是因为杜甫曾任工部员外郎。这是杜甫在四川幕府的带职。杜甫入仕幕府可能受到了好友高适的影响。这也是那个时代士人普遍的出路，学富五车的韩愈，就不是一次性科举及第，也是在幕府供职才踏入仕途的。对于一般杜诗爱好者而言，这可能是不大会注意的细节。可是炳文却将那些故事娓娓道来。

同样的精彩也体现在对安禄山的事迹问题的书写。作者是研究安禄山及其兵变的专家，出版有《从胡地到戎墟：安史之乱与河北胡化问题研究》（北京师范大学出版社，2020），而且颇获业内好评（参见 2021 年 6 月 27 日《燕京书评》）。因此这段内容写得也很精彩，发许多前人未发之覆。

作者从阿史德氏家族谈到安禄山母子，说安禄山之母在安家最先可能只是妾，甚至奴婢，她并不是嫁给安家为继室。安禄山的发迹是偶然，但也有那个时代唐朝与边境胡族关系的必然。在开元二十一年（733）前，青年安禄山在幽州所从事的工作，属于市马牙人兼官方牧子。作者还详细研究了当日边镇的巨大财政开支情况。在这里我要引申几句。

任何一个古典文明都是农业文明，其周边都面临着游牧部族的侵扰。这并非不同部族间的文化问题，也不是农业与畜牧业之间的生活水平问题，这是不同的文明之间的生存问题。游牧民族号称马背上的民族，有着自己的优势：快速的行动、远程的攻击、变动不居的居所。对于一个以农耕为主的中原政权来说，如果说秦皇汉武有意开疆扩土的话，唐朝盛世即开元天宝年间，则主要是保家卫国。

唐太宗到高宗武后时期，对于东北部和西北地区有所开拓，正北部的边防也达到了极致。这体现在开元之前，就是边疆节度使体制的逐渐形成。节度使体制不是为了进攻，而是防守。这是由开元天宝的边境形势决定的。既然防守，就必须久镇，既然久镇，就要改组原来的边防屯驻体制，这都是环环相套的动作。可惜，这套边防体制因为安禄山的起兵而失败了。安禄山的发迹不是贯彻守卫原则，而是扮演了进攻的一方。他据此邀功，却断送了大唐盛世江山。《杜甫》这部书所描述的时代，其实正好经历了这一变动的历史时期。

总之，作者的初衷是希望用历史学的研究方法，将杜甫置于8世纪的家族、社会、政治斗争以及地缘格局中，考证并还原出一幅杜甫当日所目睹、所身处的历史图景。这个初衷是实现了的。这需要对于事实的洞悉，对于杜甫的熟稔，能够对杜甫前半生（712—755）涉及的人事进行极其细致的钩稽与考证。本书作者是我的学生，又曾跟随杜诗研究名家谢思炜教授从事博士后工作，具备历史学和文献学的研究能力。此书读来不觉烦琐，不觉枯燥，饶有兴味，值得推荐。

是为序。

张国刚

2023 年 7 月末于北京清华园

目　录

前　言

一、杜甫的家世渊源

如果要列出中国文学史上最伟大的几位诗人，无论标准如何，杜甫（712—770）无疑都会入选。关于杜甫的家世，最具代表性的当数《旧唐书·文苑传》里的说法："本襄阳人，后徙河南巩县。"[1]此论影响至深。不过，当我们将杜家代际变迁放置于长时段历史中进行观察，会发现这个说法其实存在很大的片面性。关于杜家世系最可靠的记载，是两份当时的史料。其一，是杜审言的同僚兼朋友苏颋为审言次子杜并所作的墓志，时间在武周长安二年（702）：

> 男子讳并，字惟兼，京兆杜陵人也。汉御史大夫周、晋当阳侯预之后，世世冠族，到于今而称之。曾祖鱼石，隋怀州司功、获嘉县令；祖依艺，唐雍州司法、洛

1　[后晋]刘昫等撰：《旧唐书》卷190下《文苑下·杜甫传》，北京：中华书局，1975年，第5054页。

州巩县令；父　　，皇朝洛州洛阳县丞；皆文学俊异，无殒厥德。[1]

其二，则是天宝元年（742）杜甫为其二姑母小裴杜氏所作的墓志：

> 曾祖某，隋河内郡司功、获嘉县令。王父某，皇监察御史、洛州巩县令。前朝咸以士林取贵，宰邑成名。考某，修文馆学士、尚书膳部员外郎，天下之人，谓之才子。
>
> ——《唐故万年县君京兆杜氏墓志》

上引两方墓志，志主杜并与小裴杜氏同为杜审言子女，且为同母兄妹或姐弟，因此志中所提到的先祖辈分是相同的。二人的曾祖杜鱼石和祖父杜依艺，就是杜审言的祖父和父亲。对于杜审言来说，祖、父两代的名讳官职属于常识和记忆，无须翻检谱牒。杜审言及杜并、小裴杜氏又分别是杜甫的祖辈和父辈，这三代的传承更是毋庸置疑。因此，这两方墓志的世系记载，具有很高的可信度。在《元和姓纂》中，上述谱系有着更为完整的叙述：

1　周绍良主编：《唐代墓志汇编》长安007《大周故京兆男子杜并墓志铭并序》，上海：上海古籍出版社，1992年，第994—995页。

乾光孙叔毗，周峡州刺史，生廉卿、凭石、安石、鱼石、黄石。凭石生依德，蓬州咸安令；生易简，考功员外。安石生贤，仓部郎中。鱼石生依艺，巩县令。依艺生审言，膳部员外。审言生闲，武功尉、奉天令。闲生甫，检校工部员外。[1]

北周时的杜叔毗生有五子，杜甫这一支，是杜叔毗的第四子杜鱼石之后，世系传承为"杜鱼石—杜依艺—杜审言—杜闲—杜甫"。事实上，相较于遥不可及的远祖，西晋当阳侯杜预，由隋入唐的杜鱼石才是解开杜甫家世谜题的密钥，他也是杜并与小裴杜氏墓志中共同指向的家族起点人物。

杜叔毗的五子中，长子杜廉卿与后面四子"石"字的取名方式明显不同。近年来坊间流传的杜甫曾祖姑杜柔政（578—651）的墓志，志主即为杜廉卿之女。[2] 由于杜柔政为杜叔毗长子之女，我们可由其生年倒推，其祖父杜叔毗大约生于6世纪30年代。另外，杜叔毗第四子杜鱼石之孙杜审言，约生于贞观二十年（646）[3]，

1 ［唐］林宝撰，岑仲勉校记：《元和姓纂》卷6《十姥·杜》，北京：中华书局，1994年，第931—932页。

2 《大唐故侍中礼部尚书永宁懿公夫人杜氏墓志铭并序》，出土信息不明，从碑志体例、用词、书法、记录信息综合判断，应为真品。志主杜柔政就是杜甫在《送重表侄王砅评事使南海》中提到的"我之曾祖姑"，为唐初宰相王珪的夫人，太宗第三女南平公主的婆婆。

3 关于杜审言生年的研究情况，详见本书第一章。

由此倒推，则杜鱼石约生于6世纪80年代，大致相当于周隋易代之际。由于缺乏更多信息，我们对杜叔毗和杜鱼石的生年只能推测出一个颇为宽泛的时间范围，但至少可以看出父子二人年龄悬殊。结合杜廉卿五兄弟之间的取名差异，我们有理由怀疑，杜叔毗可能有过两次婚姻，先房所生为杜廉卿，继室所生为杜凭石四兄弟。

作为杜家入唐的第一代人物，杜鱼石曾在隋朝任怀州司功参军事、获嘉县令。需要注意的是，"怀州司功"在杜甫所作的墓志中表述为"河内郡司功"。炀帝大业三年（607）四月改州为郡，[1]获嘉为隋时怀州下辖十县之一，不过在开皇十六年（596）至大业三年的十年间，获嘉等三县从怀州析出，单独设立了殷州。大业三年改州为郡后，殷州的建置也随之废止，获嘉再次纳入河内郡管辖。[2]杜鱼石任司功参军，究竟是在怀州时期还是河内郡时期？从两方墓志的叙述语气来看，杜鱼石任职获嘉县时，获嘉是隶属于河内郡或怀州的。结合人物大致生年（隋初）与行政建置两种因素，可以认为，杜甫所称的"河内郡司功参军事"才是杜鱼石准确的官职称谓。杜鱼石担任河内司功参军事与获嘉令，很可能已经到了大业末年，其时殷州已废，获嘉县重隶河内郡。无论河内郡还是获嘉县，都在隋末沦为群雄争夺的重点地区。先是越王

1　[唐]魏徵等撰：《隋书》卷3《炀帝纪上》，北京：中华书局，1973年，第67页。

2　《隋书》卷30《地理志中》，第848页。

杨侗与李密控制此地，其后又为王世充据有。王世充将其治下分为十二州，其中获嘉县恢复开皇末年旧制，设立殷州。武德二年（619）冬，殷州被窦建德攻陷。武德四年（621），秦王李世民先后平定王世充和窦建德，获嘉方才为唐所有。我们并不知道杜鱼石是否归降了王世充，但从当时的普遍情形来看，他很可能也和山东州县的其他官员一样，最终随着秦王东征而归附唐朝。

杜家第二代的杜依艺，其仕宦生涯已在唐朝立国之后。综合两方墓志，可知杜依艺先后曾任监察御史（正八品上）、雍州司法参军事（正七品下）、洛州巩县令（正六品上）。按照《旧唐书》的说法，杜甫其家本为襄阳，后徙居巩县。由于杜依艺的官职，人们一般会认为杜家是随着杜依艺为官而迁居巩县。事实上，隋末的河内郡管辖范围比唐朝的怀州要大很多，共辖十县，南境直抵黄河北岸的温县，与南岸的巩县仅一河之隔，西南而来的洛水在这里汇入黄河。这个地处黄河南岸的交汇口，便是中古历史上大名鼎鼎的洛口，因其在巩县北部，也会泛称为"巩北"。与获嘉县一样，巩县特别是巩北，也是当初王世充与窦建德反复争夺的地区。结合杜鱼石的仕宦经历来看，杜家很可能早在隋末便已迁至河内郡一带。也正因此，杜家入唐第三代人物杜审言的出生地点很可能就在怀州或东都的巩县。这两个地方在后来的建置划分中，分属于河北道和东都河南道，但实际却密迩紧邻。

从隋末（7世纪10年代）杜鱼石任职河内郡，到武周中期（7世纪90年代）杜审言的子女全部出生，杜家已在东都附近繁衍生息近一个世纪。在圣历元年（698）杜审言贬谪吉州之前，杜家在东都有着稳定的生活。这个时候，杜闲等年纪稍长的孩子已经成长为十多岁的少年，他们心中深深种下了对于东都故乡的认同。《旧唐书》"本襄阳人，后徙河南巩县"的说法，其实就是对杜家7世纪居住状态的一种局部描述。随着入唐第四、第五代人物杜闲及杜甫长大成人，这种说法成为杜家的常识，却也逐步与现实情形背离，因为从武周末年开始，杜家已经不断向京师发展，在长安营田置宅。

杜家在长安的发展，最晚在杜审言时代便已开始。长安年间（701—704），武则天曾返回西京居住数年，唐朝的政治中心也开始重回长安。同一时间，杜审言在麟台（秘书省）等部门任朝官，与长安的关系日渐密切。中宗复位后，政治中心完全回到了长安，杜审言则在经过半年贬谪后继续入朝为官。他于景龙二年（708）去世时，宋之问的祭文中有"道之南宅，困之东粟"的说法，间接表明杜家在长安已有宅第。经过杜闲一代的努力，及至天宝年间，杜甫已经明确地说"杜曲幸有桑麻田"（《曲江三章章五句》）、"阶下决明颜色鲜"（《秋雨叹三首》）。杜家在长安城南的少陵原有永业田（均田制对一定品级以上官员所授之田，即"桑麻田"），庭院中植有决明子等各类药材。此时的杜家生活重心，已经由东都转移到了京师。与先辈由襄阳迁洛阳类似，杜家迁入长安，同样花费了长达半个世纪的时间。到了8世纪中叶，杜家恐怕已经很难被视为洛阳人了。

因此，如果以6—8世纪近三百年的长时段来观察，会发现杜家的祖居地，或说"旧乡"，其实一直在缓慢变迁。其中公元6

世纪的北周和隋代，是杜家从襄阳向北迁移的过渡期，杜叔毗及其长子杜廉卿等人还可以说是襄阳人。从隋朝末年到武周中后期的整个7世纪，杜家的家族主体已经转移到了黄河两岸的怀州和洛阳，并在洛阳生根发芽。对于杜鱼石、杜依艺、杜审言、杜闲先后四代人来说，他们已经是地道的洛阳人氏了。而从武周后期开始，杜家逐步向长安迁徙，在万年县的杜陵站稳脚跟。对于杜甫而言，辨认"旧乡"成为一件让他略感困扰的事。一方面，他的祖父杜审言、父亲杜闲都葬在洛阳以东的杜氏大茔，他也在服完父丧后重整偃师祖宅，按说这里才是他的祖居地。然而另一方面，随着杜审言以降三代人在京师的经营，杜家依托宗族关系，在杜陵建立起全新的居住区域。相较于襄阳，京兆本就是杜氏更为古老的郡望。职此之故，杜甫心中的故乡颇为含混。在他的诗中，我们能看到"春风回首仲宣楼"（《将赴荆南寄别李剑州》）、"便下襄阳向洛阳"（《闻官军收河南河北》）这样对襄阳和洛阳的感怀，但更多时候，却是"西归到咸阳"（《壮游》）、"故国平居有所思"（《秋兴八首·其四》）这样对长安生活的认可。在给玄宗的《进封西岳赋表》中，他明确自称"臣本杜陵诸生"，这也最清楚地诠释了他所谓的"中岁贡旧乡"（《壮游》）其实是指由京兆府擢选为乡贡进士。

二、从家族到家庭：杜甫研究的视角转变

从杜审言开始，杜家对外自称始终是京兆府人氏，这在出土墓志和杜甫诗文中已有多处例证。《旧唐书》"本襄阳人，后徙河南巩县"的说法，在杜家的实际交往中似乎都失效了。何以如此？这就涉及一个更深层面的问题，即中古士族郡望背后的现实经济诉求。从汉末到唐亡的七百年间，是中国历史的"中古"时期，这一阶段最为显著的特征，则是士族。按照陈寅恪的观点，中古士族有四个特点：家学、礼法、婚姻、仕宦。在他看来，"士族之特点既在其门风之优美，不同于凡庶，而优美之门风实基于学业之因袭"[1]，"若古代之士大夫阶级，关于社会政治者言之，则中岁以前，情感之部为婚姻。中岁以后，事功之部为仕宦"[2]。陈寅恪所谓的士族家学，是针对先秦"学在王官"的局面而言，体现了士族在知识话语中的绝对优势。家学传承集中外化为严格的礼法，对整个中古社会的伦理与秩序产生着持续的规训和影响。高门大族间的世代通婚，使得士族门阀得以世代传承，而其终极诉求，则仍无外政治上的积极进取。

杜甫出自京兆杜氏，他的身上具有中古士族的普遍特征。杜

1　陈寅恪：《唐代政治史述论稿》，北京：生活·读书·新知三联书店，2001年，第260页。

2　陈寅恪：《元白诗笺证稿》，北京：生活·读书·新知三联书店，2001年，第85页。

甫与李乂、狄博济诸人叙旧，在盛赞"神尧十八子"（《别李乂》）及"狄公执政在末年"（《寄狄明府》）的同时，每每不忘以"子建文笔壮"或"在汝更用文章为"诸语称道其学术，充分体现出家学礼法在士族中的崇高地位。他用"代北有豪鹰，生子毛尽赤"（《送李校书二十六韵》）夸奖李氏一门，以"我之曾老姑，尔之高祖母"（《送重表侄王砅评事使南海》）梳理与王砅一家的亲缘关系，足见中古士族对于谱系传承与郡望姻亲的矜耀重视。至于他早年"立登要路津"的自我期许，"致君尧舜上"（《奉赠韦左丞丈二十二韵》）的政治理想，献赋获得出身后"家声庶已存"（《奉留赠集贤院崔于二学士》）的如释重负，以及困居夔州仍然看重的"画省香炉违伏枕"（《秋兴八首·其二》），则是其仕宦追求的真实写照。凡此种种，反映了杜甫身上的士族属性，这方面的研究已经相当细致。[1]

不过，无论是整体探讨还是个案分析，对中古士族的研究大体不出家族范畴。[2]但社会终归是由一个个细致而微的家庭构成。

---

[1] 对于杜甫家族成员的梳理，主要有陈冠明的《杜甫亲眷交游行年考》。近年来大量出土墓志的整理与刊布，使我们对于杜甫家族有了更为细致的认识，这方面胡可先做了很多工作。参见陈冠明《杜甫亲眷交游行年考》，上海：上海古籍出版社，2006年；胡可先《新出石刻与唐代文学家族研究》，北京：北京大学出版社，2017年。

[2] 关于中古士族的研究现状，特别是个案研究与整体研究的关系，参见范兆飞《超越个案：士族研究的问题与路径》，《中国史研究动态》2017年第1期，第34—38页。

诚然，士族推崇郡望，重视姻亲，但这些伦理与亲缘因素，其实是建立在家庭经济之上的。历史学者们借鉴了韦伯（Max Weber）的三位一体分层理论，从中古士族社会中析出了身份、财富、权力三种要素，[1] 在陈寅恪归纳的士族属性中引入了经济维度，使我们对中古社会的认识进一步深入。杜家在 6—8 世纪的迁徙路线，可梳理为"襄阳—怀州—洛阳巩县—洛阳偃师—长安杜陵"。伴随着这一过程，杜家的居住地实际上在不断优化，由汉水流域迁往黄河两岸，一步步接近洛阳，最终向西在长安扎根。这是一个在政治、经济、文化等各方面不断趋利的家族迁徙过程。"京兆杜氏"的自我介绍，流露出杜家对京师居民身份的矜耀与重视，只不过这种心态披上了一层温情脉脉的郡望外衣。

不止郡望，士族的诸多属性都随着经济维度的引入而呈现出更为深刻的意义，反映在学术旨趣上，是士族研究由家族视角转向了家庭视角。中古时期士族门阀之强势，很容易使研究者忽略具体的家庭在生计、生产、伦理、交游等诸多方面的表现，而对于任何一个历史人物而言，家庭才是他社会活动的根本立足点。令人欣喜的是，近年来中古家庭史的研究逐渐受到重视，对唐代家庭结构、婚姻制度、夫妻关系、女性角色、家庭财产构成、市井生活与民间信仰等问题的研究，都得到了不同程度的深入。以往掩盖在郡望大族之下的士族家庭，逐渐显露出真容。套用托尔

1　〔美〕谭凯著，胡耀飞、谢宇荣译，孙英刚审校：《中古中国门阀大族的消亡》，北京：社会科学文献出版社，2017 年，第 23 页。

斯泰的名言，可以说，士家大族的情况总体类似，具体的家庭却各自不同。

当然，如果要从这些风貌各异的万千家庭中找出共性，那么最为典型的，恐怕就是唐人家庭表现出的二元式复合型特征，可分为"同财共活"和"同籍别居"两类。[1] 出于赋税、道德等现实考虑，唐朝国家并不鼓励过度的分家析户。然而，随着核心家庭的代际演进，分家析产势所难免。官方的倡导与民间的实情存在巨大偏差。无论士族高门还是平民百姓，唐朝的每个家庭其实都面临这样一种矛盾。

对于杜甫来说，他的家庭同样经历了这一过程。杜甫的祖父杜审言先后婚配薛氏和卢氏，杜甫的父亲杜闲则先后婚配崔氏和卢氏。杜审言初婚薛氏共生六个子女，续娶卢氏只生了三个子女；而杜闲初婚崔氏仅生有杜甫一人，续娶卢氏则生下了五个子女。在杜甫中年以前，杜家维持着杜审言以下的大家庭，薛氏所生子女人数多、年龄大，在家族事务中占有优势。杜闲去世后，杜甫承担起大家长的角色，在首阳山下筑室卜居、二姑母议谥、继祖母庭院营造假山、薛卢二氏与杜审言合葬格局等重大事件中，表

1　关于唐代家庭二元式复合型结构的提出及论述，参见张国刚《唐代家庭形态的复合型特征》，《历史研究》2005年第4期，第84—99页；收入氏著《唐代家庭与社会》，北京：中华书局，2014年，第1—27页。

现出决定性的话语权。[1]继祖母卢氏死后，杜审言一代的大家庭事实上趋于分离，杜甫后半生更多经营的，其实是杜闲一代的家庭。

因此，当我们摆脱郡望等士族研究的束缚，将杜家的百年变迁析分为一个接一个的核心家庭时，会发现很多问题都浮现出进一步解决的可能性。杜家的代际传递、家产析分、内部张力、女性形象，都在这种视角转换中变得清晰而立体。这些问题不能说迎刃而解，但至少不再遮遮掩掩。

三、杜家与文学派

历经武周前期的酷吏政治，高宗朝旧臣以及李唐宗室被清洗殆尽。以圣历年间下诏纂修《三教珠英》为标志，武则天开始了大规模的修书工作，与此相伴随的，是科举选人的进一步普及。修书与科举，成为武周后期巩固统治的两个重要手段，孕育出了一批后来在玄宗朝政治舞台上大有作为的文学之士。武周政治与文学的这条历史脉络，早在唐后期便为当时人所清晰感知。20世

1　谢思炜通过对杜审言夫妻葬法的还原，指出了杜甫在杜家地位上升的情况。参见谢思炜《唐代葬法与杜审言夫妻合葬问题——据杜甫〈卢氏墓志〉考察》，《清华大学学报（哲学社会科学版）》2014年第3期，第62—73页；收入氏著《唐诗与唐史论集》，北京：中华书局，2016年，第17—34页。

纪 40 年代，陈寅恪在系统梳理唐代政治史时，明确指出了武则天对文学的推动作用，认为"自武则天专政破格用人后，外廷之显贵多为以文学特见拔擢之人。而玄宗御宇，开元为极盛之世，其名臣大抵为武后所奖用者"[1]。基于陈寅恪的论断，汪篯随后提出了唐玄宗朝的文学与吏治之争假说。在汪篯看来，姚崇与张说分别沿袭了武周时代的吏治与文学两种政治理念，两者的分歧逐渐演变为集团间的斗争。[2] 这一分析模式看似简单，实则具有很强的适用性，至今对于唐中期政治史研究具有重要意义。杜甫的祖父杜审言正是 8 世纪初文学派的一员。

当然，"文学—吏治"只是一个历史分析模型，文学派内部其实暗流涌动，各有不同。最为显著的分歧，在于武周末年文学派人士对于"二张"集团的不同态度。晚年的武则天刻意培植了以张易之、张昌宗为代表的内宠力量，而其攫取政治权力的一个重要途径，就是笼络文学之士编修类书。杜审言的故交李峤、崔融、宋之问等人，都在纂修《三教珠英》的过程中卷入"二张"集团，杜审言本人更是在吉州之案平息后，受到张昌宗和崔融的特殊关照，进入麟台（秘书省）供职。相较而言，张说、徐坚等人虽然身为修书主力，但在政治上与"二张"保持了距离，甚至

1　陈寅恪：《唐代政治史述论稿》，第205页。

2　汪篯：《唐玄宗时期吏治与文学之争——玄宗朝政治史发微之二》，收入氏著《汪篯隋唐史论稿》，北京：中国社会科学出版社，1981年，第196—208页。

一度受到张氏兄弟的打压排挤。神龙政变后，"二张"集团受到打击，张说等人则得到重用。这一历史渊源深刻塑造了杜家后来在政治和人事上的立场和态度。

晚年的杜审言先后在麟台、尚书省、国子监任职，又在人生最后一年跻身于恢复建置后的首批修文馆学士之列。在这五六年时光中，杜审言除了保持与崔融等老友的交往，还结识了李邕、崔尚、王翰等文学后进，并对他们多有提携。在修文馆膺任学士的半年间，他与宋之问、武平一等人的交谊进一步深化。在杜审言死后，这些交情成为杜闲一辈宝贵的人脉资源。杜甫有关幼年"李邕求识面，王翰愿卜邻"（《奉赠韦左丞丈二十二韵》）、"斯文崔魏徒，以我似班扬"（《壮游》）等颇自矜耀的记忆，都是对这段家族往事的文学化转述，背后的真正主角其实是他的父亲杜闲。

需要指出的是，杜家的人际往来范畴并不止于当初杜审言的同事，复杂交错的姻亲关系也是一个关键的人事来源。举例而言，广义上的杜氏家族中，有姑侄两代女性先后嫁给了河东裴氏，即裴自强之妻老裴杜氏与裴荣期之妻小裴杜氏。裴荣期与杜闲年纪相仿而略长，最后两人都做到了五品以上的高层文官。杜甫出生后曾被送往裴家养育，小裴杜氏死后，他受裴荣期嘱托撰写墓志，可以看出两家关系之密切。又如，杜闲原配崔氏，其姊嫁与荥阳郑氏。这层姨亲关系，对杜闲和杜甫的人际往来都产生了重要影响，其中郑宏之、郑遵意等人是关系直接的亲戚，而郑虔、郑审等则是借助这层关系发展出的交情。此外，杜甫一生中屡屡提及的诸位崔姓舅氏，以及王砅、狄博济等疏属亲戚，这些或近或远的姻亲，在杜家几代人的交往中均扮演了举足轻重的角色。

无论同僚抑或姻亲，杜家的交往对象都与8世纪前期的文学派存在不同程度的联系。如果仔细观察，甚至会发现这些人大部分的仕宦经历都与秘书省、国子监等文学机构存在交集。仕宦中的同僚、诗文层面的友朋，再加上盘根错节的师生姻亲关系，决定了这个圈层必然庞大而臃肿，而目前被揭示和证实的，恐怕只能算是杜家与文学派交往中的冰山一角。

举例而言，李邕与杜家之所以称为世交，看上去主要是因为李邕早年在麟台读书，从而与杜审言有了最初的交集。然而实际上，李邕的父亲李善是高宗朝的《文选》大家，后来的文学派领袖马怀素早年便曾随其受业。[1] 杜审言年少成名，早入仕途，两家是否还有更早的渊源，杜家与马怀素等人是否存在交游，都是值得深思的。

又如，严武小杜甫十四岁，但二人堪称至交，在杜甫"结交皆老成"的交际圈中，绝对属于异类。一个世所熟知的传说，是杜甫曾在酒后直呼严挺之的名字，而严武则回敬以直呼杜审言之名。[2] 这则逸闻存在很大的演绎成分，却透露出杜、严两家非比寻常

1　《旧唐书》卷102《马怀素传》，第3163页。

2　《云溪友议》载："（严）武年二十三，为给事黄门侍郎，明年，拥旄西蜀，累于饮筵，对客骋其笔札。杜甫拾遗乘醉而言曰：'不谓严挺之有此儿也。'武憗目久之，曰：'杜审言孙子拟捋虎须？'合座皆笑，以弥缝之。武曰：'与公等饮馔谋欢，何至于祖考矣！'房太尉琯亦微有所忤，忧怖成疾。武母恐害贤良，遂以小舟送甫下峡。"[唐]范摅撰，唐雯校笺：《云溪友议校笺》卷上《严黄门》，北京：中华书局，2017年，第36页。

的世交。尽管目前的史料尚无法就两家的密切关系给出令人满意的解答，但我们至少知道，严挺之于武周末年进士及第，或曾受过杜审言奖掖，而严武生母裴氏与杜甫的二姑父同姓，这些线索提示我们，严、杜两家其实有着基于共同仕宦和宗族的深厚关系。

再如，杜甫对于玄宗朝文学派领袖张九龄推崇备至，然而张九龄长期供职于中书省，与杜家直接交往的可能性并不大。但如果将视野稍作扩展，会发现杜甫的好友高适，其父高从文位终韶州长史，[1] 而张九龄正是韶州曲江人，自曾祖以来为当地土著。曲江县是韶州的郭下县（州治所在），高从文于韶州履职时，很可能与张氏家族产生过交集。高适年过四十仍困顿于宋州，而张九龄

1　高从文的"韶州长史"疑点颇多。唐代州之副职由高到低依次为别驾、长史、司马。然而据《元和郡县图志》，韶州为下州，按照开元年间《唐六典》的规定，下州只设别驾和司马，没有长史。《旧唐书》载："武德中，下州别驾，正六品，贞观二十三年，改为长史丞。永淳元年，诸州置别驾官。天宝八载停别驾，下郡置长史。后上元二年，诸州置别驾，不废下府长史也。"综上，高从文的"韶州长史"存在两种可能。如果韶州始终为下州，则高从文之职可能是韶州别驾或司马，史书误为长史；而假如韶州曾一度位列中州，则确实存在长史一职。无论如何，高适之父曾在韶州任中层文官，是确有其事的。参见《旧唐书》卷111《高适传》，第3328页；《旧唐书》卷42《职官志一》，第1796页；[唐]李吉甫撰，贺次君点校《元和郡县图志》卷34《岭南道一·韶州》，北京：中华书局，1983年，第900页；[唐]李林甫等撰，陈仲夫点校《唐六典》卷30《州·下州》，北京：中华书局，1992年，第746页。

之弟张九皋任睢阳（宋州）太守后便着意推荐了高适，其间因由不言自明。杜甫对于张九龄的认知，很大程度上其实受到高适的影响。诸如此类，不一而足，都表明杜家与文学派之间存在错综复杂的人际关系。

安史之乱以后，玄宗朝的文学派产生了一种对个体生命史与国家发展史的普遍内省趋势。这种反思，体现在对个体与时代关系的思考上，是感叹今昔变迁诗作的涌现，比如"寂寞天宝后"（《无家别》）、"庾信平生最萧瑟，暮年诗赋动江关"（《秋兴八首·其一》），以及"正是江南好风景，落花时节又逢君"（《江南逢李龟年》）；体现在学术上，则是尝试对有唐以来文学发展作初步总结。杜甫回忆天宝四载历下之会时，以李邕之口道出了从杨炯到张说的文学发展史，但这更像是杜甫自己的看法，至少是他对李邕此论的肯定与发展。一面是个体与时代的剧变，一面是文学风潮的变迁，两种因素杂糅，形成了肃、代两朝文士特有的政治情结，即对于"中兴"孜孜不倦的追求。[1] 可以说，自武周以来形成的文学派，并未随着安史之乱烟消云散，而是不断地自我调整。把杜家放回他本应属于的文学派，不仅有利于我们对杜甫做出更为客观的理解，也使杜家的代际演进，在长时段的唐代历史中得以找到准确定位。

1　关于安史之乱以后中兴理念的形成，参见王炳文《从胡地到戎墟：安史之乱与河北胡化问题研究》，北京：北京师范大学出版社，2020年，第1—11页。

四、普遍的历史与独特的生命史："诗史"的双重意义

与汗牛充栋的笺校著作相比，现代史学意义上的杜甫传记不算太多。1952年，洪业出版了专著《杜甫：中国最伟大的诗人》（*Tu Fu: China's Greatest Poet*），对杜甫一生做出系统的叙述与考证。书分两册，上册为传记正文，下册为注释附录。[1] 同一年，冯至也出版了《杜甫传》，篇幅小于洪氏作品，但在国内影响甚久。[2] 1971年，郭沫若出版了他最后一部专著《李白与杜甫》，虽为专论，实则涵盖了杜甫一生，从史学角度提出很多新见解。[3] 1982年和1988年，陈贻焮先后出版了《杜甫评传》上卷和中、下卷，篇幅上远超洪、冯二人著作，在史实考证与诗篇分析上都很细致。[4] 1993年，莫砺锋出版了《杜甫评传》，史证较少，重文艺批评与评价。[5] 上述传记使我们对于杜甫个人经历与时代背景的理解，较传统的年谱更为深入和立体。

1　William Hung, *Tu Fu: China's Greatest Poet*, Cambridge: Harvard University Press, 1952. 中译本参见洪业著，曾祥波译《杜甫：中国最伟大的诗人》，上海：上海古籍出版社，2020年。

2　冯至：《杜甫传》，北京：人民文学出版社，1952年。

3　郭沫若：《李白与杜甫》，北京：人民文学出版社，1971年。

4　陈贻焮：《杜甫评传》上卷，上海：上海古籍出版社，1982年；陈贻焮：《杜甫评传》中卷、下卷，上海：上海古籍出版社，1988年。

5　莫砺锋：《杜甫评传》，南京：南京大学出版社，1993年。

不过，已有的杜甫传记在关注重点和谋篇布局上，仍然带有很强的年谱印记。与一般历史人物的传记相比，杜甫的少年和青年时代尤其显得空白。着墨最多的部分，大致是在杜甫中年以后。此外，安史之乱在杜甫生命历程中被赋予了过多的历史意义。之所以出现这种情况，与杜甫遗留下来的诗作特点有直接关系。我们知道，目前存世的杜诗大约有一千五百首，这些诗作在年代分布上，呈现出典型的指数增长特征。如果再将诗作的字数考虑进来，则我们今天看到的绝大部分杜诗，其实是中年以后杜甫的人生记录，以及集中于夔州等地的暮年回忆。在天宝后期进呈玄宗的奏表中，杜甫自述"自七岁所缀诗笔，向四十载矣，约千有余篇"（《进雕赋表》），而现存杜甫此前的诗作不过百余首。换句话说，仅天宝以前杜甫散佚的诗作便有上千篇，对探求早年杜甫的生命历程而言，这无疑是巨大的缺憾。

另外，千年以后，与当初的作者杜甫相比，我们作为历史解读者对杜诗的理解，不可避免地会出现差异。徒步还是骑马、种竹抑或伐木，杜甫所关注的对我们来说并不那么重要。相反，许多在诗中一闪而过的交游细节、人际关系、历史事件，却成为我们探寻相关历史的宝贵线索。但在实际的传记书写中，我们往往会被杜诗强烈的情绪同化，从而将杜甫个人的生命体验在历史层面进一步放大。一个最显著的例证是，杜甫这一代人对于安史之乱的盛衰感触，掺杂了大量个人际遇和今昔对比因素。如果我们对此不予甄别，则会想当然地将安史之乱在杜甫生命甚至唐代历史中的地位无限抬升，从而忽视了很多更为深层的历史变动。

近年来常见的一种写法是将历史人物置于时代之下，往往称为"某某和他的时代"，这其实是对传统的人物传记和年鉴学派整体史两种历史方法做出的一种调和。在著名的《圣路易》中，雅克·勒高夫（Jacques Le Goff，1924—2014）曾说：

　　历史学家作出的选择实际上是强迫自己首先去做一件重要的工作，那就是文献资料的收集，他对传主的了解希望达到什么程度和能够达到什么程度，都取决于文献资料。……由于圣路易既是国王又是圣徒，所以他与圣方济各一样，是我们掌握第一手资料最多的13世纪人物之一。……可是对于历史学家来说，圣路易因资料丰富而具有的表面优越性，却因人们怀疑这些资料的可信性而被抵消了。……第一个原因在于以往圣路易传记作者们的素质和所追求的目标，他们几乎都是圣徒列传的作者……他们不满足于把他写成一位圣徒，而是要依据他们各自所属集团的理想，把他写成既是国王又是圣徒。……我们所掌握的关于圣路易国王的资料大多是文字资料，这就为随意加工提供了方便。这些文字资料都是用拉丁文撰写的圣徒"生平"或"传记"。……通篇充斥格式化的记述。[1]

1　〔法〕雅克·勒高夫著，许明龙译：《圣路易》"引言"，北京：商务印书馆，2011年，第8页。

如果说法兰西国王路易九世是一个被宗教化了的历史人物，那么杜甫就是被高度文学化了的历史人物，他是文学史中的圣路易。傅璇琮直言杜甫研究的困难在于他"不像有些作家那样，苦于资料太少，而是苦于资料太多"[1]。只不过关于杜甫的大量史料，其实是对他文学地位的繁复注解。如果按照勒高夫的初衷，《圣路易》一书恰恰是要突出个体和个人。有鉴于此，我们不妨尝试摆脱"大历史"的写作模式，以作为微观个体的杜甫为视角，还原他所看到的诸种历史图景。

杜甫的"诗史"之名由来已久。编成于 9 世纪下半叶的《本事诗》，对于杜甫有如下记载："杜逢禄山之难，流离陇蜀，毕陈于诗，推见至隐，殆无遗事，故当时号为'诗史'。"[2] 杜甫不是圭恰尔迪尼（Francesco Guicciardini, 1483—1540），但他的作品却颇类似于这位文艺复兴时期历史学家的名著《意大利史》（*Historia d'Italia*），包含了大量对正史的复述和对常识的转述。很多历史事件似乎在杜诗中记载甚详，但稍加溯源就会发现，类似记述在当时的官方档案中早已存在。正如兰克（Leopold von Ranke, 1795—1886）在批判圭恰尔迪尼时所说，"我们必须广泛搜集和研究在他

1　陈贻焮：《杜甫评传》序二，北京：生活·读书·新知三联书店，2022年，第3页。

2　[唐] 孟棨撰，李学颖校点：《本事诗》高逸第三，上海：上海古籍出版社，2012年，第98页。

之前就已经出现的报道和论述"[1]。在这个层面解读杜甫,高明者如钱谦益、仇兆鳌等尚能通过史料比对发微小之覆,不得要领者则只是充当继官方文献、杜甫诗歌之后的第三手事件转述者。

因此,"诗史"更重要的意义,在于杜甫作为历史参与者,给后世提供了他所独见的原始史料。"诗史"与"诗仙""诗佛"等称呼一样,被界定的核心都是后一个字,这里的"史"不是历史,而是史官、史家,用今天的话讲,叫"历史记录者"。《公羊传》说:"所见异辞,所闻异辞,所传闻异辞。"抛开经学而论,所见、所闻、所传闻其实是对历史记载的一种分类方法,即历史学界所谓的原始史料和转述史料,其背后则是当前史料批判所谓的撰述意图。[2] 威廉·狄尔泰(Wilhelm Dilthey,1833—1911)认为,"一个人对自己的生命加以把握和解释的过程,是在一个由各个阶段组成的漫长的系列之中发生的","归根结底,自传可以扩展成为对于历史的某种描绘"。这种描绘虽然是有限的,却足以通过个体与世界的经验关系而充满意义。[3] 杜甫以亲历者的身份,用存世的一千五百首诗歌记录了诸多不为人知的历史细节,并成功地将其贯穿于自己的生命历程之中,最终构成了一部狄尔泰眼中标准的

1 〔德〕利奥波德·冯·兰克著,孙立新译:《近代史家批判》,北京:北京大学出版社,2016年,第24页。

2 关于史料批判在中古史研究中的现状,参见孙正军《通往史料批判研究之途》,《中国史研究动态》2016年第4期,第34—39页。

3 〔德〕威廉·狄尔泰著,艾彦、逸飞译:《历史中的意义》,北京:中国城市出版社,2002年,第66页。

自传。借助丰富的个体经验，他的生命史与 8 世纪中叶的唐朝历史激荡交融，释放出超乎想象的能量。这恐怕才是"诗史"的真正可贵之处。

五、关于本书的一些说明

杜甫诗文的校注在近十年出现了几部集大成著作。2014 年，萧涤非、张忠纲主编的《杜甫全集校注》出版，[1] 它汇集诸家注释，全面周详。2016 年，谢思炜的《杜甫集校注》出版，[2] 该书注重善本，考证精到。同一年，宇文所安主编的《杜甫诗》（The Poetry of Du Fu）出版，这是杜甫诗作的首部英文全译本，并附有详细的注释与考证。[3] 由于引用频次过高，本书所引用的杜甫诗歌及文章，仅以括号标出题目，不专门出注，如无特殊说明，则文字上都以萧涤非、张忠纲的《杜甫全集校注》为准。

在探讨杜甫生命史时，本书将采用家族史、家庭史及宫廷史几种主要视角，也正因此，本书会涉及大量女性。以往的研究中，

1　［唐］杜甫撰，萧涤非、张忠纲等校注：《杜甫全集校注》，北京：人民文学出版社，2014 年。

2　［唐］杜甫撰，谢思炜校注：《杜甫集校注》，上海：上海古籍出版社，2016 年。

3　Steven Owen trans. & ed. *The Poetry of Du Fu*, Boston/Berlin: Walter De Gruyter, 2016.

对于和杜甫有关的女性，称呼多为临时性、描述性的，飘忽不定，恐怕连研究者自己也备感困惑。举例而言，杜审言的续娶夫人，往往被称为"继祖母卢氏"，但这是就杜甫而言的。一旦涉及杜审言或杜闲，这样的称谓无疑是滑稽而荒唐的。又如，杜审言的次女，或以杜甫视角称为"二姑母"，或用其封诰称为"万年县君"，辈分与爵位随意混用，常令读者不知所云。最为极端的例子，杜甫的外祖母嫁与崔氏，研究者甚至借用张说文章的说法，径称为"崔氏女"。有鉴于此，当我们以历史学的方式直面杜甫时，不妨用近代常见的女性称呼方式，夫姓在前，妇姓在后。比如杜闲初婚夫人姓崔，即称"杜崔氏"；裴光庭夫人姓武，则为"裴武氏"。如果婆媳两代同姓，则以老、小区分，如杜审言续娶夫人称"老杜卢氏"，杜闲续娶夫人则为"小杜卢氏"。这种称谓并非中古时期惯用，却是解决三代以内家庭女性称谓较为现实的办法。

　　本书的主要人物，会在第一次出现时备注生卒年。不过，古代的史料绝少言及人物生年，一般只记卒年与享年。因此，本书中人物的生卒年存在如下两种情况。一种情况，历史人物的卒年与享年在史料中有明确记述，他们的生年也因此是确定的。另一种情况，历史人物的卒年与享年有一个或两个不能确知，较常见的包括卒年明确而享年不确、卒年与享年都不能确知，则其生年系推算而来。为了读者获得更为直观和准确的人物印象，在正文中对推测出来的生卒年不做特殊标注，但会在注释中加以考证说明。

　　本书涉及的主要历史地名，统一按照最新的地名和行政区划，在正文中加上标注，以便读者建立起清晰的地理概念。对应的当今地名，中华人民共和国领土以内者，标出地、县两级行政信息，省辖市直接列出市一级名称。国外的地名，标出国家、城市两级信息；个别有争议地区如克什米尔的地名，按国际最新通行称呼标出。书中所附地图，依据谭其骧主编《中国历史地图集》绘制。

本书涉及的唐代官职，一般会在正文中随文标注品级，以便读者获得直观把握。职官品级以《唐六典》记载为准。

本书中的年份，采用唐朝的官方纪年，即年号加年序，并在其后标出相应的西历年份，如开元十三年（725）。书中的月份，采用唐朝的中历月份，亦即今天所谓的"农历"，如开元十三年十月。书中的日期，同样采用中历日期，如开元十三年十月十一日，是农历的日期。也就是说，本书中的西历年份，仅作为理解时间的一种参考，以避免不必要的叙述混乱。书中有关中历月份、日期的核对，主要参考日本学者平冈武夫所编《唐代的历》。

本书的叙述，到天宝十四载（755）年底为止。尽管"盛唐"只是一个被不断建构起来的观念，[1]不过如果回归杜甫诗歌的文本意象，则755年以前显然是他自身生命史中的"盛世"。至于杜甫人生的最后十五年，则或可由他本人的视角概括为"战乱"。当然这并非战争在持续，而是他心中的政治秩序与开天盛世相比，变得混沌与凌乱。

1　关于"盛唐"概念与安史之乱的意义建构，参见王炳文《从胡地到戎墟：安史之乱与河北胡化问题研究》，第16—21页。

第一章　杜甫家世

杜甫出生之前

弘道元年（683年）————————————————— 景云二年（711年）

一、洛阳县丞

永淳二年（683）十二月初四，东都洛阳寒意正盛。五十六岁的高宗在当天下诏，改元弘道，大赦天下。由于气逆不能上马，高宗无法亲御则天门楼，只得召百姓于殿前宣旨。他对身边的侍臣说，如果天地神祇能延自己一两月之命返回长安，那么死亦无憾。[1] 当晚，高宗驾崩，皇太子李显于枢前受遗诏即位，是为中宗，尊六十一岁的天后武氏为皇太后，次年正月，改元嗣圣。二月，太后联合宰相裴炎，废中宗为庐陵王，另立豫王李旦为帝，是为睿宗，改元文明。至九月，再改元为光宅。看上去，公元684年的唐朝政治就如其年号一样，充满了变动与未知。

睿宗的皇位从一开始就徒有其名。他被安排住在偏殿，百官则前往太后起居的紫宸殿上朝，用一道淡紫色帘帐隔开应对。至于他的三兄李显，不必前往湿热的吉州（庐陵郡，今吉安市），而是被迁至山南东道，先于房州（今十堰市房县）安置，随后移往均州郧乡县（今十堰市郧阳区）。这里是当年太宗第四子李泰被黜后的居止地，秦岭与巴山的东侧余脉于此交汇，将毗邻汉江的郧乡古城掩隐其中。李泰在此一住十年，余生未能再返长安，最

1　[后晋]刘昫等撰：《旧唐书》卷5《高宗本纪》，第111—112页。

终以三十五岁的壮年卒于均州。[1] 李显被安置的住处,正是濮王李泰故宅,太后对其态度不言自明。约在同一时间,丘神勣远逾秦岭,南至巴州(今巴中市巴州区),将废为庶人的李贤幽于别室,迫其自杀。至此,武则天所生四子中,李弘早卒,李贤被杀,李显居于均州,留在洛阳的唯有睿宗李旦。

高宗的灵柩在当年八月被护送至西京下葬,他与武则天的再次相聚是二十二年后合葬乾陵。留居洛阳的武太后调兵戡定了徐敬业在扬州的反叛,次年(685)改元垂拱,确立了临朝称制的政治格局。随后的几年,唐廷面向天下大开检举告密之门,酷吏政治兴起,大批前朝旧臣先后获罪被杀,以高祖、太宗在世诸王为代表的李唐宗室感受到了空前的生存危机。垂拱四年(688)八月,太宗第八子,时任豫州(今驻马店市汝南县)刺史的越王李贞,与其长子,时任博州刺史的琅邪王李冲相继起兵,矛头直指太后武氏。唐廷迅速发兵平定,李贞父子被解往东都,枭首阙下,连坐六七百家,籍没五千余口,史称河南之狱。接替越王的新任豫州刺史,是巡抚江南之后刚刚返回东都的狄仁杰,这一年他五十九岁。狄仁杰密奏太后,使这批引颈待戮的死囚获得特救,配流丰州(今内蒙古五原南)。[2] 然而在周唐革命的大时代下,这种挽救终归是无力的。数月后,太宗第十子,时任贝州(今邢台市清河县)刺史的纪王李慎,因与越王并称"纪越",亦遭无妄

1 《旧唐书》卷76《太宗诸子·濮王泰传》,第2656页。

2 《旧唐书》卷89《狄仁杰传》,第2887页。

之灾下狱，其次子义阳王李琮徙往岭南，至桂林（今桂林市）而卒。李琮的两个儿子被配往嶲州（今凉山彝族自治州西昌市），同日遇害。

此时已是永昌元年（689），义阳王府仅剩一个已经出嫁的女儿，丈夫姓崔，是高祖第十八子舒王李元名的外孙。这个被称为"崔氏女"的妇人每日穿草鞋，着布衣，奔还于洛阳的坊市之间，给配入司农寺的母亲，义阳王妃周氏送饭供衣。[1] 一年后的天授元年（690），武则天改唐为周，称圣神皇帝，睿宗李旦降为皇嗣。崔家的外祖父，年逾六旬的舒王终归未能躲过这场宗室浩劫，死在了流放和州（今马鞍山市和县）的路上。[2] 这场浩劫似乎也波及了崔家，送饭的妇人不久便因劳累溘然长逝，留下两个女儿，其中的幼女当时只有五六岁，后来嫁给了杜审言（646—708）的长

1　［唐］张说：《赠陈州刺史义阳王神道碑》，［清］董诰等编：《全唐文》卷230，北京：中华书局，1983年，第2324—2325页。

2　［北宋］司马光撰：《资治通鉴》卷204"天授元年七月"条，北京：中华书局，1956年，第6464页。按，高祖第十五子虢王李凤生于622年，第二十子江王李元祥生于626年，则第十八子李元名约生于625年前后，永昌元年约六十五岁。参见周绍良、赵超主编《唐代墓志汇编续集》上元011《大唐故使持节青州诸军事青州刺史上柱国赠司徒扬州大都督虢庄王墓志铭并序》，上海：上海古籍出版社，2001年，第214—216页；《大唐故郑州刺史上柱国赠司徒并州大都督江王墓志铭并序》，赵文成、赵君平主编：《新出唐墓志百种》，杭州：西泠印社，2010年，第44页。

子杜闲（680—739），[1] 生下一子，名为杜甫（712—770）。

当然，这是后话。杜审言生于贞观二十年（646），[2] 二十岁出头便进士及第，此后多年迁转于中下层文官之列。庐陵王被贬到均州的那年，杜审言只有三十九岁，正在东都之外某个不知名的县城为官，带着身怀六甲的妻子。彼时他的妻子杜薛氏已生有一男一女，男孩取名杜闲，四五岁年纪，而在春夏之交生下的第二个男孩，则被取名为杜并（684—699）。[3] 五六年的时间倏忽即过，杜审言迁转入朝，在麟台（秘书监）任职，家中也再添三子杜专和另外两个女儿。天授二年（691），杜薛氏病故，留下三男三女。几年后，杜审言续娶范阳卢氏。为了与后来杜闲续娶的范阳卢氏区

1　关于杜闲的生卒年，尚无明确史料记载，但可大致推得。据谢思炜考证，杜闲生于677—682年间，这一结论相对可靠。我们取其中间值，将杜闲生年拟定于680年。参见谢思炜《唐代葬法与杜审言夫妻合葬问题——据杜甫〈卢氏墓志〉考察》，《清华大学学报（哲学社会科学版）》2014年第3期，第62—73页。

2　杜审言卒于景龙二年（708），年六十余，学界据此推算，将其生年拟定于贞观二十年（646），这个结论大致可信。参见张清华《杜审言评传》，《殷都学刊》1984年第2期，第57页；陈冠明《杜审言年谱》，《杜甫研究学刊》2001年第3期，第71页。

3　《旧唐书·杜审言传》载杜并卒年十三（当为十五之讹），《杜并墓志》则记为十六。一种可能的解释是，《旧唐书》等史料采用了杜并的真实年纪，杜并当生于前半年，当时尚为十五岁，而《杜并墓志》则采用了一般的计龄方法，称十六岁。

别，我们将杜审言继室称为老杜卢氏（676—744）。[1] 老杜卢氏比杜审言小了整整三十岁，她在婚后生下儿子杜登和两个女儿。神功元年（697），杜审言升任洛阳县丞（从七品上），前途一片光明。

杜家的平静在圣历元年（698）被打破，杜审言因罪外放，贬为吉州（今吉安市吉州区）司户参军事（从七品下）。杜审言的朋友兼同僚陈子昂等四十五人相聚设宴，为之饯行。陈子昂的《送吉州杜司户审言序》一文真实记载了事件缘由与饯别情形。《序》称："杜司户炳灵翰林，研几策府。……而载笔下僚，三十余载……群公爱祢衡之俊，留在京师；天子以桓谭之非，谪居外郡。"[2] "桓谭之非"典出《后汉书》，光武帝欲依谶纬决定灵台选址，桓谭持反对意见，"极言谶之非经"[3]。陈子昂借桓谭非经的典故，暗示了杜审言外放的原因。圣历元年，武则天最在意的事就是新建成的明堂的告朔之礼，杜审言很可能就此发表了反对的言论，终被贬官。送行的宴席安排在洛阳城外，有琴酒乐舞相伴，

1　据杜甫所撰《唐故范阳太君卢氏墓志》，知老杜卢氏生于仪凤元年（676）。墓志称"薛氏所生子……有长自太君之手者"，杜薛氏在约680年至691年这十年略多的时间里共生有六个子女，最小的两个孩子也应在690年前出生。因此，老杜卢氏嫁给杜审言的时间不应晚于695年，其时卢氏不到二十岁，杜并十岁出头，杜专及另外二女则不到十岁，正是杜甫所谓"长自太君之手"。

2　[唐]陈子昂：《送吉州杜司户审言序》，《全唐文》卷214，第2164页。

3　[南朝宋]范晔撰，[唐]李贤等注：《后汉书》卷28上《桓谭冯衍列传上》，北京：中华书局，1965年，第961页。

更增添了杜审言的伤感。他已经五十三岁，仕途上不进反退，让他深感皓首不遇，青春蹉跎，于是"挟琴起舞，抗首高歌"。他告诉陈子昂诸人，自己也看开了，到了吉州后会寄情江海，访道求仙，终老余生。

二、吉州之案

杜审言对一众僚友的表态只是仕途遇挫时的常见套话，他当然想着回朝，这一点从陈子昂序文中"之子孤游，淼风帆于天际"的说法就可以看出。杜妻老杜卢氏婚后所生的几个子女，此时最多四五岁年纪，遑论还有前妻杜薛氏生得比较晚的几个孩子，他们也不过十三四岁。这些子女尚是孩童，都需要老杜卢氏照顾，携家南行并不现实。因此，杜审言此番出任吉州司户，其实是孤身赴任，跟随在他身边的家人，只有次子杜并。

吉州当时的司马（从五品下）名叫周季童（656—699），是临川长公主和驸马周道务的第四子。[1] 不久之后，在这位贵戚之子与

1　周季童，两《唐书》作"周季重"，苏颋撰《大周故京兆男子杜并墓志铭并序》及郭正一撰《大唐故临川郡长公主墓志铭并序》均作"季童"，当以墓志为准。周绍良主编：《唐代墓志汇编》长安007《大周故京兆男子杜并墓志铭并序》，第994—995页；《唐代墓志汇编》永淳025《大唐故临川郡长公主墓志铭并序》，第703—704页。

贬谪至此的杜审言之间，发生了惊动朝野的大案，而这起案件背后的深层原因与周季童的家世密切相关。周季童的母亲临川长公主小字孟姜，是太宗之女，高宗十一姐，生于武德七年（624），长高宗四岁。驸马周道务是唐初开国元勋周孝范之子。武德年间，周孝范担任秦王府右库真，是李世民的近身要将，在玄武门之变中率东宫兵扼守北门，[1]又在唐厥便桥之盟中作为太宗身边仅带的六人之一与颉利隔河对峙。他官至殿中监、左屯卫大将军，深得太宗信任。周道务大约生于武德九年（626），[2]与贞观二年（628）出生的高宗是同龄人。汉代以降，自幼养于宫中者不乏其人，或为烈士死国后的遗孤，或为心腹重臣所生幼子，周道务属于后者。但无论哪类，从广义上来说，他们都属于中古宫廷政治中颇为独

1 　据《周孝范碑》，知其于武德"九年六月，改授太子右内率，仍检校北门诸仗"，从秦府迁至东宫，意在掌控太子李建成一方兵力。[唐]褚亮：《左屯卫大将军周孝范碑铭并序》，[唐]许敬宗编，罗国威整理：《日藏弘仁本文馆词林校证》卷453，北京：中华书局，2001年，第163页；《全唐文》附《唐文拾遗》卷15，第10526—10527页。

2 　《新唐书》载："道务孺褓时，以功臣子养宫中。范卒，还第，毁瘠如成人。复内之，年十四乃得出。"知其生于玄武门兵变后。贞观七年（633），周道务尚为儿童，但能行丧礼如成人，则年纪也不会太小。又临川公主生于武德七年（624），比周道务年长，但二人均为初婚，年纪不应相差太大。[北宋]欧阳修、宋祁撰：《新唐书》卷83《诸帝公主·临川公主附周道务传》，北京：中华书局，1975年，第3646页。

特的"宠臣"，[1]有着伴随皇子成长的一类经历。贞观十七年（643），周道务行冠礼，尚临川公主。[2]永徽朝以后，临川长公主一家与高宗及武后关系颇为和睦。由于自幼工于书法（孟姜是王羲之女儿的小字，太宗用之），长公主曾先后多次向高宗和武后献上手写的佛经及颂文，这种殷勤的政治表态博得了武后的好感，也使周家在武周时期得以保全。

作为公主第四子，很可能也是最小的儿子，周季童生于656年前后。[3]上元二年（675），长公主随周道务赴任营州（今朝阳市）都督，因水土不服而生病，彼时周季童大约二十岁，刚获任左千

1　关于"宠臣"在中古宫廷政治中的作用，参见侯旭东《宠：信—任型君臣关系与西汉历史的展开》，北京：北京师范大学出版社，2018年。

2　据《大唐故临川郡长公主墓志铭并序》，公主贞观十七年成婚，周道务当年十八岁，是行冠礼的最早年纪。知其当年先行冠礼，后尚公主。

3　《大唐故临川郡长公主墓志铭并序》记载："赵北奥区，拒龙庭之南眺；辽西重镇，控蛇□□□□。驸马望实所归，亲贤攸寄，才临蓟壤，即莅燕郊，公主自届边垂，增动风疾，恩敕遣长子陇州司功□□□四子左千牛季童，前后驰驿，领供奉医人及药看疗。"周道务上元二年（675）任营州都督，公主随其至营州而生病。当时公主长子所任陇州司功参军事为从七品下，公主贞观十七年（643）成婚，其长子生年当在644年至646年间，上元二年三十二至三十四岁，合乎情理。第四子周季童所任之左千牛，指左千牛备身，是三品子常见的起家官，一般弱冠之年（二十岁）即可获得。以此推测，则周季童生于656年前后。参见郁贤皓《唐刺史考全编》卷121《营州》，合肥：安徽大学出版社，2000年，第1640页。

牛这样的起家官，奉敕跟着长兄往还于长安和营州之间，带去御医服侍母亲。调露元年（679）周道务入朝之际，长公主病重不能相随，留在幽州（今北京市）养病三年。永淳元年（682），长公主去世，年底陪葬昭陵。永淳二年（683）冬，周道务也卒于洛阳，由于当年腊月高宗驾崩，国有大丧，加之皇位急剧变动，因此直到垂拱元年（685）三月，周家兄弟才得以将驸马之灵迁回长安，在昭陵左侧与临川长公主合葬。[1] 周家在永淳年间（682—683）相继失去长公主和驸马，可谓经历剧变。不过从周道务垂拱初仍能顺利合葬来看，临朝称制的武太后对于周家是相对宽容的。如果再从周季童的官职变化来看，从上元二年的千牛备身到从五品下的吉州司马，其间用时二十三年，迁转相当顺利。据此来看，周家并未受到垂拱末年宗室清洗的太多影响，他们是李唐

1　现存《周道务碑》文字残缺严重，但其卒年关键信息可考知。碑载："以永□□□□□□□薨于洛（下阙）次乙酉三月景□朔廿二日公主合葬。"周道务调露元年（679）独护山大捷入朝后，便不见于正史记载。此后以"永"开头的年号有永隆（680—681）、永淳（682—683）两个。如果周道务先临川而卒，则无论永隆年间还是永淳元年，都绝无公主陪葬昭陵两年甚至更长时间后才合祔之理。因此，周道务是后公主而卒，确切地说，是在公主陪葬昭陵后才去世的。故可确定其卒年为永淳二年（683）。但即便如此，与垂拱元年（685）三月之合葬仍有一两年时间。一种可能的解释是，周道务卒时恰逢高宗驾崩，国之大丧加上次年洛阳持续动荡的朝局，使得其合葬迟至垂拱元年春。参见吴钢主编《全唐文补遗》第1辑，西安：三秦出版社，1994年，第469页。

宗亲中的温和派，对武周政治向来持积极态度。

从吉州的当地情况来看，杜审言此番贬授司户参军事，着实不是时候。在他到来之前，郭若讷已经担任着吉州员外司户参军事。所谓员外官，顾名思义就是正员之外所设之员，正员不足的情况下予以增设。员外官在太宗和高宗朝并不常见，周唐易代之际，武则天为了便于更好地施行自己的意志，任命了大量的试官和员外官。这类官职从本质上说属于汉代选官体制遗留的辟召制，"其中多有无任何出身而直接授官者"[1]，但他们与正员一样，拥有处理相应事务的权力。杜审言以言事不当贬至吉州，此事从一开始就在行政关系和政治立场上埋下了双重隐患。年过五旬的杜审言由京官贬谪于此，心灰意冷，但是正员司户；久居当地的郭若讷熟谙杂务，意图揽权，却是员外官。双方的矛盾随着日常工作的开展而逐渐显露，但杜审言似乎并没有让步的意思。《杜并墓志》的"阿党比周，惑邪丑正"，以及《旧唐书·杜审言传》的"与州僚不叶"，都指向了这一点。

杜审言面临的是双重危机，从表面上看是与员外同僚郭若讷的权力之争，从深层来看，司马周季童家族向来的亲武立场对他威胁更大。圣历二年（699）秋，郭若讷怂恿周季童，合谋罗织罪状，将杜审言系于狱下，准备找借口杀掉。在离京千里以外的吉州，杜审言陷入绝境。由于身边无人上诉，案情已经没有翻转

1　杜文玉：《唐宋时期职官管理制度研究》，北京：科学出版社，2020年，第24页。

的可能。在这种情况下，随父至此的杜并决定为父请代，策划了刺杀周季童的行动。七月十二日，吉州酷热难耐，周季童于州府厅中设宴消暑。事先潜入府衙的杜并突然冲向周季童，抽出袖中藏匿的利刃连刺数下，周季童顿时鲜血喷涌，堂上哗然，宾客四散。杜并被蜂拥而上的府衙卫兵当场砍死，而周季童也因失血过多而很快死去。[1] 这一年杜并十六岁，尚未行冠礼。

　　吉州的惨案震动朝野。在随后的两年里，这桩恶性刑事案件经历了反复的审理和讨论。尽管缺乏直接记载，我们仍可以根据《唐律》的相关规定和杜审言当时的政治处境做有限度的分析还原。此案往往被视为复仇案件，[2] 这是一个极大的误解。杜并行刺之前，杜审言只是被吉州府衙下狱，并未致死，复仇无从谈起。杜并案实际上包含了两个独立的案件：一个是杜并杀吉州司马，另一个是周季童与郭若讷共谋诬告杜审言。两案之中，刺杀司马案在发生后事实上已经了结。《贼盗律》规定："诸谋杀制使若本属府主、刺史、县令，及吏卒谋杀本部五品以上官长者，流二千里；（原注：工、乐及公廨户、奴婢与吏卒同。余条准此。）已伤者，绞；已杀者，皆斩。"[3] 杜并属于公廨户亦即家属，吉州司马属

1　《旧唐书》卷190上《文苑上·杜易简附杜审言传》，第4999页。

2　陈玺：《礼法冲突与程序救济：以唐代复仇集议机制为线索》，陈明、朱汉民编：《原道》第32辑，长沙：湖南大学出版社，2017年，第250—259页。

3　[唐]长孙无忌等编：《唐律疏议》卷17《贼盗》，北京：中华书局，1983年，第326—327页。

于五品以上官长。杜并谋杀周季童致死，依律当斩，而他在谋杀现场即被府衙卫兵杀死，因此这个案子其实没有深究的意义。[1]

与刺杀司马相比，诬告杜审言案则要复杂得多，它涉及多方力量的博弈。依据《斗讼律》的规定，周季童的诬告存在两种可能：一种是诬告杜审言谋反或有其他大逆之举，可置杜审言于死地，不过一旦证实诬告，则周、郭二人均为死刑；另一种是诬告反、逆以外之罪，遵循"反坐"原则，即按被诬之人本可能承担的判决来施于诬告之人。[2] 杜审言系朝廷外放官员，仅凭周、郭二人并不能将其随便下狱，还需要经过当州监察机构的审核，以及刺史的最终决断。这个过程，至少还会涉及吉州刺史、负责勾检的吉州主簿和负责纠举的录事参军。纵使逃脱从犯恶名，也属司法程序中的严重渎职。如若穷竟，无疑会在吉州府内掀起巨大风暴。

吉州案发后不久，杜审言被召回洛阳，大概于当年底免官，[3] 开

1　这也是我们推测长子杜闲未随同前往吉州的一个重要原因，因为杜闲如果也在吉州，则对其弟杜并的谋杀之举不可能一无所知，不免卷入此案，以谋杀官长未遂而获罪流放。然而从杜审言死时杜闲在场，以及杜闲随后的个人发展来看，他并未受此案过多牵连。

2　《唐律疏议》卷23《斗讼》，第428—429页。

3　《大周故朝散郎检校潞州司户参军琅邪王君墓志铭并序》题"吉州司户参军杜审言撰，洛州参军宋之问书兼篆额"，志主王绍文于圣历二年十月三日葬于洛阳，知此时杜审言已返回洛阳，但尚未去官。赵君平、赵文成编：《河洛墓刻拾零》120《周王绍文墓志》，北京：北京图书馆出版社，2007年，第148页。

始了长达两年多的赋闲生活。杜并一案则进入漫长的审理与集议环节，具体过程虽已不得而知，但我们仍能够通过撰于长安二年（702）四月的《杜并墓志》释读出若干重要信息。墓志中称杜审言为洛阳县丞，说明他直至此时仍处在免官待任的状态。杜并死于初秋的吉州，高温湿热，必须立即下葬，但异方他乡，只能权厝浅埋，最终下葬洛阳已是两年九个月之后。这是一个重要的信号，暗示吉州之案已经尘埃落定。苏颋在墓志中，将杜并行刺解释为替父"杀身请代"，但又颇为矛盾地说"仇怨果复"。事实上，"请代"是为父代罪，绝非以命偿命。至于民间私自施行的"复仇"之举，本来就被《唐律》明文禁止，需要交付尚书省进行集议。韩愈上宪宗的《复仇状》中对《公羊传》等古义的解释，集中体现出唐朝官方对于复仇的实际态度：

> 《公羊传》曰："父不受诛，子复仇可也。"不受诛者，罪不当诛也。诛者，上施于下之辞，非百姓之相杀也。[1]

1　韩醇的注对唐代复仇做出了更为准确的理解："按《新史》所书自太宗时至是，复仇者凡七人。原之者三，不原者四。……大抵杀人者死，国有常典，而贷死者出于一时之特敕。"[唐]韩愈撰，刘真伦、岳珍校注：《韩愈文集汇校笺注》卷27《复仇状（并序）》，北京：中华书局，2017年，第2828、2832页。

韩愈将《公羊传》之语阐释为，其父罪不至诛而被诛，在国家允许的情况下其子可以复仇。易言之，唐朝官方并不认可私自复仇，这一行为的判定，始终会伴随着道德与舆论的评判，往往采取"兼顾礼法而具有弹性的办法"[1]。杜并案能最终被定性为为父复仇，对杜审言来说是有利的。苏颋志文中"安亲扬名""著在史笔"的说法，与后来杜甫为祖母老杜卢氏所撰墓志中"报复父仇，国史有传"的说法如出一辙，表明长安二年四月杜并下葬时，此案已有定性。至于杜审言被诬下狱之事，则似乎未再深究。

从大的政治环境来看，杜并案的从宽处理，其实得益于武则天施政理念的转变以及宫廷政治力量的变化。万岁通天二年（697）六月，李昭德、来俊臣伏诛，当年初冬，狄仁杰、杜景俭拜相，酷吏政治大体宣告终结。圣历元年春末，外放均州十五年之久的庐陵王李显奉诏返回洛阳，九月册立为皇太子。在杜甫后来的诗中，这段历史被形象地定格为："狄公执政在末年，浊河终不污清济。国嗣初将付诸武，公独廷诤守丹陛。禁中决策请房陵，前朝长老皆流涕。太宗社稷一朝正,汉官威仪重昭洗。"（《寄狄明府》）当时的狄仁杰已年近七旬，他的拜相向外朝传递出一个信号，让人意识到政治有可能趋向稳定。次年，就在吉州府衙惨案发生的同一个月，武则天在明堂召集太子李显、相王李旦、梁王武三思、定王武攸宁等人，让其共立誓文，互不发难。此时的武则天已经七十六岁，精力大不如前，她需要考虑自己百年后的政局。朝政

1　瞿同祖:《中国法律与中国社会》, 北京: 中华书局,1981年, 第73页。

被委于张易之、张昌宗兄弟二人，武周经过多年的政治内斗，高宗朝的旧臣已基本被清洗殆尽。随着宫廷政治风向的转变，罗织告密不再如此前那样广受追捧。遭此浩劫的杜审言能够在仕途上东山再起，与整体的政治环境密不可分。

三、修文学士

杜审言是一个典型的政治上晚熟的历史人物，他最重要的政治活动以及对杜家后代的影响，集中在人生的最后五六年。起复后的杜审言，被授予著作佐郎和膳部员外郎之职，这也是史书最常提到的他的官职。但是，杜家后来人际交往与政治立场的直接渊源，来自中宗复辟后杜审言所兼任的另一个头衔——修文馆学士。

理解杜审言晚年的政治立场，需要对高宗朝以来的宫廷文学有一个扼要回顾。乾封元年（666），高宗携武后在泰山之巅完成了封禅壮举，此事成为武后政治地位上升的标志性事件。此后，武后日益公开地参与朝政决策，宫中将其与高宗并称为"二圣"。也正是在乾封年间，高宗着意培养了一批直接听命于武后的文学之士。他们经常被召入大明宫紫宸门以北皇帝起居的内廷，由高宗或武后面授意旨，草拟诏敕并一定程度上参与中枢决策，因此被称为"北门学士"。"北门"不是某个具体的宫门，而是皇帝禁中的代称。这个典故出自《诗经·北门》，唐代皇帝经常会称禁军将领被委以"北门之寄"。"北门"的所指，与皇城或大明宫南面部分三省办公的南衙相对。因此，北门学士群体从一开始，便具有鲜明的宫廷印记。

北门学士在武后临朝称制后，成为其推行政治意志的重要工具，其中如刘祎之、范履冰、元万顷等人，甚至官至宰相。但是这批人绝大部分在垂拱末年的宫廷政治风暴中倒下，武周易唐后的数年间，北门学士曾一度在政治上较为消沉。杜审言外放吉州之前在洛阳的政治生活，就是在这样的政治背景之下。这一时期他与苏味道（648—705）、崔融（653—706）、宋之问（约656—712）等人的关系得到了巩固，与年轻一辈的陈子昂（661—702）也多有往来，特别是与宋之问"弱岁游执，文翰共许"[1]，在乾封年间前后便已相识。

武周政权后期，北门学士迎来了一次复兴，他们围绕在把持朝政的"二张"周围，以纂修《三教珠英》为主要工作。这是北门学士覆亡前夕的一次回光返照，唐人称之为"珠英学士"。从圣历年间（698—700）开始，张易之、张昌宗兄弟逐渐依托武则天的宠信，攫取了大量宫廷权力。为了展示其文学政绩，二张在征得武则天同意后动用大量北门学士，修撰《三教珠英》。所谓"三教"，即儒、释、道，武则天认为已有的类书《文思博要》涵盖有限，希望撰成一部规制更为宏大的类书，使之兼备三教。这项任务在圣历年间交给了张昌宗，既可凸显其文学才华，更能树立威

1　［唐］宋之问：《祭杜学士审言文》，《全唐文》卷241，第2442页。

信。可以说，如果对684年至704年这二十年的武周时代做一个大致概括，那么前十年可称为"酷吏时期"，武则天临朝称制，革唐为周，借助酷吏打击政敌，实现绝对权威；而后十年则可称为"修书时期"，年事渐高的武则天通过编修类书来控制思想，培植内宠，以此确保其统治的稳固。

张昌宗真实的文学能力极为有限，他拉拢文学派领袖，以麟台少监同平章事的宰相李峤，由其召集文学之士共二十六人，其中包括杜审言的好友宋之问、沈佺期。在频繁的宴会雅集中，逐渐形成了一个追随"二张"的政治团体，而实际的修撰工作则进展迟缓，直到东都留守判官徐坚与右补阙张说着手确立了修撰体例，此事方才步入正轨。[1]大足元年（701）冬，武则天移驾长安，她在这座暌违已久的都城安置下来，并将年号改为长安。十七年前，她在群臣的争议中决定遵循高宗遗愿，移其枢于西京。时光飞逝，此时的武则天业已抱恙多时，她希望看看这块自己注定会与高宗合葬的地方。当年十一月十二日，时任麟台监张昌宗向武则天进上《三教珠英》共一千三百卷。[2]此时李峤处于罢相时期，担任成均祭酒，职掌国子监。纂官李峤从麟台少监到成均祭酒的职位变化，使得《三教珠英》的修撰在事实上成为麟台（秘书省）和国子监两个机构共同努力的结果。

1　《旧唐书》卷102《徐坚传》，第3175页。

2　[北宋]王溥编：《唐会要》卷36《修撰》，上海：上海古籍出版社，2006年，第766页。

从圣历元年的外放到吉州之案，再到回京后案件审理定性的三年免官时期，直至长安二年初夏葬次子，命运的安排让杜审言完美地错过了《三教珠英》的修撰。夏秋时节，他被召至长安面见神皇，获任从六品上的著作佐郎。这是麟台（秘书省）下辖著作局的副职，与长司著作郎分判司务，负责撰写官方的墓志、祝文和祭文。武则天在大明宫中问他："卿欢喜否？"杜审言舞蹈谢恩，并当场赋《欢喜诗》。[1] 除了武则天的恩典，在这次起用的实际操作中，恐怕少不了麟台监张昌宗的首肯，以及李峤、崔融等身居高位的故交的荐举。[2] 也正因此，进入著作局的杜审言在有意无意间已被贴上了"二张"集团的身份标签。

尽管品级跃升四阶，但与当初的洛阳县丞相比，著作佐郎的工作要清闲许多。同一时间，崔尚（680—745）以国子监学生身份进士及第，调补正九品的校书郎，成为杜审言的下属与僚友。崔尚约于大足元年登第，当年张说知贡举。[3] 这个年仅二十三岁的

1　《新唐书》卷201《文艺上·杜审言传》，第5735页。

2　《新唐书》卷114《崔融传》："膳部员外郎杜审言为融所奖引。"第4196页。

3　[清]徐松撰，赵守俨点校：《登科记考》卷4，北京：中华书局，1984年，第133页；张希清等主编，金滢坤著：《中国科举制度通史·隋唐五代卷》，上海：上海人民出版社，2017年，第863页。

青年才华横溢，工作细致，很快与杜审言成为忘年之交。[1]除了赞美之外，杜审言对他也多有提携与指点，甚至在杜审言与沈佺期的交往谈论中，往往也能看到崔尚的身影。在武周末年暗流涌动的大明宫内，著作局保持了一丝难得的平静，如切如磋的氛围令崔尚颇为感怀，以至在其墓志中还有专门的笔墨回顾，而我们也借此窥得麟台时期杜审言政治状态的吉光片羽。他有故交新知论文赋诗，却又不必如好友宋之问般每日于御筵前作态取悦，总体来说是相当不错的。

张易之、张昌宗兄弟的势力在长安三年（703）达到了顶点。当年四月，李峤知纳言事、同平章事。九月，二张向武则天诬告御史大夫兼知政事魏元忠，称其欲尊奉太子，并引凤阁舍人张说为证。然而张说在次日陛见时坚称魏元忠不反，为西掖凤池保留了尊严，也使其长官免于死罪。但在二张的威压下，魏元忠贬端州（今肇庆市）高要尉，张说配流钦州（今钦州市）。冬天，武则天返回洛阳。我们推测，杜审言很可能也是在这一年迁任膳部员外郎，[2]进入六部郎官之列，虽品级未变，但地位有显著提升。这

<hr />

1　《唐故陈王府长史崔君（尚）志文》："君国子进士高第，中书令、燕国公张说在考功员外时，深加赏叹。调补秘书省著作局校书郎，校理无阙，鱼鲁则分。作《初入著作局诗》十韵，深为文公所赏。时有知音京兆杜审言、中山刘宪、吴兴沈佺期赞美焉。"吴钢主编：《全唐文补遗》第9辑，西安：三秦出版社，2007年，第364页。

2　《旧唐书·杜审言传》称"俄迁膳部员外郎"，知其任著作佐郎时间不会太长。《旧唐书》卷190上《文苑上·杜易简附杜审言传》，第4999页。

次迁转，从深层来看，是二张势力极度膨胀的一个表现。

武周政治在长安四年（704）发生了肉眼可见的变化。这一年，韦安石、韦嗣立、李峤、姚崇[1]、崔玄暐、张柬之相继拜相，宰相一度多至六人，职任却变动不定，预示着即将到来的风暴。从九月起，洛阳城内连日阴晦，降雪频繁。次年正月，武则天病重，改年号为神龙元年（705）。张柬之、敬晖等五人率羽林军诛杀张易之、张昌宗，武则天退位，太子李显即位，复唐国号，是为中宗。当月，围绕在二张身边的政治群体或下狱或放逐，牵连之广令人震撼。其中，成均祭酒（国子祭酒，从三品）同平章事李峤外放为豫州刺史，司礼少卿（太常少卿，正四品上）知制诰崔融左迁袁州刺史，处置尚可接受。司礼卿（太常卿，正三品）崔神庆就没那么幸运了，被下狱问罪。更多的官员，包括凤阁侍郎同平章事（从四品上，宰相）房融、麟台少监（从四品上）阎朝隐、考功员外郎（从六品上）沈佺期、膳部员外郎（从六品上）杜审言、尚方监丞（即少府监丞，从六品下）左奉宸内供奉宋之问诸人，则直接被流放岭南。

杜审言被流放到了峰州，这是安南都护驻地交趾（今越南河内）西北的一个州。他在峰州度过了705年的岁末，写下《旅寓安南》："交趾殊风候，寒迟暖复催。仲冬山果熟，正月野花开。积雨生昏雾，轻霜下震雷。故乡逾万里，客思倍从来。"[2] 先行南

1　姚崇本名元崇，开元时避年号讳，改名崇。为避免混乱，除年表外，统一作"姚崇"。

2　［清］彭定求编：《全唐诗》卷62，北京：中华书局，1960年，734页。

迁的沈佺期在翻越大庾岭时获知了杜审言的流贬消息，也写下了《遥同杜员外审言过岭》："天长地阔岭头分，去国离家见白云。洛浦风光何所似，崇山瘴疠不堪闻。南浮涨海人何处，北望衡阳雁几群。两地江山万余里，何时重谒圣明君。"[1] 这批流人在当时确实看不到希望。流贬钦州的房融甚至死在了途中的高州。

朝中的斗争瞬息万变。令杜审言不曾想到的是，神龙二年（706）春天便传来了北返的诏敕。此时的中宗已携整个朝廷移驾西京，入住长安城北的大明宫。度岭之后，杜审言取道湘江、洞庭湖北上，溯汉江行至襄阳，写下了《登襄阳城》："旅客三秋至，层城四望开。楚山横地出，汉水接天回。冠盖非新里，章华即旧台。习池风景异，归路满尘埃。"[2] 随后，自襄阳北入南阳大泽，返回洛阳，安置家小后西入长安。杜审言此番回京，被授予从七品下的国子监主簿一职。在这中间，崔融起到了至关重要的作用。崔融被短暂外放后，神龙元年当年便被再次召入朝中，担任国子司业，这是国子监的副职，杜审言北返后担任国子监主簿，与崔融的争取有密切关系。然而就在当年冬天，崔融去世，杜审言为其服缌麻丧，[3] 悲痛之情溢于言表。

国子监主簿属于勾官，唐人也称为"纠曹"，执掌印信，监察

1　[唐]沈佺期:《遥同杜员外审言过岭》,《全唐诗》卷96，第1043页。

2　[唐]杜审言:《登襄阳城》,《全唐诗》卷62，第734页。

3　《新唐书》卷201《文艺上·杜审言传》，第5736页。

审核，太学生若"有不率师教者，则举而免之"[1]。尽管勾官事情琐碎，但以杜审言的声望资历，倒是能对太学生的学风学业起到震慑引导作用。如果杜审言服完崔融三个月的缌麻之丧，则他实际担任国子监主簿已在神龙三年（707）初。此时宋之问也被起复为鸿胪主簿（从七品上）。当年七月，李重俊率兵进攻北门，中宗亲御玄武门，李重俊麾下禁军倒戈，重俊与将领李多祚被杀。九月，中宗改元景龙。不久，宋之问擢升为户部员外郎。[2] 与杜审言相比，他毕竟要小十岁，尚有进取之心，而此时的杜审言年过六旬，几番动荡后政治上已然无欲无求了。

景龙二年（708）四月二十二日，修文馆增置大学士四员、学士八员、直学士十二员，大学士例由宰相兼任。扩员后的修文大学士由中书令李峤、兵部尚书宗楚客兼任，学士包括秘书监刘宪等。五月五日，直学士名单公布，包括吏部侍郎薛稷、考功员外郎马怀素、户部员外郎宋之问、起居舍人武平一、国子主簿杜审言。[3] 与大学士、学士相比，直学士的名单其实更引发朝野上下的关注，因为这批人基本上是真正活跃在一线的文学名家，可谓一时之选。当时的制度尚未定型（后来五品以上职事官为学士，六

1　[唐]李林甫等撰，陈仲夫点校：《唐六典》卷21《国子监》，第558页。

2　关于宋之问此期迁转考证，参见郁贤皓《宋之问事迹和交游五题考辨》，收入氏著：《唐风馆杂稿》，沈阳：辽宁大学出版社，1999年，第1—7页。

3　《唐会要》卷64《史馆下·宏文馆》，第1114—1115页。

品以下为直学士），大致来说有品级上的考虑，但首批直学士中的薛稷其实是四品的吏部侍郎。其中杜审言年纪最大，他的入选对直学士的声望显然极具助益。

修文馆即弘文馆，设在门下省，由于中宗希望为其兄李弘避讳，因此在神龙以后一度称为修文馆，玄宗即位后又于开元前期恢复为弘文馆。弘文馆与后来的集贤殿，分别设在南衙东边的门下省和西边的中书省旁，这也体现了它与北门学士最为显著的区别。易言之，修文馆学士和集贤殿学士是外廷政治的产物。这是神龙以后唐朝宫廷政治的一个重要变化。尽管此后仍不时有文学之士被召入北门的翰林院供奉（如天宝初年的李白），但作为政治力量的北门学士群体，在中宗复辟后就已经基本消亡了。因此，杜甫在《进雕赋表》中才说："亡祖故尚书膳部员外郎先臣审言，修文于中宗之朝，高视于藏书之府，故天下学士，到于今而师之。"事实上杜审言担任修文学士的象征性大于实质性，"修文于中宗之朝"的实际时限，就是他入选直学士后不到半年的时间。他在膺任此职后不久便去世了，他的挚友宋之问在祭文中说的"白首兮方遇"，也是这个意思。

四、审言之死

对于年轻的武平一来说，景龙二年很可能是他记忆最为深刻的一年。武平一是武则天族中曾孙，颍川郡王武载德之子。武周时期他隐居嵩山，中宗复辟后被召入朝中，以其父门荫直接擢任起居舍人。景龙二年五月，武平一被选为修文馆增置后的第一批直学士，与杜审言成为同事。修文学士的主要活动是陪中宗、太平公主等人宴游赋诗，同时学士之间也多有雅集唱和。这样的诗歌盛会持续了整整两年，直至景龙四年（710）六月，才随着中宗的暴崩戛然而止。多年以后，武平一将这段修文馆盛事载诸笔墨，写成了十卷本的《景龙文馆记》。尽管散佚已久，但我们仍能从宋代以后其他著述的转引中找出很多片段，窥得杜审言人生最后七个月的若干图景。

杜审言任修文馆直学士的时候，身体状况已经不佳。当年七夕，中宗在两仪殿大宴群臣，李峤带头献上一首五言律诗，众学士依其体例相次赋诗，杜审言当晚也参加了宴会，留下了"天回兔欲落，河旷鹊停飞"的诗句，[1] 颇有自况之意。九月九日，中宗登上慈恩寺塔，饮菊花酒。当天宴会规模比七夕更大，婕妤上官婉儿以及修文馆大学士、学士、直学士悉数赋诗，唯独未见杜审言诗作。这一年的九月有闰月，要过两次重阳，闰月重阳日，中宗登总持寺塔，仍不见杜审言诗作。当年秋天诸学士还曾私下有过两次僚友饯行之会，同样也没有看到杜审言的身影。种种迹象表明，深秋时节，杜审言的病情已经加重，甚至无法参加公开的活动了。

1　[唐]武平一撰，陶敏辑校：《景龙文馆记》卷1《七夕两仪殿会宴应制》，北京：中华书局，2015年，第11—13页。

进入十月，杜审言的健康状况已经岌岌可危。十月三日，中宗来到定昆池南岸的三会寺。定昆池是专为安乐公主所辟的新池，位于长安城西南，北望汉代昆明池旧址。由于当年有闰月，因此进入十月后天气已相当寒冷，池中无甚风物，众人主要是在寺中登高怀古。当日的宴集，宋之问一如既往地追奉御驾，并与在场的上官婕妤以及大学士李峤、刘宪等人赋诗，但杜审言的病情让他心神不宁。景龙二年对于宋之问来说本就是奔波的一年，正月他以考功员外郎之职主持了当年的贡举，[1] 事务繁剧，五月膺任首批修文馆直学士。及至秋冬之交，好友杜审言身体告危。除却繁忙的朝参宴集外，宋之问每天都往杜宅探望，有时甚至一日之内往还好几回。这种堪比家人的关切当然源于杜宋"弱岁游执，文翰共许"，自弱冠之年建立起的长久友谊，但它可能更暗含了二人"穷海同舟""文房并入"的相同命运所产生的狐兔之悲。对于这批武周末期与其祖父共事又被共逐的历史人物，杜甫有着天生的亲近感。肃宗即位之初，房融之子房琯为相，杜甫是其坚定的支持者。在杜甫诗中，宋之问之名也曾颇具敬意地数次出现。天宝四载夏，李邕与杜甫在一次长谈中，则将崔融、李峤与杜审言一并作为有唐以来文学发展的坐标性人物。诸如此类，其最初因缘都可以追溯到武周末年杜审言的政治际遇。

十日，杜审言病危，宋之问和武平一前往杜宅，与老杜卢氏

1　《登科记考》卷4《景龙二年》，第149页；张希清等主编，金滢坤著：《中国科举制度通史·隋唐五代卷》，第863页。

以及杜闲诸兄妹守在床边。宋、武二人问他觉得怎么样，他说："甚为造化小儿相苦，尚何言？然吾在，久压公等，今且死，固大慰，但恨不见替人。"[1]卧床数月的杜审言深为病痛折磨，但临终之际念兹在兹的事情，仍然是他的学士身份和诗文才华。这几句孤高自负的性情回答，表明在他的潜意识里，自己官阶固然比宋、武诸人低，但才华却始终压其一头。而他彼时最痛心的事情是还没有看到合格的接班人。杜审言说完这几句话，又向妻儿交代一番，便溘然长逝了。[2]这幕场景在武平一记忆中烙下深刻的印记，后来被他收入《景龙文馆记》中。[3]"但恨不见替人"的遗言，很

1　《新唐书》卷201《文艺上·杜审言传》，第5736页。

2　近年来有学者对杜审言卒于景龙二年（708）的说法提出质疑，结合其诗《岁夜安乐公主满月侍宴应制》，认为杜审言卒于景龙三年或四年（709/710）。参见陈钧《唐诗人杜审言卒年考》，《河南师范大学学报（哲学社会科学版）》2002年第6期，第88—89页。按，这种质疑缺乏足够依据。宋之问的祭文同时标明了年号和干支，出错的可能性微乎其微。祭文只能作于其人卒后，未便以诗歌系年的考证结果（尚存疑）否定祭文时间。此外，一个更为重要的原因在于，杜审言死时杜闲尚未婚配，这在杜甫所作《唐故范阳太君卢氏墓志》中有明确记载，杜闲以下"昏姻之礼，则尽是太君主之"。杜审言死后，杜闲需服三年之丧，其间不可能婚配。而杜闲长子杜甫生于先天元年（712），杜闲结婚的最晚时间为景云二年（711）。如果杜审言卒于景龙三年以后，则与杜闲婚配时间冲突。综上，杜审言卒年仍应以宋之问祭文为准，定为景龙二年。

3　《新唐书·杜审言传》《唐诗纪事》均采用了这一记载。参见《景龙文馆记》卷4《杜审言传》，第150—151页。

可能对后来杜甫在诗歌上的追求形成一种持久的精神鞭策。

　　然而，这段极具传奇性的话语在很大程度上掩盖了宋、武二人探视杜审言的真实目的。如果认为弥留之际的杜审言只是和同僚逗了几句口舌之快，不免大错特错。实际上，杜审言将两件重要的后事托付给了宋之问和武平一。其中一件，是向宋、武托孤。杜审言去世时，妻子老杜卢氏三十三岁，长子杜闲约二十九岁，自杜闲以下，三男五女均未婚嫁。在《祭杜学士审言文》中，宋之问用"道之南宅，困之东粟"明确指出了托孤之事。"道之南宅"是指孙坚征讨董卓时，其家人受到周瑜照顾，住在周家道南之宅中。[1]"困之东粟"应为"困之东墠"，用了《诗经·郑风·东门之墠》"有所思而未得见"之意，突出朋友之情。[2] 同时，他用"使君孤之有余，宁我家之不足"这样的表态，表明自己将在经济上对杜家予以帮助。另外一件，是将自己文集的编撰事宜托付给宋、武。从现有记载来看，杜审言和宋之问的文集都是由武平一编撰而成的，但实际上杜审言辞世之际，小他十岁的宋之问仕途正顺，当时未有隐忧。我们推测，杜审言最初将其文集之事托于

1　《三国志·吴书·周瑜传》："孙坚兴义兵讨董卓，徙家于舒。坚子策与瑜同年，独相友善。瑜推道南大宅以舍策，升堂拜母，有无通共。"［西晋］陈寿著，［刘宋］裴松之注：《三国志》，北京：中华书局，1982年，第1259页。《新唐书·杜审言传》《唐诗纪事》均采用了这一记载。参见《景龙文馆记》卷4《杜审言传》，第150—151页。

2　［清］方玉润撰，李先耕点校：《诗经原始》卷5《东门之墠》，北京：中华书局，1986年，第219页。

宋之问和武平一两人，景云政变后宋、武皆流岭南，宋的处境尤为艰危，因此后来宋之问的文集也托付给了武平一。

事实证明杜审言的后事没有错付。杜审言的棺椁于当月离开长安，在杜闲等人的护送下前往东都洛阳。发丧之日，宋之问前往祭奠送别。这位与他相识逾三十年的挚友，将穿过八百里长的两京道，回到杜氏数代居住的偃师故宅，在缑氏山下的杜氏大茔中入土。那里安葬着杜预以降的杜氏先祖，以及十七年前先行离世的审言前妻杜薛氏。宋之问祭文中"缑氏山兮山上云，秦城郊兮郊外坟，孟冬十日兮共归君，君有灵兮闻不闻"的措辞，可谓字字血泪。当月，大学士李峤主张奏明中宗，为杜审言申请赠官。奏疏由武平一撰写进呈，认为"审言获登文馆，预奉属车。未献长卿之辞，遽启元瑜之悼"[1]，入选直学士后数月即卒，实为大憾。中宗览奏后，赠杜审言从五品上的著作郎，使其身后名义上列入"衣绯"的五品以上中高层文官之列。

神龙元年的政变终结了武则天的统治，因此被视为周唐易代的里程碑，但真正被清除的只是张氏兄弟的政治力量，以武三思为代表的武氏势力并未受到影响，甚至由于中宗的即位，又平添了韦氏一支外戚力量。武、韦联手，对李氏皇族的压制较武周末年有过之而无不及，也使得李峤、宋之问等武周残余群体获得了一个延续下来的生存空间。在这种大的政治背景下，加之中宗沉迷于宫廷宴游，学士群体繁盛一时。

1　《景龙文馆记》卷1《十月杜审言卒》，第27页。

从长安年间往后，杜审言除神龙初左迁安南之外，其余时间都在朝中任职，在长安的生活占去了绝大部分时间。杜审言卒于长安且子女环侍，据此推测，杜家在长安已有固定居所。不过在返回偃师完成葬仪后，老杜卢氏和杜闲兄妹可能又回到洛阳一带生活。此时的杜闲年近三十，需要为父亲服三年之丧。按照唐人实际服丧二十五个月的时间来算，杜闲大约在景云元年（710）年底终制。正是在这两年多的时间里，杜审言生前所熟知的人际圈层和政治环境发生了天翻地覆的变化。假如他真能如宋之问祭文所说的那样"有灵而闻"，恐怕会对身后数年的事情大为震惊。景龙三年（709），宋之问左迁越州（今绍兴市）担任长史。此时的杜闲正在洛阳服丧，未能面别父执。

到任越州的宋之问，并未因暌违朝廷而远离祸端。他暗中致信宗楚客兄弟，希望策动驸马都尉武延秀制造政变。次年六月，安乐公主与韦后合谋鸩杀中宗，韦太后临朝称制，改元唐隆。太子李重茂年仅十六岁，于灵前即帝位。然而这一局面仅仅维持了十八天，庚子夜，临淄王李隆基联合太平公主之子薛崇简、苑总监钟绍京、前朝邑尉刘幽求等人，利用禁军内部矛盾，成功策动了万骑将领葛福顺等人，借助万骑、监门卫以及禁苑奴户等力量，[1]率兵诛杀韦温、纪处讷、宗楚客、武延秀等。与五年前的神龙革

1　关于景云政变中禁军的作用，参见唐雯《新出葛福顺墓志疏证——兼论景云、先天年间的禁军争夺》，《中华文史论丛》2014年第4期，第99—139页。

命相比，景云政变是通过李隆基与太平公主两股力量的联合而实现的。经此变故，朝中武、韦两姓被诛除殆尽，而附庸其上的修文馆学士群体随之消亡。在李重茂所下著名的《诛韦氏制》中，武、韦党羽被悉数罗列，其中宋之问更是被两度提及，罪状一是他圣历初年上疏武则天请立武承嗣为太子，罪状二则是他迁任越州后致书武延秀图谋政变。[1] 尽管李重茂数日后便退位了，但这封制书显然传递出了极为危险的信号。六月，相王李旦即位，是为睿宗，七月，改元景云，册立平王为太子。即位后的睿宗，起用洛州长史宋璟为检校吏部尚书，与姚崇、苏瑰并同三品，任宰相。三相均与珠英学士群体素无瓜葛，年底苏瑰卒，剩姚、宋在位。在这样一种政治环境下，已由中书令降为兵部尚书的李峤，进一步外迁为怀州刺史。宋之问则被配徙至容州都督府辖下的钦州，韦玄贞、张说、房融都曾流至此地。他在钦江边南望大海，两年后被新即位的玄宗赐死于岭南，余生未能回到中原。

五、长子杜闲

杜审言的四个儿子，分别取名为闲、并、专、登，是典型的以义相从。按照《说文解字》的原始字义，"闲"（闲）是围栏，

1　[唐]李重茂：《诛韦氏制》，《全唐文》卷99，第1020—1021页。

"并"为跟从，"尃"（专）指笏板（"六寸簿"），"登"谓上车。[1]
四个儿子的名字，是一组连续的动作——出门、相随、执笏、登
车，寄寓着杜审言对下一代仕途上的美好愿望。四子之中，杜并
早卒未仕，三子杜专官至开封尉，四子杜登官武康尉。位阶最高
者是长子杜闲，开元后期官至从四品的兖州司马，这其实也是杜
家几代人所达到的最高官职。以杜审言弱冠进士、晚膺学士的经
历来看，他的长子杜闲自然也要走科举一途入仕。圣历元年杜审
言外放吉州时，杜闲已经十九岁，他并未跟随前往，这可能包含
了照顾家人和准备应试两方面的考虑。杜甫后来在献赋获得出身
后，曾向集贤学士于休烈等人吐露过"儒术诚难起，家声庶已存"
（《奉留赠集贤院崔于二学士》）的心声，说明杜审言的"家声"未
在杜闲手中坠落。据此来看，他的父亲杜闲很可能也是科举入仕
的，至于是常科还是制举，则限于史料不便臆测。

　　杜闲及第并释褐做官的时间，应当在702年至708年间。圣
历年间的吉州之案对于杜家的冲击很大，仕宦科举均耽延数年。
长安二年杜并案尘埃落定，杜审言安葬次子后方才再获官职，以
至在御前舞蹈赋诗。据此来看，长子杜闲在该案审理定性期间，
也应该暂停了科举资格。当然，我们并不排除杜闲在圣历元年之
前便已及第的可能，但从杜甫后来对其家世的矜耀追述来看，其

1　［东汉］许慎撰：《说文解字》卷12上《门部》，北京：中华书局，1963
年，第248页；卷8上《从部》，第169页；卷3下《寸部》，第67页；
卷2上《癶部》，第38页。

父杜闲在文学上似无足称道，弱冠及第的可能性很小。细审宋之问祭文中"使君孤之有余，宁我家之不足"的措辞，景龙二年的杜闲应该是处于释褐不久的状态，由于尚未成家，因此在二十九岁的年纪仍被视为杜审言遗孤。

不过若以年纪论，杜闲与其父执武平一其实是同龄人。武平一约生于 675 年，[1] 杜闲约生于 680 年，相差不过数岁，这一点从宋之问祭文中"道之南宅"的微妙表述中同样可以看出。当初照顾孙家母子的周瑜，实际上与孙坚之子孙策"同年"，即年纪相同，这与武平一、杜闲之间的关系颇为相似。这个含蓄的比喻或许并非宋之问撰文时所加，很可能是杜审言遗言中本来就有的比附，至少，临终之际的杜审言对武平一和杜家长子杜闲将来的交往，有过类似的期许。这中间既有编纂杜审言文集时的协同互助，更暗含了对于杜闲前途的牵挂。

彼时的长安风云变幻。杜审言死后一年，宋之问便被外放越州。又过了一年，景云政变爆发，武平一与宋之问分别从长安和越州贬至岭南。经此剧变，杜审言的文稿可能有两种流向：一种可能是，武平一南下时将杜作一并带至贬所；另一种可能，则是

1　武平一生年史书阙载，景龙四年正月八日赋诗，中宗称"平一年虽最少，文甚警新"，赏花一枝，而"崔日用乘酣饮欲夺平一所赐花"。本次宴集可确知生年者，崔日用最少，生于 673 年。从崔日用夺花为乐来看，崔、武年纪相仿，暂定武平一生年为 675 年。《景龙文馆记》卷3《景龙四年·立春日内出彩花树应制》，第112页。

保存在洛阳杜闲手中，后来再由杜闲设法带给武平一。相比而言，由武平一带至岭南的可能性更大一些。

睿宗景云年间的朝局，实际上由太平公主和太子李隆基两方力量分而据之。姚崇上书睿宗，建议请太平公主移居东都，宋王李成器、岐王李范、薛王李业出任诸州刺史，以免政变之虞。此举激怒了太平公主，李隆基被迫上疏睿宗，将姚崇外放贬官。此后两年间，宰相人选变动频繁，李隆基将经营西域多年的郭元振引入朝中任兵部尚书，太平公主则笼络了尚书仆射窦怀贞。延和元年（景云三年，太极元年，712）八月，睿宗禅位于太子，是为玄宗，改元先天，睿宗称太上皇。及至先天二年（713）七月，李隆基联合诸王发动政变，尽诛太平公主及其党羽窦怀贞等，睿宗在郭元振护持下登上承天门宣诏，彻底退位不问政事。临危受命的郭元振在朝中缺乏根基，难以取得玄宗信任。当年十月，玄宗在骊山脚下讲武阅兵时，借口郭元振军容不整，将其罢免外放，召入姚崇接任兵部尚书同平章事，年底改年号为开元，开启了唐朝历史上最为辉煌的一个时代。

开元初年的朝局，实质上是不断摆脱武周政治印记的一个过程，显现出新旧驳杂的特点。武则天最初推行的酷吏政治导致了政治资源的严重匮乏，在狄仁杰的推荐下，桓彦范、敬晖、姚崇、窦怀贞等人在武周后期相继得到重用。[1]经过中、睿时期激烈的宫廷内斗，最终留下了以姚崇为代表的一股政治力量。姚崇在圣历

1　《旧唐书》卷89《狄仁杰传》，第2894页。

年间便已任相，此后长期供职于兵部，在抵御默啜的河北之役、制衡二张、神龙政变中均有举足轻重的作用。姚崇的仕宦履历与依附二张的珠英学士群体完全没有交集，特别是神龙政变前夜，他被召入朝联手张柬之等人逼迫武则天退位，与二张集团势不两立。也正因此，开元元年姚崇第三次拜相后，对残存的珠英学士不予召还，并将已位至紫微令（中书令）的宰相张说排挤出朝廷。在杜甫后来的诗作中，我们可以发现他对这位奠定了开元盛世的一代名相没有任何提及，这是颇为值得玩味的。

景云二年（711），杜闲服丧期满后，在继母老杜卢氏的持办下得以婚配，夫人崔氏。这桩婚姻，其实与当年的吉州之案有关。周季童的姐姐中，有一位嫁给了义阳王李琮，就是永昌元年配入司农寺的义阳王妃周氏。义阳王夫妇的女儿当时已嫁给了崔氏，这个被当时人称为"崔氏女"的王女，就是杜闲原配夫人的生母。以此相叙，杜甫二叔当年其实杀了杜甫外祖母的舅舅，而周季童其实在这门亲事中比杜审言还高一辈。崔氏嫁到杜家的次年，亦即先天元年（712），她为杜闲生下一子，取名杜甫。

景云政变后，武平一被贬至岭南，[1] 在韶州宝林寺拜谒了晚年的六祖慧能。先天二年八月，慧能圆寂，中书令张说闻知后，寄去十斤香及一首诗，诗同时写给曾共任学士的武平一："大师捐世去，空留法身在。愿寄无碍香，随心到南海。"武平一为慧能撰写

1　关于景云政变后武平一相关事迹，参见陶敏《景龙文馆记》"附录"，第183—188页。

了碑铭赞,由宋之问书写,刻于钟上。[1] 宋之问写成碑铭后不久,朝廷的诏书便抵达岭南,赐其自尽。宋之问闻诏震恐,汗流浃背,连家事也未能安排,便在仓皇之间匆匆赴死了。[2] 其时姚崇已取代郭元振为相,张说的处境日益艰难。武平一未能等到回朝的消息,在郴州任职数年后,调任苏州司功参军事,离开了南海的烟瘴风涛,来到风物秀美的姑苏。目睹吴国旧迹,思及王谢风流,武平一的心绪逐渐平静下来。他将两位故友杜审言和宋之问的诗文编撰成集,[3] 并开始回忆整理修文馆往事。

1 [北宋]赞宁撰,范祥雍点校:《宋高僧传》卷8《唐韶州今南华寺慧能传》,北京:中华书局,1987年,第175页。

2 《新唐书》卷202《文艺中·宋之问传》,第5751页。

3 《旧唐书·经籍志》所本《古今书录》成书于开元前期,收录有《宋之问集》十卷、《杜审言集》十卷,可知杜、宋文集大致编撰于武平一苏州司功任上。参见《景龙文馆记》"附录",第187页。

第二章　　**少年时期**

杜甫一岁至九岁

先天元年（712年）———————————— 开元八年（720年）

一、杜甫幼年

景云二年（711），三十二岁的杜闲在继母老杜卢氏的主持下婚配，夫人崔氏是宗室之后，其父为舒王李元名的外孙，其母为纪王李慎的孙女，义阳王李琮的女儿。唐时崔姓有两处郡望，分别为博陵和清河。杜甫外家属博陵崔氏安平房，[1] 是当时公认的山东高门甲族。作为郡望意义上的"博陵"，其对应的地理区域在整个中古时期多有变化，就唐代行政区划而言，大致对应定州（唐之博陵郡，今定州市）、深州（今衡水市深州市）一带，安平则是深州辖下的一个县。当然，郡望及其下的房支只不过是姓氏谱系

1　传统观点多将杜甫外家归为清河崔氏，依据是《新唐书·宰相世系表》清河崔氏中有雅州刺史"崔公辅"，与杜甫《赠崔十三评事公辅》中人名相同。但任雅州刺史者生活在唐末，与杜甫时代悬远。近年来，经学界进一步梳理，发现《新唐书·宰相世系表》与权德舆所撰墓志中均有"崔顼"，与杜甫诗中所称的舅氏同名、同官、同时。辅以新近出土的若干墓志材料，可以初步认为，杜甫的母系出自博陵崔氏安平房。参见王辉斌《杜甫母系问题辩说》，《杜甫研究学刊》1994年第2期，第42—44页；查屏球《蓝田崔氏庄之"崔氏"考——墓志与杜甫母系新证》，《浙江大学学报（人文社会科学版）》2021年第2期，第161—174页。

的溯源表现，许多崔姓族人在实际的代际递迁中已远离了河朔腹地的定、深诸州，南下两京，为官定居，甚至族葬于洛阳城外。就我们所知，杜甫一生并未到过深州安平县，他的外家诸舅在关中、剑南乃至湖南都有分布，他们是杜崔氏的从父、从祖兄弟。在仕宦、生计、人事等方面，外家崔氏都给予了杜甫重要的帮助。终杜甫五十九年的生命旅程，可以说崔姓舅亲始终相伴。

杜甫的外祖父没有子嗣，杜甫在《祭外祖祖母文》中借用邓攸无子、魏舒依养于外家的典故（"伯道何罪，元阳谁抚"）道出这一事实，他在诗中提及的诸位"舅"也都不是亲舅。崔家有两个女儿，分别嫁给了郑九辨和杜闲，郑崔氏生下了郑宏之等兄弟，杜崔氏生下了杜甫。崔家两姊妹中郑崔氏居长，约生于675年。由于郑崔氏长子郑宏之比杜崔氏之子杜甫年长将近二十岁，以此推测，郑崔氏与杜崔氏之间同样存在着较大的年龄差。这提示我们，崔家很可能不是未曾生育男丁，更像是在长女出生后又有数子出生，但都不幸早卒。杜甫外祖母崔李氏约生于657年，永昌之狱后不久，她因奔波照料母妃而劳累去世，因此崔家幼女杜崔氏出生的时间下限在688年。结合郑宏之与杜甫的年龄差距，我们将杜崔氏的生年大致拟定在685年前后，她嫁给杜闲时，大约二十七岁。此外，杜甫还有一姨，为狄仁杰孙媳，生下狄博济、狄博通兄弟，杜甫诗称"梁公曾孙我姨弟"（《寄狄明府》），不过在《祭外祖祖母文》中只提到了郑、杜二家外孙，并无狄姓，因此不便将狄崔氏计入崔家同胞姊妹中，她更可能是杜甫之族姨。

婚后的杜闲并未与继母老杜卢氏分家。作为长子，他此时已

杜甫家庭成员关系

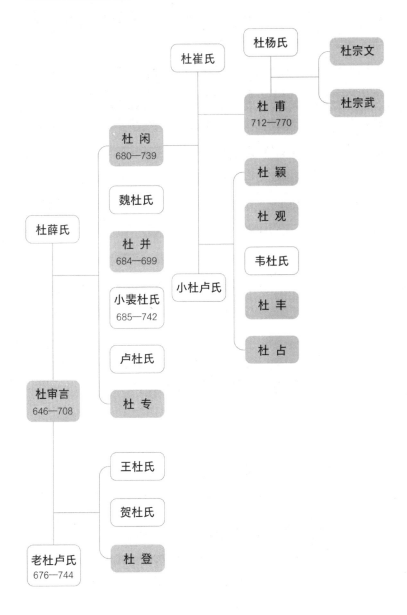

入仕为官并娶妻，自然承担起了整个杜氏大家庭的重担，而身为长嫂的杜崔氏，则与老杜卢氏一道成为杜家大小庶务的实际操持者。这是唐代常见的"同居共活"家庭模式。[1] 此时杜家长女、次女已相继出嫁，家中人口包括三十六岁的婆婆老杜卢氏，三十二岁的长兄杜闲，二十七岁的长嫂杜崔氏，与杜崔氏年纪相仿的三叔杜专、三姑，以及老杜卢氏所生、尚只十多岁年纪的四叔杜登和四姑、五姑。老杜卢氏正值壮年，不可能将作为家中主妇地位象征的中馈与锁钥权力[2]交给杜闲之妻。可以想见，新婚的杜崔氏在家中地位不高，担子却很重。

不过杜闲无法常住家中。大概正是这段时期，他在京兆府辖下的武功县（今咸阳市武功县）担任县尉，[3]与妻子聚少离多。一年以后，杜崔氏生下一子，取名杜甫。"甫"在《说文解字》中的

1　关于唐代家庭的二元制复合结构，参见张国刚《唐代家庭形态的复合型特征》，《历史研究》2005年第4期，第84—99页；收入氏著《唐代家庭与社会》，北京：中华书局，2014年，第1—27页。

2　关于唐代妇女的家庭地位与角色，特别是其"主中馈"的权力讨论，参见张国刚《"立家之道，闺室为重"——论唐代家庭生活中的夫妻关系》，《清华大学学报（哲学社会科学版）》2008年第1期，第46—62页；收入氏著《唐代家庭与社会》，第120—150页。

3　［唐］林宝撰，岑仲勉校记：《元和姓纂》卷6《十姥·杜》，第932页。按，畿县县尉为正九品下，一般不作为起家官授予。杜闲在其父去世前便已释褐，经过中、睿间数年的迁转（其间曾丁父忧），至开元初年擢任武功尉的可能性较大。《唐六典》卷30《京兆河南太原诸县》："尉二人，正九品下。"第751页。

本义是男子美称，[1]杜甫之字"子美"正用其义。这是唐朝历史上颇为关键的一年。七月，睿宗禅位于太子李隆基，是为玄宗。八月，改元先天。用杜甫自己的话说，他"生长陛下淳朴之俗"（《进三大礼赋表》），与玄宗朝同岁。需要注意的是，杜甫出生的具体时间很可能是在上半年。杜审言的丧期在景云元年（710）十二月便已结束，杜闲当于次年春夏结婚，故而杜甫在712年上半年出生的可能性更大。因此如果严格地说，杜甫更可能是出生于景云三年（712，当年四月前）或延和元年（当年五、六月）。不过统一起见，不妨以七月以后的年号统称，认为杜甫生于先天元年（712），是没有太大问题的。

杜甫出生后不久，母亲杜崔氏便去世了，他被寄养于二姑小裴杜氏家中。唐代父母过世而子女尚幼，被寄养在叔伯或诸姑家的情况并不少见。[2]但杜闲当时并未分家，老杜卢氏正值壮年，自己几个子女又未成年，抚养长孙本在情理之中。将杜甫交给小裴杜氏恐怕有一个非常现实的原因，即当时的杜甫尚需哺乳，而他的二姑刚生下一子，正在哺乳期。裴家祖宅在洛阳城内，与杜家祖宅所在的偃师县只有七十里路程，寄养于裴家也便于双方照应。于是，尚在襁褓中的杜甫被家人带着一路向西南而行，来到了东

1　《说文解字》卷3下《用部》，第70页。

2　如臧南金妻白光倩，为白知隐之女，"幼丁荼苦""叔父奇之，特加钟异，从宦江左，鞠育成人"。《唐代墓志汇编》景龙037《大唐婺州义乌县主簿东莞臧南金妻故太原白夫人墓志》，第1107—1108页。

都洛阳。对于自己的生母，杜甫没有任何记忆，能写下的唯有所谓"慈颜永违"（《祭外祖祖母文》）。

开元元年（713）或稍晚一些，服满妻丧的杜闲续娶范阳卢氏，是为小杜卢氏。按照杜甫"至于昏姻之礼，则尽是太君主之"（《唐故范阳太君卢氏墓志》）的说法，杜闲以下的一众子女婚配，都由老杜卢氏操持，其中自然也包括杜闲再婚。事实上，最初为这桩婚姻牵线的关键人物，可能正是老杜卢氏本人。天宝三载（744）老杜卢氏下葬时，小杜卢氏被杜甫称为"冢妇同郡卢氏"。这是一个特别的表述，并非泛指婆媳二人范阳卢氏的郡望，在唐人的语境中，"同郡"特指同乡，[1] 也就是说，这个续娶的儿媳，与老杜卢氏本为同乡宗亲，甚至出自同一家族。正是这一层特殊的关系，使得小杜卢氏婚后的境遇要优于当初的杜崔氏。

嫁至杜家后，小杜卢氏相继生下了杜颖、杜观、杜丰、杜占四子及一女。与杜审言一样，杜闲也用以义相从的单字为其诸子命名。按照《说文解字》的释义，"颖"为禾之末，也就是稻穗；

1　这种表述在唐人文献中颇为常见，如赵居贞任吴郡太守之初，"表授广陵纠曹张禺、兵曹苏相为判官，安喜尉李冈为支使，同郡旧知……异途新合"，即表奏同乡旧识担任幕僚；德宗朝重臣王翊之父王光谦凡三娶，"夫人博陵崔氏……继夫人陇西李氏，后夫人同郡武氏"，则很明显第三任夫人武氏为太原人，与王光谦同乡。［唐］赵居贞：《新修春申君庙记》，《全唐文》卷296，第3004页；［唐］权德舆撰，郭广伟点校：《权德舆诗文集》卷16《唐故楚州淮阴县令赠尚书右仆射王府君神道碑铭并序》，上海：上海古籍出版社，2008年，第248页。

"觀"（观）是仔细看；"豐"（丰）指祭器装满粮食；"占"谓视卦兆问吉凶。[1] 杜闲继室所生四子在取名上以义相从，与长子杜甫的名字意涵明显不同。小杜卢氏所生四子的名字都与足食或良兆有关。相比之下，长子名字的"甫"则为男子美称。杜甫的四个异母弟中，杜颖年纪最大，他可能生于小杜卢氏婚后次年，即开元二年（714）。[2] 杜占年纪最小，他的出生可能已晚至开元十一年（723）前后，[3] 小杜甫约十岁。中间的杜观和杜丰，年齿长幼并不确定，以往习惯于将杜观排在杜丰前面，如果结合四人名字含义来看，则颖、丰二人的意义为稻熟而器物满，观、占二人的意义则为审视而问兆，这是唐人取名以义相从的基本特征。如此一来，则似乎杜丰应排在杜观前面。当然，目前尚缺少直接的证据，杜观和杜丰的长幼先后存疑。

1　《说文解字》卷7上《禾部》，第145页；卷8下《见部》，第177页；卷5上《豐部》，第103页；卷3下《卜部》，第70页。

2　杜颖应为小杜卢氏六子女中最年长者，开元二十九年（741）他已任齐州临邑县主簿或县尉，为从九品的基层文官。以开元二年出生算起，他任临邑主簿时二十六七岁，与唐人入仕之初的常见年龄相符。

3　杜占不仅是杜甫四个异母弟中最小的，也比其异母妹年纪小，可能是杜闲所有子女中最小的一个。小杜卢氏婚后共生子女五人，以开元二年初次生育算起，第五胎的出生差不多已到了将近十年后。

二、姑亲裴氏

　　杜甫共有五位姑母，依次为长姑钜鹿魏杜氏、二姑河东小裴杜氏、三姑范阳卢杜氏、四姑京兆王杜氏、五姑会稽贺杜氏。其中对杜甫成长与交游影响最深的，是二姑小裴杜氏。杜甫出生不久，便被送到东都永丰里，这是洛阳城中心的一处坊里，裴家数代相传的老宅就坐落于此。裴姓是唐代著名的高门，共出过十七位宰相。欧阳修编《新唐书·宰相世系表》时，便以裴姓居首。裴姓郡望最著者为河东闻喜，其社会地位甚至与天下一等高门博陵崔氏不相上下。

　　小裴杜氏的丈夫名叫裴荣期，其家属于裴氏五房中的西眷裴，祖居河东闻喜。西眷裴氏最为著名的人物是唐朝的开国元勋，高祖的龙潜旧交裴寂，他也是有唐一代首位宰相。由于二姑家的这层关系，杜甫对于西眷裴氏推崇备至，晚年的他见到故人之子张建封时赋诗道："尝读唐实录，国家草昧初。刘裴建首义，龙见尚蹯躇。"（《别张十三建封》）清晰地表露出对于裴寂历史功业的追慕。至于裴荣期家族，则是西眷裴中隋代御史大夫裴蕴的后代。[1] 裴蕴的曾孙裴自强（630—685）娶了杜审言叔父杜立素的小女儿

1　裴蕴一支，《新唐书·宰相世系表》不载，参见周庆义、章学松《裴氏历史人物志》，太原：山西古籍出版社，1998年，第55—56页。

裴自强家庭成员关系

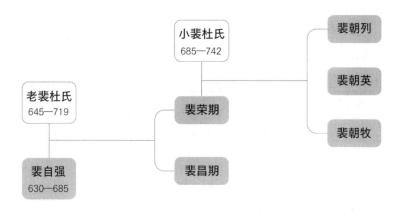

杜、裴两家姻亲关系示意

为妻,是为老裴杜氏(645—719),[1] 婚配的时间在 665—670 年间。老裴杜氏嫁到裴家后生有二子,长子裴荣期,次子裴昌期。

　　裴自强的父亲曾担任瀛州平舒县丞,只是八九品的基层文官,裴自强则直到五十多岁仍未仕宦,然而裴家在洛阳城中心的永丰里拥有宅第,足以表明其家资丰饶。如此优渥的生活在老裴杜氏嫁过来之后仍持续了十多年,直到武则天临朝称制后,裴家的命运才发生了根本性的转变。这种转变与两个政治人物密切相关,一个是泽王李上金,另一个是宰相裴炎。文明元年(684)四月,武则天将高宗第三子李上金徙封为泽王,任苏州刺史。[2] 一同徙封的还有高宗第四子李素节,他被封为许王,任绛州刺史。从表面上看,二王均受封大藩雄州,荣宠备至。实际上这只是武则天稳住李唐宗室的权宜之计,此时她的当务之急是确立太后临朝的政治格局,而首当其冲的阻碍是刚刚力助她废掉中宗的中书令裴炎。当年九月,武承嗣上疏请立武氏七庙,释放出武氏当国最初的政治信号,裴炎援引汉初吕后之事坚决反对,站到了太后的对立面。适逢徐敬业在江南起兵,唐廷发兵镇压。在朝堂商议时,裴炎对出兵江南持消极态度,提出返政于睿宗的请求,触及武则天的底线。恰好徐敬业幕下的监察御史薛仲璋是裴炎外甥,武则天遂以

1　《裴自强墓志》记载了裴氏家族主要情况,是研究杜甫姑亲裴氏的重要史料。参见《唐代墓志汇编》开元125《大唐故泽王府户曹参军裴君墓志并序》,第1241页。

2　[北宋]司马光撰:《资治通鉴》卷203"光宅元年四月"条,第6420页。

裴炎有异图收其下狱。裴炎于十月被诛，宗族、同僚多有株连。

正是在这一年，已经五十五岁的裴自强释褐为官，任泽王府户曹参军。王府诸曹参军是正七品上的文官，正常情况下不会作为释褐官授予。这说明裴自强是泽王主动延请入府的，时间很可能就在文明元年四月李上金徙封泽王之际。此后李上金外任苏州刺史，次年迁任陈州刺史。[1] 裴自强的墓志用了"宦游大国，时骋望于白蘋；陪奉小山，乍淹留于丹桂"这样颇为晦涩的说法来叙述这段短暂的仕宦经历。"大国"指泽王府，"小山"指王府宾从，[2] "登白蘋兮骋望"则是《湘夫人》里的话，是屈原对并未见到的湘夫人的想望。[3] 据此来看，裴自强究竟是否随泽王前往苏州，其实是存疑的。

次年，亦即垂拱元年（685）二月，裴家发生了更为离奇的

1　《册府元龟》载："（泽王上金）永隆二年二月为沔州刺史，文明元年为苏州刺史，垂拱元年改陈州刺史，永昌元年为遂州刺史。"［北宋］王钦若编：《册府元龟》卷281《宗室部·领镇四》，北京：中华书局，1960年，第3316页。

2　《楚辞章句·招隐士序》："昔淮南王安博雅好古，招怀天下俊伟之士。自八公之徒，咸慕其德而归其仁，各竭才智，著作篇章，分造辞赋，以类相从，故或称小山，或称大山，其义犹《诗》有小雅、大雅也。"［东汉］王逸：《楚辞章句》，上海：上海古籍出版社，2017年，第244页。

3　《文选》对这句的解释为："言己愿以始秋蘋草初生望平之时，修设祭具，夕早洒扫，张施帷帐，与夫人期歆飨之也。"［梁］萧统编，［唐］李善、吕延济、刘良、张铣、吕向、李周翰注：《六臣注文选》卷32《九歌·湘夫人》，北京：中华书局，2012年，第618页。

变故，裴自强兄弟三人一同死去。[1] 本来，裴自强以五十五岁的高龄入仕为官，已经极不寻常。不到一年时间又突然死去，且一门中三人暴卒，就更令人生疑了。事实上，武则天与泽、许二王之间的矛盾由来已久。四年后周唐易代时，李唐宗室起兵声讨的主力除越王李贞外，便是泽、许二王。裴自强不惜晚岁入幕，已然选择与李唐宗室站在一起，无形中成为武则天要清除的目标。而当年秋冬之际裴炎的下狱，无疑使裴自强进一步成为武则天打压的对象。裴炎属于裴氏另一显赫的分支——洗马房，祖居地同样在河东闻喜，与西眷裴氏虽为两房，却颇为亲近。《裴自强墓志》借用晋人吴逵因瘟疫一门死十三人的典故来类比裴家的变故，其实史书中垂拱元年春季并无洛阳大疫的记载，裴家此番劫难，恐怕正源于裴炎之狱的余波。

此时的老裴杜氏四十一岁，她将洛阳永丰里的家产悉数变卖，在不到一年的时间里建成三座坟茔，操办丈夫与兄弟下葬之事。经此剧变，裴家的生活一落千丈，奴仆婢女悉数被遣散，老裴杜氏"躬亲纺绩"，一人承担起全部的家庭重担。裴家的长子裴荣

1　裴自强的墓志称"良人早丁荼毒，兼丧友于"，又说"吴逵之妇未足拟仪"。"友于"即兄弟。吴逵为东晋吴兴人，因疫疾一门死十三人，亲属皆尽，唯存其妻。[唐]房玄龄等撰：《晋书》卷88《孝友·吴逵传》，北京：中华书局，1974年，第2293页。

期，大致生于673年前后，[1]此时只有十三岁左右，次子则只有十一岁左右。老裴杜氏操持家计之外，还要"训导孤遗"，教育两个孩子读书。裴家这段最为艰难的时光延续了七八年乃至十多年的时间，直至长子裴荣期成人并入仕为官。

裴荣期与小裴杜氏婚配时，两人的年纪都相对偏大。小裴杜氏出嫁的时间大致与杜闲初婚相同，即711年，当时裴荣期已经三十九岁，小裴杜氏二十七岁。从其墓志"作配君子，实惟好仇"的说法来看，小裴杜氏不像是裴荣期续弦所娶，双方应当还是结发夫妻。同时，这还是一桩唐代士族常见的姑舅婚。老裴杜氏与杜审言同为杜预十一代孙，是辈分相同的同族兄妹或姐弟关系（老裴杜氏生于645年，而杜审言的生年则推定为646年，二人年纪相仿但长幼存疑），他们的子女则是表兄妹关系。换句话说，杜家其实有两代人都嫁给了裴家，老裴杜氏除了是小裴杜氏的婆婆外，还是她的族姑。

---

1 关于裴荣期的生年，我们可以做出大致推断。天宝元年（742）小裴杜氏去世时，裴荣期"见任济王府录事参军"，尚未致仕。唐人普遍的致仕年龄在七十岁，但如果精力允许，也可以继续为官。如果天宝元年裴荣期七十岁，则其生于673年，而其胞弟裴昌期最早也只能在675年出生。此时老裴杜氏已经三十一岁，对于唐人来说已接近女性生育年龄的上限。另一方面，如果将裴荣期生年往前推移数年，则在天宝元年时仍为官，又已明显超出了唐人普遍的致仕年龄。综合以上两方面因素，我们将裴荣期的生年拟定为673年是相对稳妥的。我们关于老裴杜氏婚嫁时间（约665—670年间）的推测也是由此而来。

小裴杜氏嫁过来的时候，婆婆老裴杜氏已经六十七岁，在榻上卧病多年，日常起居均需照料，家务烦琐。在杜甫所撰墓志中，将这段时光总结为"昔舅殁姑老，承顺颜色，侍历年之寝疾，力不暇于须臾"（《唐故万年县君京兆杜氏墓志》）。此时的裴家仍居住在洛阳老宅，未曾分家，长子裴荣期已入仕为官，家境有所好转，从小裴杜氏的墓志中可以看到裴家又有了家仆奴婢（"后乃知之于走使"）。不过这一时期的裴荣期还辗转徘徊于县尉、主簿等低级文官。一年以后，小裴杜氏生下一个男孩，时间与杜家长孙杜甫的出生几乎一致。两家的新妇负担都很重，杜崔氏在家务之余需照料杜登等几个尚未成年的孩子，小裴杜氏则需服侍缠绵病榻的婆婆。所以，杜崔氏去世后，小裴杜氏能慨然接纳嗷嗷待哺的娘家侄杜甫，是非常不容易的。

杜甫被送到裴家后不久，两个孩子同时病重。出生不久的婴儿无法进药医治，母亲能做的几乎就是听天由命。裴家请来巫师禳治，巫师告诉小裴杜氏，两个孩子需要分开照顾，而放在"楹之东南隅"的孩子或许有存活的机会。小裴杜氏将杜甫放在了东南，结果杜甫活了下来，裴家的第一个男孩则不幸夭亡。杜甫长大后从裴家仆人口中得知这段往事，由此对二姑始终怀有由衷的敬重。小裴杜氏去世后，杜甫亲自为其撰写墓志，并与友人议及谥号，盛赞其为比肩古人的有唐"义姑"。

然而，小裴杜氏当初的这一选择，很可能在裴家人心中缔下怨结，特别是她的婆婆老裴杜氏。老裴杜氏卒于开元七年（719），享年七十五岁。在裴自强与老裴杜氏合葬的墓志里，有一则令人深思的记载，老裴杜氏最后是在许州扶沟县次子裴昌期的官舍中去世的。裴自强与老裴杜氏生活在洛阳的永丰里，而天宝元年小裴杜氏去世时，则是在洛阳城内东边的仁风里。不论仁风里宅院是裴家添置，还是卖掉永丰里旧屋后重新买入，都说明裴家在洛阳始终拥有宅第。从小裴杜氏去世时的情况来看，裴家在洛阳的宅第当由长子裴荣期继承。尽管墓志以"举趾升舆，曹大家之随子；顿足起舞，潘安仁之养亲"这样的修辞，用班昭随子赴官、潘岳奉亲的典故讳饰了老裴杜氏晚年的生活状态，我们依然可以从裴家宅第的传承情况，大致窥见老裴杜氏人生最后几年的情境。"曹大家之随子"已经说得很清楚，老裴杜氏离开了洛阳，跟随次子一家过活，甚至有可能随官迁转，最终卒于许州。

三、姨亲郑氏

杜甫的外祖父没有男嗣，目前可以确知的有两个女儿，幼女是杜甫生母杜崔氏，长女则嫁给了荥阳郑氏的郑九辨。郑崔氏早卒，留下四子，依次为郑宏之、郑景、郑清一、郑澄一。[1] 成年后的杜甫曾与郑家诸姨兄在寒食节共同祭奠外祖父母，祭文由杜甫执笔，内称：

1　《新唐书》卷75上《宰相世系表五上》，第3291—3292页。

维年月日，外孙荥阳郑宏之、京兆杜甫，谨以寒食庶羞之奠，敢昭告于外王父母之灵。呜呼！外氏当房，祭祀无主。伯道何罪，元阳谁抚？……宏之等从母昆弟，两家因依，弱岁俱苦，慈颜永违。岂无世亲，不如所爱；岂无舅氏，不知所归。

——《祭外祖祖母文》

这段文字明确提到了郑崔氏早卒的事实，不过其中有关郑宏之的信息却长期被严重误读。传统观点认为，郑宏之与杜甫年纪相仿，天宝年间为官。[1] 实际上，郑家长子郑宏之远远年长于姨弟杜甫，双方有将近二十岁的年龄差距。郑宏之的年纪，应当比杜甫最小的叔父杜登还要大。

杜甫姨家诸兄及诸侄中，几个关键人物的生年可以相对准确地考知。义阳王李琮生于640年，[2] 唐代诸亲王是结婚最早的群体，婚龄多为十六七岁。义阳王的第一个孩子，很可能就是崔李氏，

1　张忠纲等认为郑宏之天宝初释褐为县尉，天宝后期官至刺史（其实当时称太守），这一推定与《拓拔寂墓志》所显示的郑宏之官职时间不符，且从释褐到任太守仅用十年时间，在实际迁转中绝无可能。[唐]杜甫撰，萧涤非、张忠纲等校注：《杜甫全集校注》卷22《祭外祖祖母文》，第6302页。

2　义阳王李琮卒于永昌元年（689），碑称"春秋五十"，知其生于640年。[唐]张说：《赠陈州刺史义阳王神道碑》，《全唐文》卷230，第2324—2325页。

约生于 657 年，她是郑宏之和杜甫的外祖母。崔李氏嫁给崔家的时间也比较早，可能在十七八岁，崔家长女约生于 675 年，是为郑宏之生母郑崔氏。郑崔氏同样婚龄较早，长子郑宏之约生于 693 年，次子郑景约生于 694 年。以上三代人之所以都取最早婚龄考订，是因为郑宏之在开元二十五年（737）已任夏州刺史，[1] 而其侄郑遵意（郑景长子）在天宝十载（751）已任卫州刺史。[2] 唐人之任刺史，至少都在四十岁以上。[3] 按照上述推定，则郑宏之四十五岁为刺史，郑遵意如果生于 712 年的话（其父郑景十九岁），其任汲郡（卫州）太守为四十岁，都与唐人迁转的实际情形相符。

除此之外，还有一个值得注意的细节，郑宏之与杜甫的祭文提到了"宏之等从母昆弟，两家因依，弱岁俱苦，慈颜永违"，也就是说，郑宏之与杜甫都在未成年时失去了生母，而郑宏之兄弟也曾依养于杜家。郑、杜两家建立起姨亲关系，必然是在崔家两女都出嫁之后，这样一来，杜甫生母杜崔氏的结婚时间，就决定了郑宏之诸兄弟的年龄上限。综上，对于郑家诸人生年的考证是相对可靠的，郑宏之约生于 693 年，郑景约生于 694 年，而子侄

1　［唐］郑宏之：《大唐故特进右监门卫大将军兼静边州都督赠灵州都督西平郡开国公拓拔公（寂）墓志文并序》，吴钢主编：《全唐文补遗》第8辑，西安：三秦出版社，2005 年，第 33—35 页。

2　《新唐书》卷 194《卓行·甄济传》，第 5567 页；郁贤皓：《唐刺史考全编》卷 101《河北道·卫州》，第 1421 页。

3　这是唐人迁转的实际情形，四十岁以下任刺史，几无可能。以同时期升迁较快的颜真卿为例，其任平原太守时已四十五岁。

辈的郑遵意约生于712年。当711年杜崔氏与杜闲成婚时，郑宏之还只有十九岁，其兄弟诸人仍属广义上的"弱岁"。

郑崔氏在其妹杜崔氏出嫁前就去世了，具体时间无从考知。如果是在711年杜闲结婚前夕，则其时郑家兄弟已接近成年，可能一度在生活上依附于杜家。如果郑崔氏早在郑宏之等人幼年时便已去世，则当时杜崔氏尚未出嫁，郑氏兄弟依养于外家崔氏，实际上仍多由姨母照顾。无论哪种情况，杜崔氏都在郑宏之等外甥的成长中扮演了重要的角色。杜崔氏去世后，杜甫被送往二姑小裴杜氏家中，作为姨亲的郑家兄弟自然不可能一道前往。对于杜甫来说，这段往事恐怕主要来源于郑宏之等人的追忆，因为当时的杜甫只是一个襁褓中的婴儿。随着郑宏之等人相继成年、科举入仕以至成家，他们与杜家之间的依存关系也在减弱。至于杜甫，他出生时姨母郑崔氏已不在世，郑家对他的帮助和庇佑，其实来自比他年长很多的姨兄郑宏之诸人及其家庭。这是"两家因依"的真正含义。

郑家长子郑宏之释褐县尉，时间约在开元初年。当时盛传他初任县尉时得狐犬之神暗助，能够预知寇盗之事，因此得以升迁。[1] 此事被当时的人演绎为一篇传奇小说。传说之下则隐含着一个事实，即郑宏之在初任县尉后不久便因捕盗有功"遂迁秩焉"，入仕之初并未长年周旋于县尉等低级文官职位，而是升迁顺利。这段

1　[北宋]李昉等编：《太平广记》卷449《狐三·郑宏之》，北京：中华书局，1961年，第3669—3670页。

早年经历虽然掺杂了神怪因素，却与玄宗朝科举入仕的大致情形相符，只是我们并不能确知他是常科还是制举及第。因捕盗迁秩而声名大噪的郑宏之，在随后的仕途中"累任将迁，神必预告。至如殃咎，常令回避，罔有不中"，没有经历过大的贬谪或流放。开元中期，郑宏之历任监察御史、殿中侍御史，[1]及至开元二十五年（737），已官至朝散大夫、使持节都督夏州诸军事、守夏州刺史、上柱国。

此后郑宏之又历任宁州、定州刺史，在定州任上两年，以"风疾去官"。无论《太平广记》抑或《新唐书·宰相世系表》，对其最后官职的记载均为"定州刺史"，这说明郑宏之最终离任在天宝元年（742）州改郡、刺史改太守之前。据此推算，他约在开元二十六年（738）任宁州刺史，开元二十八年（740）转任定州刺史，开元二十九年（741）于定州任上去官（或者上述推算整体推后一年），致仕休养，时年约五十岁。宁州、定州均为上州，刺史位从三品，可见他已跻身显赫的高层文官之列。如此盛年高官而骤然离职，不能不说是极大的遗憾，也就无怪乎唐人能传出他与狐犬之间的逸闻了。

郑家次子郑景的事迹，目前尚不清晰，但郑景长子郑遵意在天宝年间的政治中颇为引人注目。天宝十载，郑遵意为汲郡（卫州）太守，曾代表范阳节度使、河北道采访使安禄山前往山中延

1　［清］赵钺、劳格：《唐御史台精舍题名考》卷二《殿中侍御史·碑阴题名》，北京：中华书局，1997年，第49—50页。

请隐士甄济。[1] 天宝十三载（754）正月，安禄山加任闲厩使、陇右群牧都使，[2] 成为唐朝全国马政的最高长官。然而安禄山的本职在幽州，同时还兼任平卢军节度使和河东节度使，不可能实际管理远在原州（今固原市）、秦州（今天水市）一带的国马。有鉴于此，他奏明玄宗，以自己的心腹幕僚、殿中侍御史张通儒为陇右群牧都使判官，而群牧都副使正是时任平凉郡（原州）太守的郑遵意。[3] 判官负责各类事务的传达监督，副使则是群牧体系的实际管理者，这一马政格局早在开元年间便已形成。[4] 也正是在这一年，杜甫得以目睹一幅御马写真图，留下诗作：

吾闻天子之马走千里，今之画图无乃是。

是何意态雄且杰，骏尾萧梢朔风起。

毛为绿缥两耳黄，眼有紫焰双瞳方。

矫矫龙性合变化，卓立天骨森开张。

伊昔太仆张景顺，监牧攻驹阅清峻。

遂令大奴字天育，别养骥子怜神俊。

当时四十万匹马，张公叹其材尽下。

---

1 《新唐书》卷194《卓行·甄济传》，第5567页。

2 ［唐］姚汝能撰，曾贻芬点校：《安禄山事迹》卷中，北京：中华书局，2006年，第90页。

3 《唐会要》卷72《马》，第1543页。

4 王炳文：《唐代牧监使职形成考》，《中国史研究》2015年第2期，第67页。

故独写真传世人，见之座右久更新。

年多物化空形影，呜呼健步无由骋。

如今岂无骐衰与骅骝，时无王良伯乐死即休。

——《天育骠骑歌》

这幅图是唐朝马政元勋张万岁之孙，开元中期任群牧都副使的张景顺命人摹写的，历经三十年岁月、数任群牧都副使流传下来，"见之座右久更新"。杜甫能够一睹真迹，很可能便是通过表侄郑遵意这层关系。两年后，安史之乱爆发，郑遵意的结局并不明晰，但我们至少可以通过上述事迹，看到他在天宝后期与安禄山之间颇为密切的关系。

不仅郑家的四位姨兄与杜甫年龄悬殊，甚至郑氏诸位表侄中，与杜甫年纪相仿者也多有人在，比如与他同岁的郑遵意。因此，杜甫幼年与青年时期很可能更多地与姨家的几个表侄交往。他与郑宏之合写的《祭外祖祖母文》，之所以在开篇标明二人姓名，是因为他们代表了崔家两个姓氏的外孙，仅此而已。而这篇祭文撰写的时间，很可能不是以往注家认为的天宝初年，[1] 因为当时郑宏之已经致仕，身体状况不佳。考虑到文中提到"弱岁俱苦"的往事，该文应作于杜甫成年以后，很可能就在开元十八年（730）杜甫初次科举落第后，当时郑宏之可能尚为殿中侍御史，身在两京。

1　［唐］杜甫撰，萧涤非、张忠纲等校注：《杜甫全集校注》卷22《祭外祖祖母文》，第6301页。

当然，这一推测缺乏坚实的证据，但至少这篇祭文不会作于天宝初年。

这里顺带交代，杜家与郑家的这层关系很可能进一步促成了其与郑虔家族的交往。尽管杜甫向来自诩"脱略小时辈，结交皆老苍"（《壮游》），而年长他二十岁的郑虔也因此被视为杜甫忘年交中的代表人物，但实际上最初与郑虔相识的，应当是杜甫的父亲杜闲和叔父杜专、杜登诸人。景龙四年春，武平一知贡举，[1] 郑虔于此年进士及第，[2] 成为武平一门生。此时杜闲尚在东都服父丧，或许在武平一的引介下结识了郑虔。武平一、杜闲、郑虔三人分别生于675年、680年、691年，年纪虽相差不大，实际上武平一是杜闲的父执、郑虔的座主。由此而论，杜闲与郑虔才是同一辈人。郑虔与郑九辨分属荥阳郑氏下的两个房支，[3] 景云末年崔氏嫁至杜家后，杜闲与郑九辨成为连襟，进而加深了其与郑虔之间的关系。杜甫后来与郑虔的友谊，其实是对父辈往来的延续和深化。

1　张希清等主编，金滢坤著：《中国科举制度通史·隋唐五代卷》，第863页。

2　胡可先：《新出土〈郑虔墓志〉考论——兼及郑虔与杜甫的关系》，《杜甫研究学刊》2008年第1期，第48页。

3　郑虔属北祖平简公房，郑九辨之"九"字辈则为北祖郑茂房。参见谢思炜、王昕、燕雪平《唐代荥阳郑氏家族》，上海：上海古籍出版社，2019年，第80页、96—97页。

四、姚宋时代

开元元年十月，已经六十四岁的姚崇自同州刺史任上迁入朝中，任兵部尚书、同中书门下三品，平生第三次拜相。姚崇精于吏治，深谙权术，上任伊始便着手清除中、睿两朝的残余政治势力，包括太平公主党羽和珠英学士群体。十二月，紫微令（即中书令）张说外迁为相州刺史，姚崇兼任紫微令。次年，已退出核心政治圈的刘幽求、钟绍京、韦安石、韦嗣立、赵彦昭、李峤等人又进一步被贬逐。晚唐人传说姚崇在排挤张说的过程中联合了御史中丞李林甫，[1] 事实上此时李林甫还是一个小小的千牛直长。[2] 此说当然是以讹传讹，但从中可以清楚地看到姚崇对吏治派的重用和对文学派的排斥。此外，姚崇还废止了武周以来大量增置的员外官、试官和检校官，坚决打击王公贵族的佞佛行为。甫登大宝的玄宗此时只有二十九岁，对姚崇抱有一边倒的信任态度，加之同一时期的黄门监（即侍中）同三品卢怀慎相对温和不争，诸种因素叠加，使得开元初年的政治打上了姚崇深深的个人印记。

卢怀慎曾将姚崇称为"救时宰相"，这一称呼生动地反映出其执政特点。也正是这种过于强势的施政作风，使得姚崇不断受到

1　[北宋] 司马光撰，邱居里点校：《资治通鉴考异》卷12《唐纪四》"开元元年十二月"条引《松窗杂录》，上海：上海人民出版社，2022年，第501页。

2　《旧唐书》卷106《李林甫传》，第3235页。

各方面的质疑。开元四年（716）十一月，卢怀慎卒于相位，临终前向玄宗推荐了宋璟、李杰、李朝隐、卢从愿等人，而陷入困局的姚崇也主动请避相位，力荐广州都督宋璟。闰十二月，姚崇罢相，迁为开府仪同三司（从一品文散官），宋璟任吏部尚书兼黄门监，与紫微侍郎苏颋并同平章事。宋璟为相最显著的特点，是守法持正，公私分明，避免与朝中各方势力有私下瓜葛。宋璟自广州入相，玄宗许以"驰驿诣阙"的优待，并特意差内侍杨思勖前往迎接，但据说宋璟一路未曾与这位年高宠深的权宦闲谈。[1]宋璟与苏颋政见相近，二人形成良好的合作关系，确保了姚崇罢相后政局的稳定和战略的延续，使朝政在玄宗即位后的八年时间内迅速回归正轨，为后来的盛世奠定了基础。

开元八年（720）正月，宋璟、苏颋罢相，源乾曜、张嘉贞分别任黄门、中书侍郎，并同平章事。五月，源、张进而擢为侍中和中书令。开元九年（721）九月，五十五岁的张说任兵部尚书、同中书门下平章事。这是张说第三次拜相，与姚崇不同的是，张说是文学派的领袖，早年预修《三教珠英》，景龙年间以兵部侍郎加弘文馆学士，睿宗朝两任宰相并兼修国史，开元间外任天兵军大使时仍带兼修国史之事。无论在公事上还是私交中，张说与姚崇都多有分歧，睿宗末年张说二番罢相便是姚崇排挤所致，而开元九年九月姚崇去世后仅过十数日，张说便第三次拜相，其间因由不能不令人深思。

1　《资治通鉴》卷211"开元四年十二月"条，第6724页。

张说上任之初，适逢六州胡人叛乱，受命平叛的朔方节度使王晙与陇右节度使郭知运争功不协，王晙贬官，郭知运则于次月去世。次年亦即开元十年（722）夏，张说兼知朔方军节度使，前往朔方巡边，九月平定叛乱。返京后，张说针对府兵逃亡严重的现状，上奏玄宗请停府兵，以募兵分隶南衙诸卫，分番上下，以期提高军队战斗力，同时增加农业劳动力。张说请废府兵是唐代兵制演变中的标志性事件。此后，募兵制逐渐取代了府兵制，曾经遍布全国、多达六百余所的折冲府，也逐渐失去其实际作用，到安史之乱以后基本消失了。

姚崇、宋璟以及张说三位宰相，代表了开元前期中央政治发展演进的三个阶段。正是在这样的历史背景下，杜甫从一个呱呱坠地的婴儿成长为一个英姿勃发的少年。根据杜甫晚年的回忆，开元五年（717）他六岁时，曾随家人居于豫州北部的郾城县（今漯河市郾城区），在那里观看了公孙大娘表演的剑器浑脱舞。公孙大娘是宫中伎女，开元初年玄宗于太常寺外别设梨园及宜春院，专供教授演习俗乐。[1] 这里所谓的"俗乐"，与祭祀朝会中以钟磬为主的"雅乐"相对，是后世戏曲、民乐的早期形式，深受朝野

1　开元二年正月，礼部侍郎张廷珪等上疏谏玄宗"深以悦郑声、好游猎为戒"，知梨园及宜春院当时已设立，或在此前一年。《资治通鉴》卷211"开元二年正月"条，第6694—6695页。

上下追捧。"剑器浑脱"是唐代一种带有胡风的持械舞蹈，[1] 开元初年宫中通晓此舞者只有公孙大娘一人。她曾在相州邺县（今邯郸市临漳县）表演剑器舞，书法家张旭挤在人群中观看，只觉剑气过处"孤蓬自振，惊沙坐飞"[2]，书体因而"始得低昂回翔之状"[3]。这个传说由比杜甫大四岁的颜真卿在晚年讲述给怀素和尚，其中"低昂回翔"的说法尤其引人注意，因为杜甫《观公孙大娘弟子舞剑器行并序》中有相同的修辞："观者如山色沮丧，天地为之久低昂。"以"低昂"形容公孙氏舞姿，或许是张旭最初的原始表述，也可能是当时坊间对于其剑器舞的评价套语。这里还有一个颇为费解的地方，公孙氏若为宫中女乐，特别是隶属于宜春院或梨园的话，那她如何能够走出宫禁，周游天下表演剑器呢？但无论如何，开元五年，六岁的杜甫跟随家人在如山的人丛中观看时，公孙氏姣美的容颜、华丽的服饰、大气的舞姿都给他留下了毕生难忘的印象。

开元六年（718），七岁的杜甫写出了他人生中第一首严格意义上的诗，主旨为歌咏凤凰。他后来自称"七龄思即壮"（《壮

1　关于"剑器浑脱"的考证，参见周晓薇、李皓《龙蛇变化此中隐：汉唐间剑舞流变探赜——兼析唐代"舞剑器浑脱"一词》，《陕西历史博物馆论丛》第25辑，西安：三秦出版社，2018年，第263—271页；周婧《唐代三种胡戏的关系新探——"苏莫遮"、"泼寒胡戏"与"浑脱"》，《中国音乐》2019年第4期，第114—125页。

2　[唐] 沈亚之：《叙草书送山人王传乂》，《全唐文》卷735，第7597页。

3　[唐] 陆羽：《僧怀素传》，《全唐文》卷433，第4422页。

游》），但七岁可能不是杜甫最初写诗的时间，这个年纪是很多唐代文人声韵发蒙、初涉诗歌的阶段，白居易甚至"五六岁便学为诗"[1]，如果只是写诗，并不值得矜耀［青年杜甫与高适、李白在酒肆中相谈时，也用到了"两公壮藻思"（《昔游·昔者与高李》）这样的表述］。更合理的解释是，七岁的杜甫已经具备了较高水准的诗歌驾驭能力。及至开元八年杜甫九岁时，他已经可以写出规整的大字，诗作则可汇成一囊。这些数量可观的少年作品，可能在杜甫晚年自己整理诗作时便已被摒弃销毁。

在这段漫长的幼年岁月中，杜甫主要住在哪里，与谁一同生活，我们至今知之甚少，相关史料极其匮乏，仅能勾勒出一个大致的轮廓。先天元年，杜甫被送往二姑家时，应当是寄养于裴家在洛阳城内的祖宅。开元五年，杜甫随家人在豫州郾城县。开元七年，老裴杜氏卒于次子裴昌期在许州扶沟县的官舍。郾城与扶沟两县间仅有一百六十里路程。从先天元年到开元五年，时间跨度长达六年。我们并不能断定此间他一直养于裴姑家中，但从地理途程上分析，杜甫幼年基本活动在河南府及其东南的许、仙、豫诸州，并与姑亲裴荣期一家关系密切。

种种迹象表明，这一时期杜家的人际交往范围基本沿袭了杜审言晚年的交游圈层，杜家试图通过秘书省、修文馆等中央文学机构中的前辈父执来重建人脉，交结显贵。然而，玄宗即位初年

1　［唐］白居易撰，朱金城笺校：《白居易集笺校》卷45《与元九书》，上海：上海古籍出版社，2020年，第2734页。

的总体政治以整顿吏治为主要方向，在武周末年成长起来的文学之士，很多恰恰处于姚崇诸相的打压范围之内。杜家此时在政治上所攀附往来的重要人物，包括姜皎（？—722）、崔涤（？—726）、张廷珪（658—734）以及李邕（678—747）。姜皎是开国元勋姜謩曾孙，太宗朝大将姜行本之孙，武周末年任尚乘奉御时，结识了临淄王李隆基，玄宗即位后擢为殿中少监，并在诛除窦怀贞等人时密谋翊赞，深受信任。太平公主势力被清除后，姜皎官拜殿中监，封楚国公，不久迁为正三品的太常卿，位居九卿之首，并监修国史。此时，姜皎之弟姜晦任吏部侍郎，兄弟二人均居要职。对于如日中天的姜氏兄弟，中书令姚崇无意与其争雄，但一则盛传多时的宫中逸闻，却暗示着姜、姚二人其实多有龃龉。据说开元元年玄宗欲引姚崇入朝为相时，姜皎曾受张说请托，向玄宗建议姚崇外任河东，被玄宗看破点出。由此看来，姚崇第三次入相后，大力清除中、睿影响，却对姜家势力视而不见，并非二人立场一致或私交深厚，而是为免生事，不愿触及这位风头正健的御前宠臣。然而宋璟上任后，便不再对姜皎留情，上疏直指姜氏"权宠太盛"，请求"稍抑损之"[1]。不久，姜皎被放归田园，姜晦则迁为宗正卿，兄弟权势大受限制。后来虽然姜皎起复为秘书监，但最终于开元十年因泄露禁中之语的罪名，被中书令张嘉贞下狱，杖配钦州，死于途中。

崔涤家族在中宗复辟后攀附太平公主，一时间叱咤风云。崔

1　《旧唐书》卷59《姜謩附姜皎传》，第2336页。

涤之兄崔湜（671—713）载初元年（689）以弱冠之龄进士及第，景龙二年（708）与杜审言一同膺任首批修文馆学士，三十八岁时为宰相。崔湜在中、睿时期先后三次任相，玄宗即位后清除了太平公主势力，崔湜等人随即于开元元年被诛杀。但事实上，崔家与李隆基的关系从来不是泾渭分明、势不两立，崔湜只是因为私附太平公主而终不免一死，崔家第三子崔涤却与当年身在藩邸的李隆基私交甚密。崔涤谐谑善辩，早年与尚为临淄王的李隆基都住在兴庆坊，景龙二年李隆基出任潞州时，崔涤一路相随，送至华州。崔湜死后，玄宗擢崔涤为三品的秘书监，改名为崔澄。当时宫中宴乐，崔涤陪侍于玄宗身边，"与诸王不让席坐"，有时甚至位在宁王李宪之上。他上朝的笏板上御笔写有"慎密"二字作为警醒，足见其掌握了大量宫闱秘闻和决策内幕。[1] 崔家三子都以文学见长，崔涤曾北行至中受降城，站在城北的拂云堆眺望，吟出"韩公堆上望秦川，渺渺关山西接连。孤客一身千里外，未知归日是何年"[2] 的诗句，闻者动容，足见其诗歌造诣。

无论姜皎还是崔涤，都属于玄宗即位初年的近幸之臣。唐后期宰相李德裕曾有一段深刻论述："开元初，内有姜皎、崔涤，以极宫中之乐；外有姚、卢、苏、宋，以修天下之政。得元、成之

1　《旧唐书》卷74《崔仁师附崔涤传》，第2624页；《新唐书》卷99《崔仁师附崔涤传》，第3923页。

2　［唐］崔涤：《望韩公堆》，［清］彭定求编：《全唐诗》卷54，北京：中华书局，1960年，第668页。

欲，享舜、禹之名，六合晏然，千古莫及，其故何也？幸臣不得干政事也。"[1] 李德裕说得很清楚，开元初年政治清明，在于玄宗分清内外，姜皎、崔涤属于近幸之臣，仅供帝王之乐；姚崇、卢怀慎、宋璟、苏颋属于治国之臣，用以治理天下。然而杜家当时所依附和交结的，恰恰就是姜皎、崔涤等近臣。这种政治依附关系之所以得以建立，除了杜闲极力维持杜审言晚年的宫廷交际之外，另一个关键的因素，在于杜家世交李邕的居中引介。

客观而论，姚崇并非一味压制文学派，只是对武周末年的珠英学士群体存在偏见。因此恰是在姚崇任相之初，僻居南荒的李邕得以重新起用，北迁为江州别驾，甚至在开元二年进入了姚崇北伐拟定的随行名单中。尽管这次北伐最终未能实现，但李邕于次年进一步升任从五品上的户部郎中，跻身高层文官之列，前途可期。然而，刚刚入朝为官的李邕，却将政治希望更多地寄托在权倾一时的宠臣，太常卿姜皎身上，并通过黄门侍郎张廷珪向姜皎示好。张廷珪是文学派的另一位重要人物，仪凤二年（677）制举及第，长安初年（701—702）任右台监察御史时，[2] 曾随内史李峤共同荐引李邕，使其进入门下省，得授左拾遗之美职。可以说，

1　［唐］李德裕撰，傅璇琮校笺：《李德裕文集校笺》外集卷3《近幸论》，北京：中华书局，2018年，第812—813页。

2　《旧唐书》卷101《张廷珪传》，第3150页；《唐故赠工部尚书张公（庭珪）墓志铭并序》，吴钢主编：《全唐文补遗》第5辑，西安：三秦出版社，1998年，第30—31页。

张廷珪对于李邕有知遇之恩。姜皎意识到张、李之间的密切关系可资利用，遂与张廷珪密谋商议，打算将李邕引入御史台，担任御史中丞，孰料行事不周，为姚崇所知。李邕得以重获起用并入朝为郎官，本靠姚崇提携，却在入朝后攀附与姚崇多有旧怨的宠臣姜皎，可谓失策。姚崇认为李邕忘恩背德，行事险躁，遂借事将其贬官，外迁为括州司马，[1] 在惩治李邕的同时，也无形中打击了姜皎的气势。

对于杜闲来说，直接结交姜皎与崔涤这样的顶极权贵，几乎没有可能。即便是张廷珪，也在年龄、资历和官阶上都与杜闲存在显而易见的差距。比较现实的交游对象是李邕、崔尚等人，他们年纪与杜闲相当，大都在武周末年入仕，与杜审言存在亦师亦友的关系，受到过后者的提携或奖掖。通过李邕诸人的荐引，杜闲才得以进入文学派的核心圈层，甚至有机会见到姜皎或崔涤。归根结底，杜闲的交游对象和政治立场，与当年的杜审言并无二致。在杜家父子二代的政治交游中，我们可以清晰地看到武周以来文学派的发展脉络。更为重要的是，这种人际关系直接影响了后来杜甫的人生轨迹。

多年以后，入蜀的杜甫在绵州刺史厅壁上看到姜皎当年画的角鹰真迹，写道："楚公画鹰鹰戴角，杀气森森到幽朔。观者贪愁掣臂飞，画师不是无心学。此鹰写真在左绵，却嗟真骨遂虚传。梁间燕雀休惊怕，亦未拎空上九天。"（《姜楚公画角鹰歌》）在杜

1　《旧唐书》卷190中《文苑中·李邕传》，第5041页。

甫看来，姜皎并非内宠幸臣，而是如角鹰般直上九天的风云人物。在作于生命最后阶段的《江南逢李龟年》中，杜甫借与李龟年相逢，回忆起开元初年的宫廷盛事，写下了"岐王宅里寻常见，崔九堂前几度闻"的名句。崔涤卒于开元十四年（726），"崔九堂前"有关李龟年的逸事闲谈，可能来自姚崇时代杜闲的交游记忆，也可能来自封禅前夕杜甫初入文场时在洛阳的宴集经历。无论是杜闲还是杜甫，他们都可能亲身参与过开元年间宫廷权贵的宴集，目睹崔涤、姜皎以至岐王李范的尊容英姿。然而，这种亲历更可能是叨陪末座，绝非陪侍左右。

如果我们将幼年杜甫的成长历程置于唐朝的宏观政治演进中来观察，会发现杜甫出生后的最初四五年，大致是姚崇任相时期。此时杜甫年纪尚幼，还没有清晰的记忆和深刻的认知。从五岁观公孙大娘剑器舞，到九岁学成大字，是杜甫教育的启蒙期，同时也是宋璟任相时期。开元前期名相，按顺序依次有姚崇、宋璟、张说、张九龄，在杜甫流传下来的诗文中，有赞美宋璟清廉的"大夫出卢宋，宝贝休脂膏"（《送重表侄王砅评事使南海》），有借李邕之口道出的"是非张相国"（《八哀诗·赠秘书监江夏李公邕》），至于张九龄，更是在《八哀诗》中专列一首以歌颂，唯独对姚崇只字未提。一方面，姚崇对于幼年的杜甫确实影响很有限，另一方面，精于吏治、久掌兵部又对张说多有发难的姚崇，自然在文学派后来的话语建构中被排斥在外。

五、王翰入京

从杜甫出生到初步完成启蒙教育的八九年，正是文学派领袖张说辗转外任、蓄势待发的时期。被姚崇排挤出朝廷的张说是玄宗龙潜心腹，名为外迁，实承眷顾，膺受重任。他先是以相州刺史充河北道按察使，一度左迁岳州刺史，不久复得重用，以右羽林将军检校幽州都督。开元七年底，并州长史张嘉贞受命入朝担任宰相，张说接任并州大都督府长史兼天兵军大使，摄御史大夫。[1]并州即太原府（今太原市），天兵军驻于城中，管兵三万。[2]张说此任，实为全权负责河东事宜，至于负责地方纪律监察的御史台宪衔，虽未实任，但已摄御史大夫之事。结合张嘉贞拜相的迁转轨迹来看，玄宗欲以张说为相的意图已经很明显了。

张说到任并州后，注意到了幕僚中的本地文士王翰。王翰是并州晋阳县人，这是太原府的郭下县，也就是说，他自幼居住在太原城中。河东太原王氏是中古著姓，王翰家又广有资产。景龙四年王翰进士及第，知贡举者正是杜家世交武平一。[3]当年七月，韦后与安乐公主被杀，睿宗即位，以洛州长史宋璟检校吏部尚书、

1 　《旧唐书·张说传》载其开元七年迁任并州，郁贤皓则认为张说出任并州为开元八年。实际上张嘉贞开元八年正月便已同平章事，交接事宜应当发生在前一年底。参见《旧唐书》卷97《张说传》，第3052页；郁贤皓《唐刺史考全编》卷89《河东道·太原府上》，第1286—1287页。

2 　《旧唐书》卷38《地理志一》，第1387页。

3 　张希清等主编，金滢坤著：《中国科举制度通史·隋唐五代卷》，第882页。

同中书门下三品，卢从愿、李乂为吏部侍郎。[1] 中宗即位后，韦、武诸外戚大行请托，先后执掌吏部的崔湜及郑愔为了迎合朝中权贵，提前预支了往后两年的官缺，却仍不敷支用，又增开冬季选人。[2] 到了唐隆政变以后，唐朝的铨选已处于严重失序状态，亟须整治。宋、卢、李三人通力合作，以"据阙留人"的思路，按照年资补入相应官缺，使吏部铨选重回正轨。但这就令当年应举及第的新晋选人在无形中处于劣势，很可能面临无官可授的待选下场。王翰呈给吏部的行状本来就多有浮伪，宋璟雷厉风行的铨选整治让他在仕进上更为困难。他自恃才高，私自给天下百余名文士排了一个座次，分成九等，将自己与张说、李邕并列为第一等，半夜潜行至吏部东街张贴好。清晨吏部放榜时发现此事，早有万人围观，造成了极大的社会影响。卢从愿暗中调查，发现是王翰所为，打算上报朝廷依律处置，但据说王翰当时"为势门保持"，背后有权贵请托相保，吏部最终选择低调处理，不了了之。[3]

　　庇佑王翰的"势门"究竟是谁，我们很难确知。但在中、睿易代之际，敢于和吏部叫板，有能力将一桩性质恶劣、影响广泛的科场案件压下来，绝非普通京城权贵所能做到。王翰早年便以

1　《资治通鉴》卷209 "景云元年七月"条，第6652页；《旧唐书》卷100《卢从愿传》，第3123页；《旧唐书》卷101《李乂传》，第3136页。

2　《旧唐书》卷96《宋璟传》，第3031页。

3　[唐]封演撰，赵贞信校注：《封氏闻见记》卷3《铨曹》，北京：中华书局，2005年，第22页。封演记此事为"开元初"，实为"景云初"之误。

文章诗赋见称，他所处的交游圈层与杜审言父子一样，都是武周以来的学士群体。结合宋璟整顿铨序的背景，我们甚至有理由怀疑，王翰此举可能得到了崔湜的授意，最后来收场的恐怕也仍然是崔家。

仕进机会有限，王翰便回到了太原，每日弈棋饮乐，在长达六年的时间里并未释褐为官。或许正是在这段时光中，他写下了著名的《凉州词》，其一曰："蒲萄美酒夜光杯，欲饮琵琶马上催。醉卧沙场君莫笑，古来征战几人回。"其二曰："秦中花鸟已应阑，塞外风沙犹自寒。夜听胡笳折杨柳，教人意气忆长安。"他回想起当初长安应试的唐突之举，似乎难掩悔意。同样都是早春，数年前的这个时间，他在京师应进士举，此时的长安已渐渐回暖，花鸟依稀，不过太原城下还是风沙苦寒。入夜，胡笳之声响起，大风吹折杨柳，令人心意难平。

王翰的机遇在开元四年终于到来。当年，张嘉贞节制并州，将其延入幕下。三年后，张说任并州长史，更对王翰青睐有加。张说在王翰心中地位极高，他在景云元年科场案中将其列为天下一等，足以为证。这份仰慕之情张说自然知道，而初到并州的他也亟须笼络幕下文士以为心腹。开元九年张说入朝为相时，将王翰带入朝中，授秘书正字。这是秘书省下正九品下的基层文官，负责"雠校典籍，刊正文字"[1]。由于王翰十年前便已进士及第入吏部参选，具有相应的年资，因此秘书正字只是一个过渡。从他开元

1　《唐六典》卷10《秘书省·秘书郎》，第300页。

十三年（725）任从六品上的驾部员外郎来看，入朝以后的王翰在此后四年中，应当每年都有升迁，深得张说赏识。仕途顺利，家资丰饶，王翰狂傲的本性再次显露，在长安行事高调，家蓄名妓，枥养良马，自比王公贵族，盛气凌人。[1]

初入秘书省任正字时，王翰的上司是秘书郎崔尚，[2] 二人同为进士出身，以文章著称，不过崔尚是大足元年（701）张说知贡举时及第，王翰是景云元年武平一知贡举时及第，其间相差近十年。二人在秘书省一度共事，不久崔尚迁往中书省任起居舍人。作为杜审言晚年提携过的后辈，崔尚与杜家始终保持着交往。而身为武平一门生的王翰，很可能在其当初及第时便与服父丧的杜闲相识。从年龄上看，崔尚与杜闲都生于680年前后，王翰生年虽不能确知，但大致与崔、杜相仿，三人基本为同龄人；以资历而论，崔尚为张说门生，王翰为武平一门生，杜审言晚年与张说、武平一共事，故杜闲与崔、王实为同辈。随着王翰进入秘书省，三人之间的交往更加密切。杜甫后来引以为荣的"王翰愿卜邻"（《奉赠韦左丞丈二十二韵》），就发生在王翰入朝为官后的数年间。杜

---

1 《旧唐书》卷190中《文苑中·王澣传》，第5039页。按，《旧唐书》中的"王澣"即为"王翰"，本书正文采用常见的"王翰"，注释则以史书原文为准。

2 开元九年二月崔尚撰文的《大唐故太中大夫使持节都督梁凤兴洋等四州诸军事守梁州刺史上柱国南阳樊公（偘偘）墓志铭并序》，署为"朝议郎行秘书省秘书郎博陵崔尚"。齐运通、杨建锋编：《洛阳新获墓志二〇一五》，北京：中华书局，2017年，第162页。

家在长安城南的杜曲和洛阳东七十里的偃师县都有房宅，于杜甫有养育之恩的二姑裴家则在洛阳城中有两处宅第。这段往事的细节如何，我们已不得而知，但如日中天的王翰与杜闲非同一般的私交，在这短短五字的诗句中体现得淋漓尽致。

经历了开元最初十年的沉寂，文学派的元气正在逐渐恢复。王翰的仕宦轨迹只不过是文学派重整旗鼓的一个缩影。事实上，贬居括州的李邕也从未放弃入朝的希望，他与恩师张廷珪之间始终保持着密切的联系，所撰碑碣都是由张廷珪以八分书（唐人隶书的主要形式）来书丹。[1] 开元七年、八年间，李邕接连撰写了《兖州曲阜县孔子庙碑》[2]《李思训碑》等名篇，意味着他已起复为刺史，与张廷珪等中外要员间的往来再次热络起来。[3] 开元十一、十二年间，李邕任海州（今连云港市）刺史。[4] 不久，他将

1　《旧唐书》卷101《张廷珪传》，第3154页。

2　[唐]李邕：《兖州曲阜县孔子庙碑并序》，《全唐文》卷262，第2666—2667页。

3　《宝刻丛编》引《集古录目》记载了《李思训碑》的撰写背景："思训从子福州刺史李邕撰并书。……碑以开元八年立，蒲城。"郁贤皓认为"福州"为"海州"之误。李邕是否担任过福州刺史，史料有限尚难确定，但《李思训碑》的撰写背景却表明，开元八年（720）李邕已经得以起复，升任为州刺史。[南宋]陈思编：《宝刻丛编》卷10《唐右武卫大将军李思训碑》，北京：中华书局，2015年，第761页；郁贤皓：《唐刺史考全编》卷72《河南道·海州》，第1037页。

4　《唐大云寺碑》由"唐海州刺史李邕撰并书"，开元十一年（723）建，十二年（724）立。《宝刻丛编》卷12《唐大云寺碑》，第832页。

迁任陈州刺史并前往洛阳听候考核，召集起一场令杜甫终生难忘的文学盛会。

第三章　初游文场

杜甫十岁至十四岁

开元九年（721年） ———————————— 开元十三年（725年）

一、集贤书院

开元十一年（723）二月，中书令张嘉贞去职，出任幽州刺史，张说代其为中书令、同平章事。五月，王晙以兵部尚书同平章事，但年底便罢相贬官。张说任中书令后，将位于中书省内的政事堂改称"中书门下"，形式上兼及了门下、中书两省的权力平衡，实则确立了中书省在行政决策中的核心地位，形成了此后数年间张说、源乾曜分主中书、门下两省的政治格局。事实上，张、源二人互不相能，但因张说所任的中书令在这一时期默认地位高于侍中，且其人性格强势，因此朝政仍以张说为主导。

在张说执政时期，文学派势力重新崛起，这一趋势集中体现为集贤院的设立。集贤院全称为集贤殿书院，是玄宗为彰显盛世、弘扬文教而设立的学术机构。在此之前，唐朝制度化了的学士群体，其实只有门下省的弘文馆学士以及东宫之下的崇文馆学士。国初的秦府十八学士、高武时期的北门学士，以及武周晚期的珠英学士，其实只是对承担某种特殊差使或具备某些共同身份的官员、学者的泛称，并未制度化。至于景龙年间杜审言等人膺选的修文馆学士，实质是中宗企图借助门下省旧制重兴文教、粉饰太平，谈不上制度上的创举。唯其如此，开元十三年（725）集贤殿书院及其学士的设立，在制度史上的意义就尤为重要。

开元三年（715）十月，玄宗下制"选耆儒博学一人，每日入内侍读"，以咨政道。时任光禄卿的马怀素（659—718）被擢为左散骑常侍，与右散骑常侍褚无量（646—720）一同荣膺此任，入禁中担任玄宗侍读。[1]褚无量与马怀素是开元前期朝野公认的学术泰斗，享有极高的威望，时人称为"褚马"。左、右散骑常侍"掌侍奉规讽，备顾问应对"[2]，玄宗对二人执师礼。在一次宫廷宴会中，玄宗告诉二人，朝廷内库堆积有大量太宗、高宗朝流传下来的书籍，暂由宫人负责清点，但限于学识，只能做些简单的归纳工作，无法对残本进行辑补，以致徒有藏书，难以检阅。他希望褚、马能在入宫侍读的同时，对这批内库藏书进行整理。[3]不久，马怀素迁任秘书监兼昭文馆学士。他对宫中典籍进行了长达两年的全面调查，意识到南齐王俭编撰的典籍目录《七志》记述周详，体例完备，可资倚赖，其后两百余年著述纷出，却"条流无叙"。因此，内库书籍整理的关键与实质，是对《七志》进行续修。

开元五年（717）二月，玄宗驾幸东都，七月下诏，将武周时期扩建的明堂更名为乾元殿。十二月，马怀素上疏玄宗，条列自己关于《七志》续修与典籍整理的观点，建议"选学术之士二十人整比校补"[4]。奏疏获得玄宗认可，下制将乾元殿东廊辟出，作为

1　《旧唐书》卷8《玄宗纪上》，第175页。

2　《唐六典》卷8《门下省·左散骑常侍》，第246页。

3　《唐会要》卷35《经籍》，第752页。

4　《资治通鉴》卷211"开元五年十二月"条，第6730页。

编校群书的专门场所，廊下依次排开木架，缮写群书。共二十余位学者参与其中，以七十二岁的褚无量任使，参与的高层文官包括左散骑常侍元行冲（653—729）、左庶子齐澣、秘书少监王琚、卫尉少卿吴兢，[1]编校者还有国子博士尹知章、桑泉尉韦述等人。此时马怀素的身体已经每况愈下，尽管他其实比褚无量小十三岁。乾元殿修书开始半年后，他便去世了，享年六十岁。

玄宗此次在东都一共停留了超过一年半的时间。等他开元六年（718）十一月返回长安时，马怀素已经去世数月。玄宗遂命褚无量在东宫的丽正殿继续修书，成立了丽正殿修书院。丽正殿是一座历史悠久的皇家屋宇，玄宗的祖父高宗皇帝就出生在这里。[2]及至开元朝，唐朝皇帝已入居大明宫多年，但东宫并没有随之迁走，而是留在了高祖、太宗时期作为皇城的太极宫东侧。皇帝、后宫、三省以及禁军搬走后，太极宫空阔了许多，东宫下的丽正殿相对僻静，成为修书的理想场所。开元八年（720），褚无量去世，享年七十五岁。此时丽正殿修书工作已持续了三个年头，《七志》的续修工作以及四部书的校写都尚未完成，玄宗遂命太子宾客、弘文馆学士元行冲主持其事。元行冲加快了整理进度，同时朝廷加强了对诸学士工作的考核黜陟。开元九年（721），修书事业初步告成。

也正是在这一年，张说自河东迁入朝中，担任兵部尚书、同

1　《旧唐书》卷102《韦述传》，第3183页。

2　《唐会要》卷1《帝号上》，第3页。

中书门下平章事，一场权力争夺围绕着修书悄然展开。张说与文学派的渊源可上溯至圣历年间他担任右补阙时，当时张昌宗兄弟奉旨纂修的《三教珠英》迁延无功，最终得以完成正是靠着张说、徐坚等人的贡献。此次修书确立了张说在文学派中的核心地位，并让他与徐坚结下深厚情谊。凭借修书之功，张说在短时间内先后升任右史（起居舍人，从六品上）内供奉及凤阁舍人（中书舍人），虽然长安末年他一度流贬钦州，但在中宗复位后得以北返入朝，经兵部员外郎升至工部侍郎。景龙二年（708）复置修文学士时，张说因母丧未能首批入选，终制后才得以迁为兵部侍郎，加弘文馆学士。睿宗即位后，张说升任中书侍郎兼雍州长史，并与褚无量一同担任太子李隆基的侍读，与褚结下厚谊。景云二年（711）正月，张说加同平章事、监修国史，首次拜相，至十月因太平公主的排挤旋即罢相。太平公主势力清除后，张说升任中书令（随后改为紫微令），封燕国公，二番拜相，不久被姚崇排挤，外迁相州刺史，按察河北。[1] 不过张说从未远离中书省，首次拜相后的十年间，无论在朝在藩，他大部分时间都带监修国史之职，甚至出任河东时获允携史书修撰。国史馆隶属于中书省，借助修史一事，他与中书省的旧僚故吏长期保持着密切联系。

开元九年张说第三次入相时，马怀素与褚无量已先后离世，继任修书使的元行冲为人耿直，不善交结。在这种情况下，张说将目光投向了故人徐坚。开元十二年（724），元行冲借口年衰，辞

---

1 《旧唐书》卷97《张说传》，第3052页。

去丽正院修书使之职，由时任秘书监的徐坚接替。此时的丽正院会集了大量来自秘书省的文士，风头实已盖过门下省老迈臃肿的弘文馆，不过缺少制度上的规范。张说清楚地意识到了这个问题，在他的倡导与徐坚的配合下，一个新的文学机构已经呼之欲出。

开元十二年二月，朝廷下诏大酺五日，赐百官钱帛。大酺结束后，玄宗意犹未尽，命百官以"合钱"的方式集资设宴，地点则选在了京师东南升平坊的乐游园。[1]这里地势相对较高，北对大明宫，南临曲江，远眺终南山，是唐人宴集游赏的著名去处。时当仲春，天气和暖，乐游园上桃红柳绿，歌舞升平，玄宗亲临筵宴，与百官赋诗饮酒。当日留下诗作的，依次有中书令张说、开府仪同三司宋璟、礼部尚书苏颋、中书侍郎崔沔（673—739）[2]、

1　此次大酺，史书不载，但留下了一组应制诗。据诗知赐宴时间为二月，地点在京师的乐游园，且当时朝中只有两位宰相，可知是在开元十二年及其以后。但开元十三年、十四年二月玄宗与百官都在东都，宋璟作为西京留守则在京师。综合以上因素，可知此次大酺及随后在乐游园的宴集，时间为开元十二年二月。参见《全唐诗》卷64、卷98、卷108、卷156，第750、1058、1122、1604页。

2　据墓志上推，崔沔约于开元九年丁忧，丁忧期满后由中书令张说提拔为中书侍郎，在任一年，迁魏州刺史。知其开元十二年春尚任中书侍郎。参见《旧唐书》卷188《孝友·崔沔传》，第4928页；《唐代墓志汇编》大历060《有唐通议大夫守太子宾客赠尚书左仆射崔公墓志》，第1799—1800页。

中书舍人张九龄、秘书少监胡皓[1]、著作郎崔尚（680—745）[2]、起居舍人赵冬曦[3]、通事舍人王翰[4]。这是集贤院成立前一次重要的预演，赋诗者除宋璟、苏颋外，都是中书省官员，属于张说政治集团。

1　苏颋《授胡皓著作郎制》："朝议大夫检校秘书丞兼昭文馆学士上柱国胡皓……可行著作郎，余如故。"昭文馆开元七年改回弘文馆，可知胡皓任著作郎在该年以前。《元和姓纂》载胡姓洛阳有"秘书少监胡皓"。胡皓于开元七年前便已为秘书丞并兼任著作郎，两者均为从五品上。以正常年资迁转来看，开元十二年时他应已升至秘书少监，位从四品上。[唐] 苏颋：《授胡皓著作郎制》，《全唐文》卷251，第2542—2543页；《元和姓纂》卷3《十一模·胡》，第281页。

2　崔尚撰于开元十二年十二月的《唐故京兆府蓝田县主簿李府君墓志铭并序》，署为"著作郎上柱国清河崔尚"，知其当年为著作郎。毛阳光、余扶危编：《洛阳流散唐代墓志汇编》108，北京：国家图书馆出版社，2013年，第216—217页。

3　赵冬曦开元十年为正八品上的监察御史，开元十三年已升为从六品上的考功员外郎，则开元十二年春官职应与从六品相当。乐游园宴集中，赵冬曦结尾两句诗为"圣恩将报厚，请述记言书"，按照《唐六典》沿袭古制的规定，"起居舍人掌修记言之史"，位从六品上。据此，可知开元十二年二月赵冬曦应为起居舍人。参见《旧唐书》卷190中《文苑中·贺知章传》，第5033页；[唐] 赵冬曦《奉和圣制同二相已下群官乐游园宴》，《全唐诗》卷98，第1058页；《唐六典》卷9《中书省·起居舍人》，第278页。

4　《旧唐书·王翰传》："会说复知政事，以翰为秘书正字，擢拜通事舍人，迁驾部员外。"王翰之任驾部员外郎，在开元十三年，则开元十二年春很可能正任通事舍人。《旧唐书》卷190中《文苑中·王翰传》，第5039页。

此次宴会后不久，张说向玄宗首建封禅泰山之议，得到宸许。当年十一月，玄宗率百官、禁军及众多学士前往东都，在洛阳停留了将近一年，为封禅做准备。这批随行的学士被安置于洛阳宫城的命妇院中，为咨询礼制之备。开元十三年四月，玄宗在洛阳宫集仙殿大宴两省官及礼官、学士，易其名为"集贤殿"，设立集贤殿书院，以中书令张说知院事，右散骑常侍徐坚为副。入选集贤殿之人，官阶在五品以上者称学士，六品以下则为直学士。这个群体统称为"集贤学士"，这一称谓也被视为玄宗朝文士的最高荣誉。集贤学士的出现，意味着唐朝的最高学术话语权从秘书、门下二省转移到了中书省，它与当时中书省，特别是中书令及中书侍郎权力的膨胀有着直接的关系。

二、张杜旧事

从作为主力纂修《三教珠英》，到全权负责集贤院事宜，张说用了二十五年时间，最终成为无可争议的文学领袖。向朝廷进献诗赋文章，追随于张燕公门下，成为无数文士博得进取机遇的捷径。在这个庞杂的文学群体中，既有以崔尚为代表的中层文官，也有王翰一类身居底层的文士幕僚，还有像少年杜甫这样尚未获得出身的白衣秀士。这个群体在攀附、追随张说的过程中互为依托，彼此援引，在封禅前夕的两京形成了一股蔚为壮观的文学风潮。杜审言晚年入选首批修文馆学士，为杜家留下了丰厚的政治遗产。杜闲释褐为官后，继续经营着这些人脉资源。此时的杜闲还只是一个中下层文官，三弟杜专与四弟杜登则可能初入仕途。如何通过已有的交往渠道，结识更为关键的上层人物，成为杜家此时面临的迫切问题。

然而，杜审言与张说之间其实谈不上深交，他们的仕宦履历也并无重合。这层微妙而深远的关系，需要回溯到武周晚期来审视。圣历元年（698），张昌宗奉旨纂修《三教珠英》，网罗了秘书省、国子监的大批文士，但延宕数年不见进展，直至张说、徐坚等人参与进来，修书工作才步入正轨。修书诏旨发布的当年，杜审言远赴吉州任司户参军事。不久，杜并杀死刺史周季童，吉州案发，杜审言下狱。如同《三教珠英》的修撰一样，这桩在法理与道义间摇摆的案件之处理同样迁延许久，使得杜审言在数年之内处于待罪或赋闲状态。长安二年（702）吉州之案尘埃落定，杜并获得了"孝童"之称，杜审言也获起用，进入秘书省著作局任职。此时，《三教珠英》已经修成，张说重回中书省任职。预修《三教珠英》是张说在文学派中树起威信的起点，对他而言，没有参与修书的杜审言从一开始就很难视为同侪。

长安三年（703）九月，张易之兄弟向魏元忠发难，企图援引凤阁舍人张说之言，以证成谋反罪。魏元忠当时以御史大夫之职兼知政事，实领宰相之事，同时还检校太子右庶子（正四品下），掌管东宫献纳启奏，[1] 而太子正是几年前自房州召回的李显。魏元

---

1 《唐六典》卷26《太子右春坊》，第670页。

忠曾面奏武则天，痛斥有小人在国君之侧，直指内宠张氏兄弟，让武则天下不来台，也使二张怀恨在心。长安三年，武则天病重，二张趁机构陷，称魏元忠图谋"挟太子而令天下"，致其下狱。武则天召集了太子李显、相王李旦及各位宰相，令张昌宗与魏元忠御前对质，终难坐实罪名。张昌宗遂私下拉拢凤阁舍人张说做证，以高官美职为允诺。[1] 魏元忠在圣历年间曾以凤阁侍郎同平章事，是时任右补阙张说的上司。张说答应了张昌宗的请求，但在即将入禁中对证时却惶恐纠结。同为凤阁舍人的宋璟见状，告诉张说："名义至重，神道难欺，必不可党邪陷正，以求苟免。"又说，如果你被流放，会青史留名；如果要杀头，我叩阁救你，大不了一同赴死。"万代瞻仰，在此举也！"[2] 宋璟的话义正词严，加上殿中侍御史张廷珪、左史刘知几也对张说晓以大义，张说遂改变了之前的想法。

进去以后，武则天问起魏元忠之事，张说沉默不语。魏元忠不知室外刚才发生了什么，质问张说：你想要与张昌宗一同罗织我吗？张说闻言，怒斥魏元忠，说你身为宰相，说话怎么像街巷闲汉呢？张昌宗见状，在一旁催促张说做证。此时，张说对武则天说，陛下请看，张昌宗在您面前尚且如此逼迫我，何况在外？今天大家都在，我不敢说谎。我从没听魏元忠说过挟天子这样的话，只不过张昌宗逼着我做伪证。见张说倒戈，张氏兄弟反应极

1　《旧唐书》卷92《魏元忠传》，第2952—2953页。

2　《旧唐书》卷96《宋璟传》，第3030页。

快，立马大呼："张说与魏元忠同反！"武则天询问详情，张昌宗说，张说曾将魏元忠比为伊、周，伊尹流放了太甲，周公摄行王事，张说这么说，不是谋反是什么？张说辩解道，张氏兄弟阴险小人，只听我说过伊、周之事，却不知其含义。当初魏元忠刚得三品官时，我还是个小小的郎官，前往道贺，魏元忠说："无功受宠，不胜惭惧。"我说："明公居伊、周之任，何愧三品！"伊尹、周公首先都是忠臣，古今仰慕。陛下您委任宰相，不让他学伊、周，那要学谁呢？今日之事，我若支持张昌宗，宰辅之位可得；若支持魏元忠，立马就会族灭，这我岂能不知？只是我怕魏元忠冤魂不散，不敢诬陷。

张说的辩解并不高明，实际上他承认了自己曾将魏元忠比为伊、周。在阐释"伊周之道"时又节外生枝，暗讽武则天用人失察，同时得罪了武则天和张氏兄弟。武则天认为张说出言反复，将其一并下狱。[1] 然而，张说的证词成为本案判定的关键依据。后续审理中，张说执对如初，朝中又有多人上疏言魏元忠之冤。武则天知其无罪，但为安抚张昌宗，将魏元忠贬往端州任高要县尉，张说配流钦州。[2]

魏元忠案以后的三年里，张说与杜审言的仕途各自发生了戏剧性的起伏。张说的政治生涯在长安末年跌至谷底，谪居风物迥

1　《资治通鉴》卷207 "长安三年九月" 条，第6564—6565页。

2　《旧唐书》卷92《魏元忠传》，第2952—2953页；《旧唐书》卷97《张说传》，第3051页。

异的岭南，北归无望，备受煎熬。在送别东都的使者时，他写诗道："传闻合蒲叶，曾向洛阳飞。何日南风至，还随北使归。红颜渡岭歇，白首对秋衰。高歌何由见，层堂不可违。谁怜炎海曲，泪尽血沾衣。"[1]同一时期的杜审言却仕途得意，由麟台的著作佐郎迁任尚书省膳部员外郎。然而，神龙元年（705）正月，唐朝发生了五王革命，中宗复位，张氏兄弟被杀，二张集团瓦解。即位后的中宗立即下旨将张说召回朝中，擢为兵部员外郎；而杜审言则因为亲附二张，被贬至峰州。

杜审言在峰州度过了当年冬天，神龙二年（706）再次回到长安，在崔融的关照下担任国子监主簿。此时的张说已经升任工部侍郎，前程大好。但张、杜二人随后都再次仕途受阻。先是崔融去世，杜审言在政治上失去依靠，再无升迁。他人生最后两年的职事遗憾地定格在国子主簿这样一个七品勾官上。随后的景龙元年（707），张说母亲去世。他被迫回家服母丧，也因此与首批修文学士的荣誉失之交臂。当景龙二年（708）四月修文馆恢复学士制度时，人们看到了以国子主簿入选直学士的杜审言，而正在服丧的张说自然未能入选。对于十年前便预修《三教珠英》的张说而言，此事无疑是极大的遗憾。

当年十月，杜审言病逝。次年亦即景龙三年（709）秋冬之际，

1　［唐］张说：《南中送北使二首》，《全唐诗》卷88，第972页。

张说服满母丧，任兵部侍郎，同时补选为修文馆学士，[1] 与徐坚、武平一、宋之问成为同事，进而建立起深厚的私交。景龙四年（710）春，武平一奉使从长安出发，前往嵩山置舍利塔，张说、徐坚于京师东面的灞川置酒设宴，为之送别。[2] 张、徐二人的送别诗没有"奉敕""奉和"之类的限定词，徐坚更是以"共握手而相顾，各衔凄而黯然"的字句记录了三人惜别的情景，表明这是一次朋友间的饯行。席间，张说赋诗感叹："山中二月娑罗会，虚呗遥遥愁思人。我念过去微尘劫，与子禅门同正法。虽在神仙兰省间，常持清净莲花叶。来亦好，去亦好，了观车行马不移，当见菩提离烦恼。"[3] 张、武二人都笃信释教。武平一出身贵胄，虽然只有三十多岁，却深谙清心避祸之理，令长他八岁的张说深感钦佩。由于武平一与杜审言非比寻常的交情，张说在这段修文馆的同僚时光中难免听闻一些杜审言的往事。

这一年的唐廷风云变幻。武平一前往嵩山几个月后，中宗暴崩，睿宗即位，太平公主与临淄王两派势力大盛。年底，武平一

1　景龙三年十二月十四日，中宗驾幸韦嗣立庄，张说始出现于应制诗文中。参《景龙文馆记》卷2《景龙三年》，第91—92页。

2　徐坚诗称："伊川别骑，灞岸分筵。对三春之花月，览千里之风烟。望青山兮分地，见白云兮在天。寄愁心于樽酒，怆离绪于清弦。共握手而相顾，各衔凄而黯然。"［唐］徐坚：《送考功武员外学士使嵩山置舍利塔歌》，《全唐诗》卷107，第1112页。

3　［唐］张说：《送考功武员外学士使嵩山署舍利塔》，《全唐诗》卷86，第941页。

被贬往岭南，次年初张说拜相。此后，两人的往来并未断绝。先天二年（713）慧能圆寂，张说曾托武平一转达心愿，寄上香烛。开元以后，武平一长期在苏州一带为官，远离朝中斗争，他与张说、徐坚之间不存在政治上的纷争，当初的同僚之谊得以长期保留。

可以看出，杜审言的仕宦履历与张说鲜有重合，二人的交集本就不多。更为重要的是，张说曾受到张易之兄弟的迫害，而杜审言则由于故交李峤、崔融诸人的关系，与二张集团存在无法摆脱的关联。从后来的交往看，张说并非一味拒斥有二张背景的文士，但对本就缺乏交往的杜审言，则并无太多好感。况且张说作为纂修《三教珠英》的主力，却在诸种机缘下未能入选首批修文学士，也使他对于仅担任了半年学士的杜审言，难免有某些不便明言的心结。

封禅前夕杜家对于张说一派的极力交结中，一个关键的中间人物其实正是远在江左的武平一。借助这层关系，杜闲进一步与张说的心腹，同时也是武平一门生的王翰建立起友谊，从而使杜家有可能进入文学派的核心圈层。王翰随张说入朝后的仕途迁转，是东封泰山前唐朝中央政治的一个缩影，反映出以张说为首的文学派势力不断抬升。同为进士及第出身，崔尚从长安初年正九品的校书郎迁转至从六品的秘书郎，用了将近二十年时间，符合唐人常见的迁转情况；相比之下，王翰从正九品的秘书正字升至从六品的通事舍人，只用了三到五年时间，殊为罕见。[1] 在与挚友徐坚的一次著名交谈中，张说将王翰与韩休、许景先、张九龄一起视为文学后起之秀，认为"王翰之文，有如琼林玉斝，虽烂然可珍，而多有玷缺。若能箴其所短，济其所长，亦一时之秀也"[2]。张说对王翰文章的评价，也可以看作其人性格的一个写照。

三、燕公之子

对于封禅前夕涌入两京的莘莘文士来说，攀附张说的一把密钥在于交结其子。张说共有三子，长子均、次子垍、幼子埱。张说夫人元氏生于680年，[3] 据说其父元怀景在张说年少时便"知其必贵，嫁女与之"，[4] 说明元氏是张说原配。参照唐代士人普遍的初婚年龄，张说与元氏约在圣历年间（698—700）结婚，当时张说三十岁出头，元氏则刚过笄年。此时元怀景尚在除名赋闲中，[5] 而

1　当然，王翰早在入幕并州前便已进士及第，入朝后受任的秘书正字应当并非其释褐官，他此前已有入幕后相应的职事官及散官计入履历。不过即便如此，仅从官品提升来看，王翰的迁转也极为迅速。

2　《太平广记》卷198《文章一·张说》，第1485页。

3　李献奇：《唐张说墓志考释》，《文物》2000年第10期，第91—96页。

4　《太平广记》卷170《知人二·元怀景》，第1241页。

5　《元怀景墓志》称其"天授中以亲累除名，向逾一纪"。[唐]张说：《唐故左庶子赠幽州都督元府君墓志铭》，《全唐文》卷232，第2350页。

张说则已经以左补阙（从七品上）之职预修《三教珠英》，在政治上崭露头角，这是元怀景嫁女与张说的真实背景。因此，张说三子的出生，都在700年以后。其中幼子张垍墓志已出土，[1]知其生于711年，彼时张说已经四十五岁，妻子元氏三十二岁，都过了生育高峰期。开元十八年（730）张说卒时，张均位居中书舍人要职，张垍为驸马都尉、卫尉卿，而张垍则仅为符宝郎（从六品上），[2]与两位兄长在官职、品级、职权上都存在明显差距。结合这些因素，可以看出张垍与其两位兄长之间年龄较为悬殊。

根据颜真卿为孙逖文集所作序文，开元十年（722）孙逖制举及第擢为左拾遗后，张说"命子均、垍申伯仲之礼"[3]，并未提及年纪尚幼的第三子张垍；而按《新唐书》的说法，则是"张说命子均、垍往拜之"[4]。孙逖生于699年，[5]无论是伯仲相叙还是主动拜

1　殷宪：《徐浩书〈唐张垍墓志〉跋》，《中国书法》2015年第8期，第196—197页。

2　李献奇：《唐张说墓志考释》，《文物》2000年第10期，第91—96页。《张垍墓志》载其"弱岁补弘文生，以文贞公翼亮之重，拜太子通事舍人（正七品下），迁符宝郎（从六品上）。推恩受爵，封广阳县子"，可为印证。

3　[唐]颜真卿：《尚书刑部侍郎赠尚书右仆射孙逖文公集序》，《全唐文》卷337，第3416页。

4　《新唐书》卷202《文艺中·孙逖传》，第5760页。

5　《旧唐书·孙逖传》载其"始年十五，谒雍州长史崔日用"，崔日用713年任雍州长史，知孙逖生于699年。《旧唐书》卷190中《文苑中·孙逖传》，第5043页；郁贤皓：《唐刺史考全编》卷1《京畿道·京兆府上》，第16页。

会，都意味着三人年纪相近。开元十年，张垍十二岁，尚未成年。综合推测，当时张均与张埙都已行冠礼，年过二十，我们将张均生年拟定为700年，张埙为702年，应当较符合史实。

张均与张埙虽为兄弟，性情处事却颇有不同。张均处事绵密细致，心机颇深。安史之乱爆发的次年夏天，玄宗幸蜀，百官各谋去就。房琯本来约好与张均在城南会合，但他推说"已于城南取马"[1]，含蓄地向房琯表明了不愿同行的意思。与长兄不同，张埙为人浮躁，喜怒形之于色，城府不深。他做了多年驸马，天宝年间荣膺翰林学士，经常拿着玄宗赏赐的珍玩向张均炫耀，张均笑着告诉他，这是岳丈给女婿的，并非天子赏学士的。[2]玄宗曾私下向张埙许诺拜相，一个月后不见动静，他便作诛心之想，认为是右相杨国忠从中作梗，并将不满的情绪表露给入朝的安禄山，后者转身奏明天子，致使张埙在玄宗心中的地位一落千丈。[3]

可能正是由于这种差异，长兄张均很早便入仕为官。开元九年（721）正月，唐朝开始了全国性的括户行动。在宇文融上奏

1　《旧唐书》卷97《张说附张埙传》，第3059页。

2　［唐］李肇：《唐国史补》卷上，上海：上海古籍出版社，1979年，第16页。

3　原文作李林甫，事在天宝十三载，林甫已死，当为杨国忠之误。参见［唐］郑处诲撰，田廷柱点校《明皇杂录》"逸文"，北京：中华书局，1994年，第65页；《资治通鉴考异》卷14《唐纪六》"天宝十三载三月"条引《明皇杂录》，第557—558页。

的首批劝农判官名单中，赫然列有"太原司录张均"[1]。这个张均，应当就是张说长子。太原为唐朝北都，司录参军事正七品上，是"付事勾稽，省署抄目"[2]的勾官，负责文书传递。当时的并州（太原）长史正是张说，张均其实是在自己父亲身边做事，而且已经与幕僚王翰相识。张说拜相后，张均也随之入朝为官。参照王翰入京后的升迁状况，张均的仕途只会更为坦荡。至开元十三年东封时，张均已官至吏部员外郎，参与了由宇文融主导的铨选工作。[3]张垍比长兄小两岁，开元九年父亲入相时，他刚好二十岁。可能就在当年或稍后，他参加了科举，并与中书省的诸多文士建立起私交。张垍在东封前的仕宦情况，需要结合其兄张均予以分析。

1　《唐会要》卷85《逃户》，第1851页。

2　《唐六典》卷30《京兆河南太原府》，第741、748页。

3　《唐会要》："（开元）十三年十二月，封岳回，以选限渐迫，宇文融上策，请吏部置十铨。（原注：礼部尚书苏颋、刑部尚书韦抗、工部尚书卢从愿、右散骑常侍徐坚、御史中丞宇文融、朝集使蒲州刺史崔林、魏州刺史崔沔、荆州长史韦虚心、郑州刺史贾曾、怀州刺史王丘等十人。）当时榜诗云：'员外却题铨里榜，尚书不得数中分。'（原注：尚书裴漼、员外郎张均。）"据《唐六典》，吏部员外郎二人，其中一人"掌选院，谓之南曹。每岁，选人有解状、簿书、资历、考课，必由之以核其实，乃上三铨；其三铨进甲则署焉。"开元十四年的吏部铨选，吏部尚书崔漼被排斥在外，但员外郎张均可以在铨榜上签字，知其为吏部员外郎，职任与《唐六典》规定相同。《唐会要》卷74《选部上·论选事》，第1586页；《唐六典》卷2《尚书吏部·吏部郎中员外郎》，第36页。

《旧唐书》称"（张）说在中书，兄弟已掌纶翰之任"[1]，所谓"纶翰之任"指起草诏书的工作，会在本官后加"知制诰"以示其职任。"知制诰"并不对应某个具体官职，中书门下两省侍郎、尚书六部侍郎、中书舍人、起居舍人、六部郎中及员外郎等都能以本职带"知制诰"。当然，诏令的日常起草，最主要还是由中书舍人负责。张说在东封后便被罢去中书令，只保留尚书省官职，他执掌中书省就是开元十一年到十三年的整三年时间。张均、张垍应当都是在开元十二年、十三年间以员外郎身份知制诰。张均到开元十三年末已升至六部之首的吏部任员外郎，至于张垍所任为六部二十四司中的哪个员外郎，暂时还不得而知。

无论张均还是张垍，他们都继承了父亲的文学才华。张均后来曾为中书舍人，他所起草的诏敕制诰虽不能比肩苏颋、张九龄、孙逖这样的开元大手笔，但也深得玄宗认可。张垍则在天宝年间入选翰林学士，赞相礼仪举止有度。[2] 开元十一年，张说接替张嘉贞担任中书令，他在文学派中的领袖地位，在政治力量的加持下得到进一步巩固。一时间，众多文士争相聚于燕公门下，其中最

1　《旧唐书》卷97《张说附张均张垍传》，第3057页。

2　《资治通鉴考异》卷14《唐纪六》"天宝十三载三月"条引《唐历》，第557—558页。

为张说赏识的，包括中书舍人许景先[1]、张九龄[2]、左补阙孙逖[3]、右补阙韦述[4]、通事舍人王翰等。张说将长子张均和次子张垍介绍给许景先等人，而年纪较轻的孙逖、韦述，则直接与张均、张垍伯仲相叙。这是一个双赢的做法。对于许景先等文士来说，结识张氏兄弟能够加强与张说的联系，是求之不得的仕进捷径；对于张均、张垍来说，初入仕途的他们需要借助张九龄等文坛俊彦提升素养，拓展人脉。

多年以后的天宝十载（751），杜甫赠诗给张垍，诗称："翰林逼华盖，鲸力破沧溟。天上张公子，宫中汉客星。赋诗拾翠殿，佐酒望云亭。紫诰仍兼绾，黄麻似六经。内分金带赤，恩与荔枝

1　《旧唐书·许景先传》："俄转中书舍人，……中书令张说尝称曰……"《许景先墓志》："寻除中书舍人，……时中书令燕国公张说，当代词宗。"知张说任中书令时，许景先正为中书舍人。《旧唐书》卷190中《文苑中·许景先传》，第5033页；《大唐故吏部侍郎高阳许公墓志铭并序》，吴刚主编：《全唐文补遗·千唐志斋新藏专辑》，西安：三秦出版社，2006年，第160—161页。

2　《旧唐书·张九龄传》："时张说为中书令，……尤亲重之，……九龄既欣知己，亦依附焉。"《旧唐书》卷99《张九龄传》，第3098页。

3　《旧唐书·孙逖传》："（开元）十年，应制登文藻宏丽科，拜左拾遗。张说尤重其才，逖日游其门，转左补阙。"知孙逖约于开元十一年、十二年间迁左补阙。《旧唐书》卷190中《文苑中·孙逖传》，第5043页。

4　《旧唐书·韦述传》："转右补阙，中书令张说专集贤院事，引述为直学士。"知韦述开元十二年及稍前已为右补阙。《旧唐书》卷102《韦述传》，第3183页。

青。无复随高凤，空余泣聚萤。此生任春草，垂老独漂萍。倘忆山阳会，悲歌在一听。"（《赠翰林张四学士》）张垍在开元十七年（729）尚宁亲公主，[1] 公主是玄宗第八女，忠王李玙（即后来的肃宗）的同母胞妹，[2] 大约生于开元初年。[3] 张垍尚主后，依例被授予三品的卫尉卿、驸马都尉（驸马一般都会被授予高官，其中九卿较为常见），此后深承玄宗宠爱，获得了在禁中置宅的特权，陪侍于玄宗左右。[4] 在诗的结尾，杜甫以"倘忆山阳会，悲歌在一听"期望张垍念及旧谊予以提携。"山阳会"指嵇康、阮籍诸好友的交

1　《新唐书·诸帝公主传》载"齐国公主，始封兴信，徙封宁亲。下嫁张垍，又嫁裴颖，末嫁杨敷。"作于开元十六年的《封唐昌公主等制》称"第八女可封宁亲公主，……唐昌公主出降张垍"，而《旧唐书·张说传》则称"十七年，复拜尚书左丞相、集贤院学士，……时长子均为中书舍人，次子垍尚宁亲公主，拜驸马都尉"。据此来看，开元十六年唐昌公主出降张垍或未实行，改为以宁亲公主出降张垍。结合《旧唐书·张说传》的记载，将宁亲公主初婚系于开元十七年，要更为稳妥。参见《新唐书》卷83《诸帝公主》，第3659页；[北宋]宋敏求编《唐大诏令集》卷41《封唐昌公主等制》，北京：中华书局，2008年，第194页；《旧唐书》卷97《张说传》，第3056页。

2　《旧唐书》卷52《玄宗元献皇后传》，第2184页。

3　宁亲公主开元十七年降张垍，结合唐代女子的出嫁年纪，知其最晚生于开元初年。参见张国刚、蒋爱花《唐代男女婚嫁年龄考略》，《中国史研究》2004年第2期，第65—75页。

4　《旧唐书》卷97《张说附张垍传》，第3058页。

往，在唐人的语境中专指旧日，特别是未显达时的交游。[1] 因此杜甫所谓他与张垍间的"山阳之会"，只能是从他初游文场到张垍拜驸马之间的这段时间，亦即开元十三年至十六年（728）。而这段旧日情谊实际是杜闲与张均、张垍兄弟的结交。当然，杜闲不可能直接与张垍相识，中间必不可少的引荐者仍然是崔尚、王翰等几位杜家私交。借助这层有限的关系，杜闲得以进入张家兄弟的交际圈，与张均、张垍以及许景先、张九龄等人相识，而杜甫也顺理成章地被引入其中。

开元十三年，少年杜甫第一次见到张垍，此时张垍二十四岁，杜甫十四岁。这个年龄差距，与他和高适、李白诸人相似，也正是杜甫所喜欢的"结交皆老成"（《壮游》）。不过，封禅前夕的张垍是各路名士重臣请托的对象，杜家父子在他的印象中恐怕谈不上很清晰，他与杜甫之间的关系显然也难称友谊。此时的杜甫只是作为少年才俊，跟随父亲获得了一些抛头露面的机会。开元十三年的杜甫对于张垍而言，只能算是叨陪末座，至于"山阳之会"的说法，就显得过于不真实了。

1　如卢僎《稍秋晓坐阁遇舟东下扬州即事寄上族父江阳令》"忆昔山阳会，长怀东上游"，郎士元《送张南史》"借问山阳会，如今有几人"，崔峒《赠窦十九》"山阳会里同人少，灞曲农时故老稀"，皆是其例。《全唐诗》卷99、卷248、卷294，第1070、2782、3348页。

四、李邕入计

开元十一年，山东诸州大旱歉收，玄宗与宰臣计议，决定选派部分朝官前往当地担任刺史，抚恤百姓，以示朝廷"重诸侯之选"。中书门下两省长官首膺其选，黄门侍郎王丘任怀州刺史，[1]中书侍郎崔沔任魏州刺史。[2]大约就在王丘、崔沔外任的同时，结束丁忧的前秘书少监齐澣也被任命为汴州刺史。[3]及至开元十三年，朝廷又再次派出十一位官员前往地方担任刺史：吏部侍郎许景先任虢州刺史，大理卿源光裕任郑州刺史，兵部侍郎寇泚任宋州刺史，礼部侍郎郑温琦任邠州刺史，大理少卿袁仁敬任杭州刺史，鸿胪少卿崔志廉任襄州刺史，卫尉少卿李昇期任邢州刺史，太仆少卿郑放任定州刺史，国子司业蒋挺任湖州刺史，左卫将军裴观任沧州刺史，卫率崔诚任遂州刺史。[4]

1　《旧唐书》卷100《王丘传》，第3132—3133页。

2　《崔沔墓志》："河朔无年，特诏公魏州刺史。"《唐代墓志汇编》大历060《有唐通议大夫守太子宾客赠尚书左仆射崔公墓志》，第1800页。

3　《新唐书》卷128《许景先传》，第4465页。

4　《旧唐书·王丘传》称"于是以丘为怀州刺史，又以中书侍郎崔沔等数人皆为山东诸州刺史"，可知最早派出的并非只有王丘、崔沔，而是还有其他几位朝官。撰于开元十二年四月的《邓宾墓志》，署名"朝散大夫使持节汴州诸军事守汴州刺史高阳齐澣"，可知齐澣任汴州刺史的时间约与王、崔之外任相同或稍晚。《旧唐书》卷100《王丘传》，第3133页；《唐代墓志汇编》开元195《大唐故闽州司马邓府君志石铭并序》，第1292页。

出行当日，玄宗命宰相、诸王及御史大夫于洛水之滨饯行，太常奏乐，高力士将玄宗手书的诗赐予众人，[1] 场面宏大。按照唐代诸道划分，此番十一人外任的诸州中，邠州属京畿道，虢、郑、宋三州属都畿河南道，邢、定、沧三州属河北道，襄州属山南东道，遂州属剑南道，杭、湖二州则属江南东道。显然，此时的朝官外任早已突破山东诸州的范围，遍及南北各处。平抚旱灾只是缘起，玄宗与宰相的真实想法，是有意识地派遣一批高层朝官外出任职，借机培养观察，以便将来从中简选，委以重任。"贤能既俟进，黎献实伫康"，玄宗的诗里说得很清楚，去州郡历练，再择优选贤回朝委任。

唐廷先后几次派出去的官员大多有鲜明的文学派背景。首膺其选的王丘是光禄卿王同皎从侄，制举及第，开元前期历任考功员外郎、中书舍人、吏部侍郎等要职，制诰、典选多年，在文士中享有很高的声望。他与崔沔以文学并称于当时，坊间有"丘山岌岌连天峻，沔水澄澄彻底清"[2] 的说法。其他人中，崔沔、齐澣、许景先、源光裕都有中书舍人的重要履历，曾执笔纶翰，起草王

1　《新唐书》卷128《许景先传》，第4465页。玄宗诗曰："眷言思共理，鉴梦想维良。猗欤此推择，声绩著周行。贤能既俟进，黎献实伫康。视人当如子，爱人亦如伤。讲学试诵论，阡陌劝耕桑。虚誉不可饰，清知不可忘。求名迹易见，安贞德自彰。讼狱必以情，教民贵有常。恤惸且存老，抚弱复绥强。勉哉各祗命，知予眷万方。"[唐]李隆基：《赐诸州刺史以题座右》，《全唐诗》卷3，第27页。

2　《全唐诗》卷876，第9924页。

言，其中崔、齐二人还曾任秘书少监。在许景先的墓志中，开元十三年选派诸人被称为"朝贤"[1]，而邠州任上的郑温琦更是在其弟墓志中被誉为"朝廷重宝"[2]。诸如此类表述，无不暗示出这批高层文官所具有的文学派特征，以及他们外任之初所肩负的升迁重望。

如果进一步探究，则上述诸人更为内在的特点，是他们都与张说有着潜在的政治关系。开元八年（720）七月，时任吏部侍郎的王丘将还在越州山阴县任县尉的孙逖（696—761）选入朝中，[3]次年孙逖制举及第授左拾遗，王丘对其有知遇之恩。而孙逖、许景先都是张说集团的核心人物，与张均、张垍兄弟交往密切，这在无形中拉近了王丘与张说的关系。孙逖是开元前期最受瞩目的文坛新秀，两次制举及第，由山阴尉、秘书正字迁至左拾遗，深得中书令张说赏识，与张九龄、许景先、韦述同游于燕公门下，并与张说两子张均、张垍伯仲相叙。孙逖的父亲孙嘉之，久视年间（700）与齐澣同登拔萃举甲科，[4]因此齐澣其实是孙逖的父执。此外，袁仁敬也与张九龄私交甚好。[5]可以说，从人事因缘上来讲，开元十二年、十三年外任的这批高官之间存在着复杂的门生

1　吴钢主编：《全唐文补遗·千唐志斋新藏专辑》，第161页。

2　[唐]卢兼爱：《大唐故宁州丰义县令郑府君墓志铭并序》，《全唐文》附《唐文拾遗》卷18，第10564页。

3　《唐会要》卷75《选部下·藻鉴》，第1607页；又见《太平广记》卷170《知人二·王丘》，第1242页。

4　[唐]孙逖：《宋州司马先府君墓志铭》，《全唐文》卷313，第3182页。

5　《旧唐书》卷99《张九龄传》，第3100页。

故旧关系，并不可避免地卷入了张说集团的利益圈层。

同样是在开元十二年，李邕自海州刺史迁回中原，任从三品的陈州刺史，成为上州郡守，时年四十八岁。次年十月，东封在即，李邕由陈州赴东都入计，等待吏部考核。[1] 李邕此番入计，在洛阳士庶中引发巨大反响，成为一时佳话。[2] 史书说他高调宣称自己"当居相位"[3]，恐怕是逸闻传言。李邕未任两省及六部侍郎，也无御史大夫、中丞等高级宪职，在外则未任都督府长史，根本不可能入相。这类传闻在当时得以流行，其实反映出李邕在积极寻求入朝为官的机会。适逢朝廷派出王丘、许景先诸人出任刺史以为历练，同为上州刺史的李邕看到了希望。

于是，已经在文坛享有盛名的李邕，在洛阳主动拜会了年仅三十岁的左拾遗孙逖，将自己缮写的诗文集相赠，引为知己。[4] 同时，他与故交杜闲重逢，并特意询问其长子杜甫的情况，希望能够得见一面，这就是杜甫记忆中颇为得意的"李邕求识面"（《奉赠韦左丞丈二十二韵》）。显然，李邕试图借助孙逖、杜闲的引介，

1　关于开元年间朝集使赴京入计规定，参见《唐六典》卷2《尚书吏部·考功郎中》，第42页；《唐会要》卷24《诸侯入朝》，第535—537页。

2　《旧唐书·李邕传》将其入计引发围观系于开元末、天宝初，其实开元十三年这次入计便已引起巨大反响，这从李邕随后的高调与自信行为可以得见。

3　《旧唐书》卷190中《文苑中·李邕传》，第5041页。

4　[唐]颜真卿：《尚书刑部侍郎赠尚书右仆射孙逖文公集序》，《全唐文》卷337，第3416页。

融入许景先、张九龄、王翰等张说门生的交际圈，进而结识张均、张垍兄弟，达到谒见中书令张说并加以请托的目的。

至此，我们依稀可以复原出一幅开元十三年初冬洛阳城中的历史场景。在封禅的前夜，中书令张说及其身边的文学派如日中天。杜闲与故人崔尚、王翰、李邕在东都重聚，并由此与许景先、张九龄、赵冬曦、孙逖等人相识。此时崔尚已擢升从五品上的著作郎，这是秘书省下辖著作局的长官。时光荏苒，二十多年前崔尚初入秘书省时，杜审言任副职著作佐郎，对他多有提携教诲。如今崔尚受任著作郎统领著作局，往事又再次浮现。十四岁的杜甫此时已经写了七年的诗，被崔尚、魏启心[1]誉为班固、扬雄之才，并且第一次见到了名家李邕，这些都对他产生了极大的激励和鼓舞。

不过，尽管缺乏直接的证据，有一个深层的问题仍有必要尝试探讨，那就是，这段终其一生挥之不去的"初游翰墨场"（《壮游》）的生命记忆，对于杜甫后来的内心世界和潜在意识，究竟产生了怎样的影响？平心而论，这种影响是细微而深刻的，特别是李邕的政治观和政治立场，对杜甫形成了持久的心理暗示。诚然，在这场文学盛会中，杜甫接触到了众多前辈名宿，其中不乏张垍之流的顶级权贵以及张九龄这样的重量级历史人物，但是，真正对杜甫后来的政治思想产生影响的，其实是那位向杜闲打听他状

1　魏启心神龙二年制举及第，资历较崔尚略浅。限于史料，目前对其所知有限。相关考证参见胡可先《出土碑志与杜甫研究》，《文史哲》2012年第6期，第22页。

况的名士李邕。这一无心之举让杜甫初次感受到了文士应有的被重视和被尊重，由此产生的情结在他后来的心路中屡次浮现，比如河南尹韦济反复托人打听他的下落，就成功笼络了杜甫之心，令他写下"有客传河尹，逢人问孔融"（《奉寄河南尹韦丈人》）这样的诗句，矜耀之情跃然纸上。他愿意做一个隐士，却又时时希望被人记起，去被动地实现自己的政治抱负。李邕的提携打动了他，却也无形中向他输出了一种略显偏激的政治观。在对文学派领袖张说的评价中，他借李邕之口说出"是非张相国"这样的话；在《八哀诗》中，他没有给张说留下位置，却极力赞美了张九龄。这样的政治观谈不上积极，至少对杜甫个人的仕进来讲，令他始终难以摆脱一种狂傲与批判的姿态，困顿于仕途。

也是在封禅前，年轻的房琯（697—763）很可能进入了杜闲父子的交游世界。房琯是武周末年宰相房融之子，神龙政变后，房融与杜审言等人因亲附张易之而流配岭南，卒于高州。其子房琯时年九岁，家境陷于艰危，耕稼谋生与农者无异。少年房琯在陆浑伊阳山与吕向一同读书，度过了十多年时光。到了开元七年（719），弘文馆恢复生徒设置，有三十八个员额，房琯以宰相之子的身份入选弘文生。开元十二年，玄宗车驾至东都，房琯献上其所撰《封禅书》以及《上张燕公书》，获得张说青睐，授予其秘书省校书郎之职。[1] 此时崔尚正任著作郎，房琯与他颇有点类似崔尚

1　《旧唐书》卷111《房琯传》，第3320页；[唐]房琯：《上张燕公书》，《全唐文》卷332，第3367—3368页。

初入著作局时与著作佐郎杜审言的关系。而房融与杜审言在神龙政变后又有着同样的流放经历。尽管从年龄、资历来看，房琯与崔尚、杜闲之间存在明显的差距，但三人其实辈分相当，上一代人之间的关系也使他们易于产生亲近感。再加上张说的提携，房琯进入崔尚诸人的交际圈可以说顺理成章。事实上，与房琯一同读书的吕向，此时也被召入翰林院兼任集贤院校理。[1] 从宏观的政治演进来看，无论是杜甫初游翰墨场，还是房琯等人献赋释褐，都是东封前夕文学派臻于极盛的表现。此间与杜甫发生关联的历史人物，肯定也会随着更多史料的梳理发现而不断增加。只不过其中的核心终归离不开崔尚、王翰、李邕、张垍这几位人物。从这个层面来讲，杜甫初游文场，其实是对祖父、父亲两代人际关系加以延伸的一次初步尝试。

五、封禅泰山

李邕入计洛阳的时候，王翰已经日胜一日地忙碌起来。他在当年迁任驾部员外郎。与此前负责"朝见引纳"的礼仪性的通事舍人相比，隶属于兵部的驾部员外郎直接掌管全国舆辇车乘、驿传厩牧，实权在握。这一职任在开元十三年东封之际，更是具有不同寻常的意义，表明王翰作为中书令张说的心腹，直接参与了

1　《新唐书》卷202《文艺中·吕向传》，第5758页。

东封的仪仗安排，随驾同行。当然，王翰只是这场国家盛典浩大仪式的冰山一角。东封整体的车驾安排，交给了玄宗龙潜家臣，太仆卿王毛仲。王毛仲从唐朝各处监牧一共调集了超过五万匹牧马，征集区域包括京师、原州（今固原市原州区）、秦州（今天水市秦州区）、盐州（今吴忠市盐池县）、岚州（今吕梁市岚县）等多处马政重地。这五万匹马被汇集至东都洛阳，按毛色分成五队。开元十三年十月十一日，玄宗自东都启程，前往东岳泰山，"大驾百里，烟尘一色"，加上"闲人万夫，散马千队"，整个仪仗队伍"行如动地，止若屯云"[1]，气势非凡。

按照唐朝的行政划分，泰山位于兖州北部，北与齐州接壤。玄宗此次封禅东岳，与六十年前高宗东封的路线大致相同，简而言之，可称为"北去南返"。去程从洛阳出发，沿黄河南岸东行，所经地界依次为怀州、郑州（今郑州市）、滑州（今滑县）、濮州、郓州、济州、齐州（今济南市）、兖州。从洛阳到泰山，玄宗封禅去程共用了二十五天，沿途在各地的停留成为一件大事，为此专门设置顿使提前安排，各州刺史则抓住这个千载难逢的机会，争相贡奉。孙逖在《唐齐州刺史裴公德政颂》中记载了当时的情形：

> 自洛及兖，于皇时迈，雷毂万乘，云旗千里。供帐于东道者，凡十有六州焉。大或数圻，次或万井，中产

1　[唐]张说：《大唐开元十三年陇右监牧颂德碑》，《全唐文》卷226，第2283页。

者轻币，膏粱者倍征。方事之殷，犹惧不给。[1]

为了供奉御驾，沿途各州可谓倾尽全力，上至官宦世家（"膏粱者"），下至普通百姓（"中产者"）[2]，家产多寡均需科敛，无人能免。劳民之举背后是各州刺史的竞相攀比以及各方势力的明争暗斗。这场名为贡奉置顿的政治角力，将在封禅之后见分晓。

十一月六日，车驾抵达泰山脚下。九日，玄宗登泰山，仪仗禁卫在山下罗列百余里，宰相张说、源乾曜以及一众礼官随驾登山，宿于东岳之巅。在这个俯瞰齐鲁大地的制高点，已经建好了上、下两处祭坛。十日，玄宗在上坛祭祀昊天上帝，礼官在下坛祀五帝百神，礼毕封藏玉册，然后点燃祭坛旁边堆满木柴的柴坛，称为"燔柴"，象征着告迎天神，实现了帝王与上天的沟通。霎时之间，巨大的火焰自泰山之巅腾腾起，"群臣称万岁，传呼自山顶至岳下，震动山谷"[3]。下山后，玄宗在行宫停留了三天，十二日，张说升任尚书右丞相兼中书令。[4]尚书右丞相是尚书右仆射改名后的

1　[唐]孙逖：《唐齐州刺史裴公德政颂》，《全唐文》卷312，第3171页。

2　"中产者"用王融《永明九年策秀才文》"下贫无兼辰之业，中产阙涉岁之赀"之意，张铣注曰："下贫谓贫人不济者，……中产谓中平之生者。"即普通百姓家庭。[梁]萧统编，[唐]李善、吕延济、刘良、张铣、吕向、李周翰注：《六臣注文选》卷36《永明九年策秀才文》，第676页。

3　《旧唐书》卷8《玄宗纪上》，第188页。

4　《新唐书》卷62《宰相表中》，第1687页。

称呼，位从二品。由于唐朝已多年不设尚书令，因此左、右仆射其实就是尚书省的最高长官。张说以尚书右丞相兼任中书令，权力自中书省扩展至尚书省。

开元十三年东封是玄宗朝政治演进中一个里程碑式的事件，意味着以张说为代表的文学派势力臻于极盛。张说首倡其议，并督领礼官制定完备的仪制流程，特别是在"祭天"与"燔柴"两大核心仪式的先后顺序上，不惜打破显庆年间长孙无忌等人修订的成例，借恢复贞观旧制之名，重新调整为徐坚所主张的"先祭后燔"，充分体现出玄宗对于文学派的信任。[1]封禅之际应运设立的集贤殿书院，则以制度的形式确立了中书省对天下文学的统领地位，也使《唐六典》的编撰有了更为稳定的班底。前往泰山之前，玄宗在东都停留了将近一年，大赦天下，宣扬文教，使唐朝上下涌起一股蔚为壮观的文学潮流，向皇帝献赋、献诗以求进取成为盛极一时的风尚。

玄宗于十一月十四日起驾，自泰山南行，在曲阜县祭拜孔子后，于兖州南境折而西行，所经地界依次为徐州、宋州、曹州、汴州、郑州，最后返回洛阳。于是，去程中的迎谒置顿又重新上演一次。这给了玄宗一个很好的考察机会，而新升任尚书右丞相

---

1 徐坚提出恢复"先祭后燔"的建议，张说则请玄宗定夺，事实上对此议持默许态度。[唐]徐坚：《先祭后燔议》，《全唐文》卷272，第2765—2766页；[唐]张说：《郊祀燔柴先后奏》，《全唐文》卷223，第2255—2256页。

的张说，也希望借此评判各州刺史，选出尚书左、右丞作为自己在尚书省的左膀右臂。[1] 车驾至宋州，刺史寇泚迎接，玄宗在宋州城楼上宴请随行官员。酒酣之际，玄宗告诉张说，以往三番五次派使臣分巡诸道，让他们廉察地方官为政善恶，这次借着封禅遍历各州，才发现廉察使们好多都在糊弄我。怀州刺史王丘除了贡奉几头牛羊外，别无他献；魏州刺史崔沔迎驾供给时不见有锦绣，以俭约示我；济州刺史裴耀卿的礼物是一封几百字的奏疏，都是规谏之语。

按理说，封禅已经耗费了巨大的人力、财力和物力，与王毛仲那样动用数万匹监牧马的大动作相比，沿途诸州的迎驾贡奉实不足道。因此，玄宗此番谈话释放出了不寻常的政治信号。他接着说，裴耀卿告诉我，过度劳扰百姓，天下就难以大治（"人或重扰，则不足以告成"），这话我近来常置榻边，以便告诫左右。王丘、崔沔、裴耀卿三人不劳扰百姓以换取恩泽，真是良吏啊。说到这里，玄宗回过头对宋州刺史寇泚说，以前廉察的使臣常和我反映你招待不周，这说明你不希望借使臣之口美言自己。说罢，玄宗亲自举酒赐予寇泚。张说、源乾曜见状，立即带头起身，率群臣道贺，楼上侍卫从人皆呼万岁。[2]

宋州之宴后，玄宗擢王丘为尚书左丞，崔沔为散骑常侍，裴耀卿为定州刺史。同时，齐瀚入朝，迁为尚书右丞。这一系列举

1　《旧唐书》卷190中《文苑中·齐瀚传》，第5037页。

2　《资治通鉴》卷212"开元十三年十一月"条，第6768页。

措表明，实现了封禅梦想的玄宗，已经开始将目光从天上转移到眼前，正视日益严峻的中央财政危机。宋州之宴所提倡的尚俭之道，不啻给封禅燃起的各州进奉烈焰浇下一盆冷水，背后的深义，则是对如日中天的张说集团敲响警钟。如果我们仔细来看，会发现玄宗借助宴会上的谈话，对当初外任的朝官做出了颇为巧妙的安排。王丘出任刺史之前已官至黄门侍郎，崔沔为中书侍郎，许景先为吏部侍郎，这几个职位是最常见的带同平章事之职。易言之，王、崔、许诸人在开元十二年、十三年时已经进入宰相候选之列。但在外任刺史之后，王丘、齐瀚迁为尚书左、右丞，这个职位直接加同平章事的先例很少。崔沔更是迁为散骑常侍，这是当年褚、马陪玄宗读书时的职事官，虽为三品，实乃闲职。至于许景先，则随后从虢州转任岐州，同样远离了中枢政治。因此，我们不妨做一个大胆的推想，当初"玄宗令宰臣择刺史之任，必在得人"[1]，看上去是给了张说用人的权力，实际上或许从那时起，玄宗就已经在着手分解张说的权势了。

玄宗从宋州启程后，沿运河西北而行，前往汴州。车驾刚到汴州东南界，刺史齐瀚尚未及迎驾，南边的陈州刺史李邕便已预先在汴州境上迎谒御驾。李邕从陈州北上，带来了丰盛的牛酒钱帛，[2] 同时还献上自己的诗赋文章。对于这位仕途多舛、常年在外的著名文官，玄宗当然早有印象，心下欢喜。但齐瀚是乾元殿修

1　《旧唐书》卷190中《文苑中·许景先传》，第5033页。

2　《新唐书》卷202《文艺中·李邕传》，第5756页。

书的骨干力量，开元六年后长期担任秘书少监，是备受张说器重的文学之士。开元十二年外任汴州刺史、河南采访使后，齐澣又整治河道，大有作为，[1]仕途上蓄势待迁。李邕喧宾夺主高调迎驾，博取圣心，无形中抢了汴州刺史齐澣的风头，令随驾的中书令张说心生反感。李邕不曾料到，此番迎驾所献上的大量财物，不久以后将成为他贪赃的证据，几乎断送掉他的性命。十二月二十日，玄宗抵达东都。一场唐朝中央的政治剧变即将拉开大幕，文学派的命运将会急转直下，而年轻的杜甫也被卷入这场文学派在开元政坛引发的动荡。张说罢相与李邕下狱后，文学派在中央政治中不再一骑绝尘，唐朝的选人取士转向实用，循资注拟成为大势所趋。数年后，行将弱冠的杜甫初试科举却以落第告终，少游文场的时光成为过往，他此后的人生走向将就此改变。

1　《太平广记》卷420《龙三·齐澣》，第3423页。

第四章　京兆贡士

杜甫十五岁至十九岁

开元十四年（726年）——————————————— 开元十八年（730年）

一、张说罢相

开元十三年（725）的封禅将文学派的声势推向顶点，同时也触发了朝中多重矛盾。玄宗朝前期的数次国家祭祀或军事校阅，名为典礼，实是政争，背后是暗流涌动的权力嬗变。先天二年（713）十月，即位才一年多的玄宗在骊山阅兵，借口军容不整，将兵部尚书同平章事郭元振配流远州，顺利拜姚崇为相。开元十一年（723）正月巡狩北都时，负责祭祀的坛场使、中书令张嘉贞因事被贬为幽州刺史，与之水火不容的兵部尚书同平章事张说得以兼任中书令，大权独揽。到了开元十三年十一月，中书、门下两省官及诸礼官学士随驾登泰山，而六部尚书、御史大夫等重要高官却只能候于泰山谷口之外，中书省的政治地位获空前提升，封禅成为张说党同伐异的幌子。至于随行卫士，则没有直接的赏赐，只加勋级，计入将来迁转之用。如此种种不当措置，使得本能够笼络人心的祭天盛事变得怨声载道，也在不觉间将主事者张说推向风口浪尖。

当然，张说面临的政治困境有更为深刻的历史原因。玄宗即位之初，为了尽快稳定朝局、清除旧党，放权于宰相，予之以充分信任，从而使得姚崇、宋璟相继得行其政。先后与二人同时为相的卢怀慎、苏颋又较为弱势，于是开元前期相对集中的宰相权力模式逐渐形成。[1] 开元八年（720）宋璟罢相后，专任一人的中央政治成为过往。接替宋璟执掌门下省的源乾曜早在开元四年（716）便曾短暂为相，深得玄宗器重，因玄宗欲重用宋璟，才接任了后者空出的京兆尹、西京留守。因此，尽管源乾曜对先后掌政中书省的张嘉贞和张说似乎"每事皆推让之"[2]，但实际上形成了有力的制衡。可以说，开元十一年张说接任中书令后，他面对的其实是一位根基雄厚的门下省长官，其背后则是玄宗有意为之的两省均势。

如果进一步探究，张说时代的大唐还面临着迫在眉睫的中央财政危机。武周以来持续的政治内耗，愈演愈烈的逃户问题，两京之间庸调（各地上缴中央的国家赋税）转输的不畅以及突厥、吐蕃等周边政权的屡次入侵，诸种因素叠加，使玄宗朝初年的财政收入捉襟见肘。为此，宋璟曾力主通过禁断恶钱（劣质货币）来建立中央货币威信，但阻力重重，乃至最终因此罢相。在这种情况下，一批财政之臣转而寻求搜括逃户以提高赋税收入。所谓逃户，指百姓脱离本籍，客居他乡，受富户大族荫庇，以规避徭役，这一行为使国家财政收入大量流失。括户增收的代表人物是

1　开元元年至四年，姚崇任中书令，侍中卢怀慎清俭不争，"每事皆推让之"，时人称之为"伴食宰相"，姚崇得以专一政令。开元四年至八年宋璟任侍中时，中书侍郎苏颋"顺从其美"，二人"相得甚悦"。《旧唐书》卷98《卢怀慎传》，第3068页；《旧唐书》卷88《苏瑰附苏颋传》，第2881页。

2　《旧唐书》卷98《源乾曜传》，第3072页。

当时尚名不见经传的监察御史宇文融。开元九年（721）正月，距张说第三次入相尚有九个月时间，监察御史宇文融上疏玄宗，请求检括天下逃户。在玄宗的支持下，宇文融以括地使之职巡行州县，并先后委任二十九名劝农判官，作为助手分巡各地。这些劝农判官大多从县尉等基层文官中选出，被授予监察御史之职，在括户劝农中得到不次升迁。各地官员为了迎合劝农使或劝农判官，往往虚报隐户，甚至将土著百姓强行划为客户。[1]括户持续了四年之久，共检出新附客户八十多万户，得钱数百万，甚得玄宗之心。及至开元十三年二月，宇文融已由从八品的监察御史一路擢升为御史中丞兼户部侍郎、诸色安辑户口使，[2]一时风头无两。

宇文融为人"躁急多言"，又因言利得以进用，使中书令张说深为不满，经常对其疏奏批评质疑，蔑视为"狗鼠辈"。中书舍人张九龄提醒他多加提防，张说却不以为意。[3]事实上，对于这一时期的财政危机，张说曾提出过废除府兵、召募长从宿卫的解决方法，但两相对比，宇文融的括户在操作性和实效上明显胜出，更能引起玄宗的兴趣。开元十三年秋冬之际，朝廷上下都在为封禅做准备，当年的吏部铨选一再耽延，眼见无法如期完成。宇文融

1　《旧唐书》卷105《宇文融传》，第3217—3218页。

2　《唐会要》卷85《户口使》："开元十二年八月，宇文融除御史中丞，充诸色安辑户口使。"第1847页。《资治通鉴》卷212"开元十三年二月"条："二月，庚申，以御史中丞宇文融兼户部侍郎。"第6762页。

3　《旧唐书》卷105《宇文融传》，第3221页。

趁机密奏玄宗，建议分吏部为十铨，由他与礼部尚书苏颋分掌其事，以便提高铨选效率。此议再次引发张说反对，双方相持不下，以致"铨综失叙"[1]。张说似乎没有意识到，同为宰相的侍中源乾曜从一开始便是宇文融的幕后支持者，[2]后来又在封禅事宜上多有阻挠。[3]与宇文融之间的龃龉，表明张说在政治上日益陷入被孤立的窘境。

此时，对崔隐甫的授官成为矛盾爆发的导火线。崔隐甫时任河南尹，玄宗征入朝中有心重用，张说却将其奏拟为位高事少的武职金吾大将军。玄宗不悦，重新任命崔隐甫为御史大夫。一来一往间，崔隐甫对张说已然心生芥蒂。宇文融敏锐地捕捉到这一契机，上疏指斥张说引术士夜解天象，收受赃贿。于是，开元十四年（726）四月的唐朝出现了颇为壮观的一幕，新莅任的御史大夫崔隐甫联手两位中丞宇文融和李林甫，举御史台之力对中书令张说发起弹奏。玄宗下制，由侍中源乾曜牵头，刑部尚书韦抗、大理少卿胡珪、御史大夫崔隐甫共同鞫狱。三司会审加以宰相督办，足见玄宗之重视。此案引发了巨大的政治风波，张说之兄，太子左庶子张光"诣朝堂割耳称冤"[4]，意图解救。无奈张说为

1　《旧唐书》卷97《张说传》，第3054—3055页。

2　史称源"素爱其才，赞成之"。《资治通鉴》卷212"开元九年正月"条，第6744页。

3　《旧唐书》卷97《张说传》，第3054页。

4　《旧唐书》卷97《张说传》，第3055页。

相时行事高调，其中书省下的小吏张观等人仗势受贿，僧人王庆则又曾为其占卜吉凶，如此种种难免授人以柄。源乾曜等以此为突破口，张说最终服罪。

张说经历过武周末年的高压政治，深谙此类刑狱要诀。他果断认罪以求自保，避免进一步的贬谪甚至流死。下狱两夜后，玄宗心下挂牵，派高力士前往探视。高力士回报，称张说在草上席地而坐，用粗陋瓦器吃饭，蓬头垢面，自我惩罚，不胜忧惧。玄宗面露恻隐，高力士趁机进谏，提及张说当初曾为太子侍读，是玄宗龙潜旧臣，于国有功。这番话意有所指。景云年间李隆基为太子时，张说便倾心相助，首建诛除太平公主之议，甚至据传连玄宗三子李亨（即后来的肃宗）也是赖张说力保而未被堕胎。[1] 玄宗忆及往事，决定从轻处理。不久，张说停兼中书令，不再同平章事，但保留了兵部尚书之职。张观与王庆则杖死，连坐者十余人。

张说罢相是玄宗朝政治进程中的重要事件。在封禅泰山仅仅两个月后，如日中天的张说便从神坛跌落，晚年政治生涯蒙受巨大损失。随着张说被罢去中书令同平章事，显赫一时的文学派陷入困境，由封禅而掀起的文学仕进热潮暂时趋于平静。尽管此后数年间，唐廷仍多次降旨，广求文学之士，而张说直至开元十九年（731）去世前始终兼领文学与修史事宜，但唐朝整体的政治风向却已经开始转变，以裴光庭、李林甫为代表的吏治派逐渐走上历史前台，铨选秩序、边疆安全、庸调转运等先前暗藏的问题浮

1　《旧唐书》卷52《玄宗元献皇后杨氏传》，第2184页。

出水面，成为此后唐朝长期关注的政治焦点。对生于 8 世纪上半叶的这批文士而言，他们青年时期的仕进命运无不深受这一历史嬗变的影响，其中房琯、苏源明等人尚得借封禅风潮获取出身，开启仕途，而高适、杜甫等仕进无门或年龄偏幼者，仅得空睹当日盛事，却被卷入此后的历史大潮中困顿多年。正因如此，晚年的杜甫在《八哀诗》中借李邕之口，以"是非张相国"这样刺眼的语句，来总结这位一代名相的功业。这是杜甫的切身感受，他是封禅风潮幸运的见证者，也是张说时代余晖落寞的旁观者。

二、李邕下狱

由于玄宗念及旧情，张说在这场风暴中得以全身而退，虽不再兼任中书令，但得以保留兵部尚书之职，仍领集贤书院事。中书令一职暂时空缺，户部侍郎李元纮临危受任，拜中书侍郎同平章事，与源乾曜同秉朝政。李元纮曾祖丙粲隋末为屯卫大将军，以关陇所部降唐而赐姓李，其父李道广武周后期曾任宰相。李元纮长于财用，开元十三年迁为户部侍郎，与同为侍郎的宇文融有过短暂共事，是玄宗东封前着意培植的言利之臣。尽管就私德而言，李元纮清俭而宇文融险躁，但二人的施政理念却一脉相承。加之资历深厚的源乾曜本就支持括户，因此东封后的唐廷风向急变,文学派处境岌岌可危。张说罢相后,王翰迁任仙州别驾,[1]李邕则因赃下狱。十五岁的杜甫目睹了这一系列剧变,终其一生难以忘怀。他借东汉蔡邕案比附李邕,将此番变故称为"洛阳之狱"。

彼时的李邕,已作为文坛巨擘享誉天下,尤其擅长碑志的撰写。同时,他还具备深厚的书法造诣,后世流传着"右军如龙,北海如象"[2]的说法,借佛家之语将其与王羲之并尊为书法史上的"龙象",足见其成就之高。文章书法的大手笔,加上豪爽好利的性格,使李邕久有卖文获财之名。州县府衙、寺观庙宇以及豪门大族,干谒李府求购墨宝者络绎不绝。久而久之,李邕的碑文散播四方,坟前塔下皆可见其碑志,所谓"干谒走其门,碑版照四裔。各满深望还,森然起凡例。萧萧白杨路,洞彻宝珠惠。龙宫塔庙涌,浩劫浮云卫"。李家也由此积累了巨额财富,屋宇瑰丽,室内铺着织物地毯,杜甫称为"丰屋珊瑚钩,骐驎织成罽"(《八哀诗·赠秘书监江夏李公邕》)。这些都与传统的文士形象相去甚远,难免令时人侧目。玄宗东封后返回洛阳,沿途州县皆有迎谒。李邕为表忠心,所献牛酒钱帛比其他地方官更为丰盛,加之进呈诗赋文章,因此获得了玄宗特别的垂青。李邕的高调行为引发了中书令张说的反感,[3]不过二人并无实质性矛盾。从宏观的政治背

<hr />

1 《旧唐书》卷190中《文苑中·王翰传》,第5039页。

2 [明]董其昌撰,叶子卿点校:《画禅室随笔》卷1《跋李北海缙云三帖》,杭州:浙江人民美术出版社,2016年,第47页。

3 《旧唐书》卷190中《文苑中·李邕传》,第5041页。

景来看，无论张说还是李邕，都以文学见称，与玄宗早年的宠臣姜皎诸人交好，与姚崇代表的吏治派水火不容。从具体的人事因由来看，李邕在东封前夕入计东都，刻意结交张说诸子及门生故吏，又借迎驾博得玄宗青睐，政治声望急增，甚至传出拜相的风声。尽管以李邕当时的资历，短期内并无入相可能，但这种呼声或传闻显然会影响玄宗的决策，使一些利益攸关者惴惴不安。种种因素叠加在一起，将开元十四年的李邕推向险地。

开元十四年夏秋之际，监察御史薛自劝[1]与其外甥、同为监察御史的库狄履温[2]首先发难弹奏，称李邕汴州迎驾的财物为奸赃所得，涉嫌渎职。顺着这条线索，薛自劝等进而发掘旧事，指出李邕在陈州及之前海州任上将官府蚕种和粮食借贷给百姓，借机转移官物，牟取私利。库狄履温由宇文融提拔，是宇文融当初委任的二十九名劝农判官之一，曾摄御史之职前往州县括户，与吕向、梁涉私交笃甚。[3]这批劝农判官出身的官员，后来"多至显

---

1 "薛自勤"应为"薛自劝（勸）"，字误。[唐]李邕:《谢恩慰谕表》，《全唐文》卷261，第2653—2654页；[清]劳格、赵钺撰，徐敏霞、王桂珍点校:《唐尚书省郎官石柱题名考》卷8《司勋员外郎》，北京:中华书局，1992年，第399页。

2 关于库狄履温当时的官职考证，参见[清]赵钺、劳格撰，张忱石点校《唐御史台精舍题名考》卷2《碑阴题名》，第44页；《元和姓纂》卷8《十一暮·库狄》，第1233页。

3 [唐]常衮:《咸阳县丞郭君墓志铭》，《全唐文》卷420，第4288页。

秩"[1]，与宇文融渊源深厚。事实上，李邕一旦作为宰相候选者入朝为官，最受影响的恰恰是宇文融。张说的继任者中，李元纮是救火宰相，资历较浅，很难说是玄宗心中首选；杜暹、萧嵩身兼边镇之职，对朝中决策影响不大；至于宇文融和裴耀卿，则都是典型的财政之相，言利获宠，长于财用。张说虽然罢相，但其政治影响巨大，此时如果李邕入朝，则朝局的天平将再次倒向文学派，而宇文融的拜相之事也会顿生变数。薛自劝和库狄履温背后的主谋隐藏很深，纵使李邕本人数年后上疏玄宗重提旧事，也只是点到了薛、库狄两个御史，并未提及他人。[2] 不过我们至少可以确定，李邕的下狱与他和张说间表面化的冲突无关，却与以宇文融为首的吏治派多有牵涉。

薛自劝和库狄履温的弹奏呈上后，李邕被召至洛阳讯问，收治下狱，不给饮水，身心备受摧残。五天以后，李邕已经"气息奄奄，惟吏是听"，狱吏口述罪状，他依样书写，录成口供，承认了"贷百姓蚕粮"和"市罗贡奉"两大罪状。[3] 尽管李家人多方奔

1　［唐］杜佑撰，王文锦等点校：《通典》卷7《食货七·历代盛衰户口》，北京：中华书局，1988年，第151页；《新唐书》卷134《宇文融传》，第4557—4558页。

2　［唐］李邕：《谢恩慰谕表》，《全唐文》卷261，第2653—2654页。

3　李邕下狱事的详情，在其妻温氏所上表中得以保留。该表在《全唐文》和《新唐书》中的文字存在较大差异，可互参读。［唐］温氏：《为夫谢罪表》，《全唐文》卷945，第9816页；《新唐书》卷202《文艺中·李邕传》，第5756页。

走，请托疏通，但转递百姓冤状的知匦使不予受理，朝廷也未予李家人宫申辩的机会。这份被迫录就的口供呈上后，李邕被定为"诈盗受赃"，依律当死。所谓"诈盗"，指"诸诈欺官私以取财物者"，参照盗取财物的判罚标准，对"监临主守诈取所监临主守之物，自从盗法，加凡盗二等，有官者除名"[1]。李邕将官府蚕粮贷给百姓，无论初衷如何，都难逃谋私之嫌。[2] 至于迎谒玄宗时贡奉的大量财帛，由于并非庸调等常规赋税，也极易被指为贪黩。作为州的最高长官，刺史对管内一切财物负责，属于"监临主守"。如果将带有赈济因素的借贷蚕粮以及为迎谒圣驾而额外征收的钱帛都算作赃物，那么李邕涉案的数额无疑非常巨大。按照凡盗之上再加二等的规定，他被断为死罪，并不令人意外。

消息传出，朝野哗然。许州布衣孔璋上书，盛赞李邕为官"拯孤恤穷，救乏赈惠，积而便散，家无私聚"，自己"甘受膏斧，以代邕死。臣之死，所谓落一毛；邕之生，有足照千里"[3]。面对强大的舆论压力，玄宗也意识到了李邕案背后复杂的党派纠葛。孔璋上疏后不久，朝廷便下发了对于李邕最终判决的诏书，诏称："陈州刺史李 [邕]（乐），诈盗受赃，其数甚广，法司断死，国有常

1　《唐律疏议》卷25《诈伪·诈欺官私以取财物》，第465页。

2　类似的案例，如后唐时期军将丁延徽"与专知官田继勋、杜延德，副知官赵德遵、杨仁祚等相徇私情，擅出官物，脚夫论告，赃状分明，及遣推穷，即称贷借"，构成赃罪。［后唐］李嗣源：《科决丁延徽等敕》，《全唐文》卷111，第1136页。

3　《旧唐书》卷190中《文苑中·李邕传》，第5041—5042页。

刑，时属发生，特申宽典，宜免死，贬为钦州遵化县尉员外置长任。"[1]钦州的地理位置已接近唐朝版图的最南端，十六年前宋之问就是被流往此处而死。"员外置长任"表明钦州遵化县尉并不缺人，李邕以员外增置的方式前往遵化县，但需实任其职（"长任"）。他看似绝境逢生，其实在政治上被彻底边缘化。诏书下达后，李邕妻子温氏上书朝廷，请求将李邕发往北方边镇，于军中效力，以期将来获得再次起用的机会。这封奏表没有得到任何明确的回复，李邕于当年冬天动身，前往钦州履职。至于仗义执言的孔璋，由于没有官职，被作为流人发配岭南，死于当地。

陈州赃案对李邕后半生的政治生涯影响极大，而且在当时的朝野之中激起巨大反响。案件发生时，距杜甫拜会李邕仅不到一年。唐朝的政治在短时间内激荡起伏。如果说张说罢相对于杜甫这样的布衣文士尚显遥远的话，那么李邕作为他近距离接触过的偶像，其下狱落难在他内心产生的震撼，则是无比巨大的。四十年后，杜甫将已故的李邕写入了著名的《八哀诗》，以"终悲洛阳狱，事近小臣毙"之语，对这桩陈年旧案给出了自己的评判。在杜甫看来，东汉蔡邕之狱系刘郃、阳球作梗，李邕之狱则为薛自劝、库狄履温罗织，两个同名的历史人物远隔数百年，都在洛阳下狱，最终又都逃过一劫，保全了性命。所谓"小臣毙"，指布衣

1　《册府元龟》卷150《帝王部·宽刑》，第1815页。原文作"李乐（樂）"，郁贤皓已指出为"李邕"之误，颇是。参见郁贤皓《唐刺史考全编》卷60《河南道·陈州》，第859页。

孔璋上书而流死岭南，此事不仅为时论所重，也令李邕终生感怀。李邕死后，其不足五百字的墓志中就专门以"布衣孔璋，请以身赎，事虽不从，感之是难"[1]十六字记载此事，适足为证。而杜甫将之写入《八哀诗》，充分体现出他对李邕的了解与尊重。[2]终杜甫一生，他坚信李邕在此案中是清白无辜的。陈州之案没有撼动李邕在他心中的地位，反而令这种崇拜更加坚定。

三、吴越之行

李邕离开洛阳时，杜闲可能携子去送行。天宝四载杜甫在济南历下之会陪奉李邕时，曾有"重叙东都别"（《八哀诗·赠秘书监江夏李公邕》）之说。这里的"东都别"，未必对应某次确定的事件，而更像是对此前二人交往的泛指，其中很可能就包括开元十四年李邕南贬时的饯行。李邕一路南行，于开元十五年（727）

1　《唐代墓志汇编》大历009《唐故北海郡守赠秘书监江夏李公墓志铭并序》，第1766页。

2　"终悲洛阳狱，事近小臣敝"两句诗，长期以来被误认为指天宝六载李邕被韦坚案牵连受诛，这是一个极大的误解，主要理由在正文中已经表述。事实上，《八哀诗》对李邕生平的记载采用正叙方式，依次涉及面折二张、陈州之狱、历下宴集、韦坚之案四个代表性事件。李邕之死在篇末专门提及（"坡陀青州血"），若在正叙中横插一句韦坚案，在行文上也是完全说不通的。

正月途经端州（今肇庆市），写下了著名的文章《石室记》。[1] 由此来看，他当时的心境不算十分差，这可能与妻子温氏上书有关。尽管朝廷没有明确回复，但在边镇效力以求仕进的请求其实是有效果的。唐朝将岭南分成五个部分管辖，广州都督府治广州，桂管经略使治桂州（今桂林市），容管经略使治容州（今玉林市），邕管经略使治邕州（今南宁市），安南都护治交州（今越南河内市）。开元十年，安南当地的部族首领梅玄成叛乱称帝，勾结南部林邑、真腊诸国进攻交州，玄宗派右监门卫将军、宦官杨思勖率军平叛。杨思勖本姓苏，为岭南罗州（今廉江市）人，此地与李邕流放的钦州紧邻。身为岭南土著的他深谙当地物情，到岭表后先募集了十多万溪洞蛮兵，与唐朝的正规军互为支援，长驱直入安南，顺利平叛。杨思勖一战成名，此后数次南方蛮族叛乱，玄宗都交由他去处置。开元十三年，杨思勖扈从东封，加骠骑大将军。次年二月，邕州首领梁大海叛乱，杨思勖奉诏前往讨平。李邕途经端州时，梁大海叛乱刚被平定，他很可能拜会了尚未北返的杨思勖，表达了随军作战的意愿。这次会面对李邕颇为关键，杨思勖成为他东山再起的贵人。

李邕离开后不久，杜甫遇到了未来的一生挚友苏预（代宗即位后，避讳改名为苏源明）。苏预是京兆武功人，少年时父母逝世，被迫迁往徐、兖一带讨生活，后来在兖州北部的泰山之中读书十年。山上食物匮乏，饥肠辘辘的苏预经常到泰山东麓的莱芜

1　［唐］王化清：《游石室新记》，《唐文续拾》卷5，《全唐文》，第11227页。

县城换米，又追着落日赶回山中生火，往往入夜后才吃第一口饭，凄凉之景常令他黯然自伤。夜间没有蜡烛，他只能点燃小树枝，借着忽闪不定的火光看书。日常起居无人照料，衣服都捂出了霉斑。十年辛苦终获回报，开元十五年正月五日，玄宗下制，"草泽有文武高才，令诣阙自举"[1]，苏预上表自荐，[2]同时又参加了当月的进士考试。最终他通过了集贤殿试，同时也进士及第。[3]这段经历被杜甫总结为："武功少也孤，徒步客徐兖。读书东岳中，十载考坟典。时下莱芜郭，忍饥浮云巘。负米晚为身，每食脸必泫。夜字照爇薪，垢衣生碧藓。庶以勤苦志，报兹劬劳显。学蔚醇儒姿，文包旧史善。洒落辞幽人，归来潜京辇。射君东堂策，宗匠集精选。制可题未干，乙科已大阐。"（《八哀诗·故秘书少监武功苏公源明》）对于起自草泽的苏预来说，试赋集贤加进士及第的释褐方式堪称完美。房琯、苏预的入仕方式是封禅前后文人仕进的一个缩影，对杜甫产生了潜移默化的影响。在后来求取功名的路上，杜甫总是在最难的进士科与主观性很强的献赋之间游走，呈现出一种非此即彼的极端心态，其实这是对早年科举印象潜在的

1　《旧唐书》卷8《玄宗纪上》，第190页。

2　苏预《自荐表》称"伏奉今年正月五日制，诣阙自举"，与上引《旧唐书》相符，知其于开元十五年及第。[唐]苏源明：《自举表》，《全唐文》卷373，第3794—3795页。

3　关于苏预早年经历，《新唐书》称"少孤，寓居徐、兖。工文辞，有名天宝间。及进士第，更试集贤院"，颇有将及第时间系于天宝间的意思，实误。《新唐书》卷202《文苑中·苏源明传》，第5771—5772页。

反馈。

对于杜甫来说，两年前初入文场骤得盛名已成过往，这个曾在东都宴会中趋奉的少年，已日渐接近冠礼，他需要得到进一步的荐引，以便早日获得乡贡进士资格，奋战科场求取仕进。十七岁的杜甫将目光投向了江东的吴越之地。在此时的苏州，生活着一位与杜家关系密切的人，他就是杜审言的同僚与挚友武平一。玄宗即位以后，武平一自韶州北迁，任郴州司法参军事，[1] 数年后迁任苏州司功参军事，来到了风物秀美的吴地。武平一在苏州的生活悠闲富足，专程拜访他的文士王湾曾写下《晚春诣苏州敬赠武员外》一诗，记录了他初到苏州的起居情形。从王湾的诗可以得知，刚到苏州的武平一（"持此功曹掾，初离华省郎"）便有着

---

1 在《徐氏法书记》中，武平一称其玄宗初年曾与薛崇允"连官"。《薛崇允墓志》已出土，志称其"属亲累，贬授溱州司户。岁几，奉恩诏量移郴州司士"。据《唐六典》，知上州有司士参军士，中州、下州无司士，由司法参军事兼领其事。唐人所谓的"连官"，指职掌互补或密切相关的两个官职，它们可能是上下级，也可能属于不同系统。按理说，郴州并非上州，没有司士之职，薛崇允可能是以员外官膺任司法参军，专管司士。史料不足不便臆测，但至少可以确定与之"连官"的武平一，其官职当为郴州司法参军士。参见［唐］武平一《徐氏法书记》，《全唐文》卷268，第2725页；张永华、赵文成、赵君平编《秦晋豫新出墓志蒐佚三编》429《唐薛崇允墓志》，北京：国家图书馆出版社，2020年，第575页；《唐六典》卷30《上州中州下州》，第745—747页。

"别业对南浦，群书满北堂"[1]的居住环境，在城南筑有别业，南临松江，藏书满屋。[2]此后史料所见的武平一仕宦履历，基本在苏州、宣州一带。开元十至十二年间（722—724），武平一在宣州（今宣城市）任职，曾为东门之修建撰写颂文，并与邢巨同游琴溪。[3]大约在玄宗东封前后，他迁任润州金坛（今常州市金坛区）县令。[4]此时的武平一大约五十岁，修文馆学士和考功员外郎知贡举的经历，使他在开元中期的文坛享有盛誉。王翰门客祖咏就曾往金坛拜谒武平一，[5]另一金坛土著储光羲更是将武平一比为信陵君。同时，杜审言死时将文集之事委托于宋之问和武平一，而宋南贬后不久便被赐自尽，连宋自己的文集也是由武平一编成。据

1 ［唐］王湾：《晚春诣苏州敬赠武员外》；《全唐诗》卷115，第1170—1171页。

2 《元和郡县图志》载："松江，在县南五十里，经昆山入海。"王湾以"南浦"喻松江。［唐］李吉甫撰，贺次君点校：《元和郡县图志》卷25《江南道一·苏州》，第601页。

3 参见［唐］武平一《东门颂》，《全唐文》卷268，第2720—2722页；［唐］邢巨《游宣州琴溪同武平一作》，《全唐诗》卷117，第1183页。

4 储光羲《舟中别武金坛》有"忽乃异群萃，高歌信陵门"之语，以武平一门客自诩，为其及第前所作。储光羲开元十四年（726）进士及第，则武平一迁任金坛令当在开元十三年（725）及以前。［唐］储光羲：《舟中别武金坛》，《全唐诗》卷137，第1392页。

5 祖咏有《渡淮河寄平一》诗，是北返渡淮时所作，知其同样是武平一在苏州时前往拜会。至于是否与杜甫一同前往，则不得而知。［唐］祖咏：《渡淮河寄平一》，《全唐诗》卷131，第1331页。

此来看，杜审言和宋之问的文稿，很可能是在宋之问自尽且玄宗即位后，在朝政逐渐趋于稳定的大环境下，方才由武平一携至江东，在宣州和苏州任内逐渐编成。杜甫此番南行，显然有拜谒武平一的目的在内。

吴越之行的另一层原因则在于探访亲戚。杜甫继祖母老杜卢氏所生的子女中，三叔杜登曾任湖州武康（今湖州市德清县）县尉，五姑嫁给了会稽贺㧑，贺㧑曾任苏州常熟县主簿。会稽县是唐代越州治所，当地贺氏为江东大族。从杜诗"诸姑今海畔"（《送舍弟颖赴齐州三首》）的说法来看，五姑一家有可能居于越州贺氏祖宅，也可能随贺㧑之官居于苏州，这两处正是杜甫东南之行的主要停留地。至于叔父杜登，此时约三十四岁，不排除就在这一时期膺任武康县尉。无论如何，杜家诸人在当地为官或生活，为杜甫东下吴越提供了客观条件。

开元十六年（728）年初，杜甫自洛阳启程，开始了他的吴越之行。据其"东下姑苏台"的说法，结合唐代江淮转运的大致方向，不难复原出杜甫此行的路线。从洛阳到苏州有两条主要路线：一条是由洛阳东行至汴州（今开封市），沿汴水东行，经宋州（今商丘市）北境至徐州，再沿泗水东南行至淮阴县，沿淮水东行至楚州（今淮安市淮阴区），转运河南行至扬州，渡江至润州（今镇江市）；另一条是由洛阳南行至汝州（今汝州市），沿汝水或小汝

杜甫吴越之行示意图

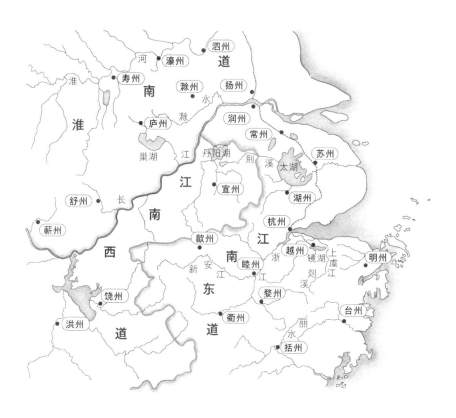

水东南入淮，[1] 再由淮水东行至寿州（今淮南市寿县），换陆路经滁州（今滁州市），渡长江至润州江宁县（今南京市），进入传统意义上的江东之地。这两条路线，唐人都称之为"东下"。乾元元年（758）杜甫送别许登的诗提供了部分侧证。当时许登要从京师长安返回润州江宁探亲，杜甫诗中有"淮阴清夜驿，京口渡江航"（《送许八拾遗归江宁觐省》）之句。这首诗的后半部分本来就是杜甫对当年在江宁许家观维摩诘图的个人回忆，因此有关行程的细节，很难说不掺有自身的记忆。夜色中的淮阴驿站、京口（润州）岸边渡江的航船诸种意象，应当正来自吴越之行。这种推测还有另一个佐证，即与杜甫同受王翰奖掖的祖咏，有《渡淮河寄平一》诗，称"微微汉祖庙，隐隐江陵渚"[2]，也是经润、扬北走运河入淮。如果祖咏此番与杜甫一道拜访武平一，则其行程亦可为印证。综合推测，杜甫吴越之行较为合理的路线：去程选择西线，经汝水入淮；回程则选取东线，经扬、徐诸州，溯泗、汴而回。

途经仙州（今平顶山市叶县）时，杜甫可能再次拜会了正任

1　自汝、仙、许诸州入淮，都需经郾城走水路，其西线为汝水，东线为小汝水。唐后期征讨淮西时，曾"置淮颍水运使，运扬子院米，自淮阴溯流至寿州，四十里入颍口，又溯流至颍州沈丘界，五百里至于项城，又溯流五百里入溵河，又三百里输于郾城"。这说明东线小汝水此前并非转运首选，可推知西线汝水入淮更为常见。尽管作为专门的转运通道开辟得较晚，但显然东线水路运输是长期存在的。《旧唐书》卷15《宪宗纪下》，第458页。

2　[唐]祖咏：《渡淮河寄平一》，《全唐诗》卷131，第1331页。

仙州别驾的王翰。王翰是武平一的门生，杜甫在拜访武平一前先见王翰，既叙东都旧事，也为初见武平一增加一些引荐。此时的王翰被许、汝间名士文人竞相趋捧，座中常客包括年轻的文士祖咏和杜华。据说杜华在当年王翰初至洛阳时，曾主动"卜居"，希望与王翰"为邻"[1]。值得注意的是，杜甫同样有着"王翰愿卜邻"（《奉赠韦左丞丈二十二韵》）的少年记忆，两则如出一辙的掌故表明，王翰曾是杜甫、祖咏、杜华间一条关键纽带。同时，不排除杜甫东下吴越时祖咏相伴同行的可能性。

　　杜甫吴越之行的第一站是江宁。江宁是六朝古都，又称建康或金陵，风物秀美，古迹众多。在江宁，杜甫结识了和尚旻上人，二人一起弈棋，入山涧竹林游赏，在湖上泛舟吟诗。同时结识的，还有当地文士许登。江宁县的瓦官寺中，有一幅东晋顾恺之所绘的维摩诘画像，[2] 声闻东南。杜甫对此心驰已久，最终在许登家中得见虎头将军真迹。多年后的乾元元年春，已在门下省任左拾遗的杜甫送许登南行，以"看画曾饥渴，追踪恨渺茫。虎头金粟影，神妙独难忘"（《送许八拾遗归江宁觐省》）之语，道出当年江宁看画的生动情形。借许登返乡之机，杜甫赋诗托其转交旻上人，开篇即道："不见旻公三十年，封书寄与泪潺湲。"（《因许八寄江宁

1　［元］辛文房撰，傅璇琮校笺：《唐才子传校笺》卷1《王翰》，北京：中华书局，1987年，第147页。

2　［唐］黄元之：《润州江宁县瓦棺寺维摩诘画像碑》，《全唐文》卷266，第2698—2701页。

旻上人》）自乾元元年上推三十年，正是开元十六年，[1] 这也使我们得以确知杜甫吴越之行的可靠时间。

江宁之游结束后，杜甫继续东行至金坛。如果我们的推测不差，则他在这里会专程拜访祖父旧交武平一。从金坛再往东行，便到了苏州。这座太湖东岸的古城是先秦吴国的国都，又见证了晋室南渡后王谢大族的兴衰。从东汉到隋初，它被称为吴郡，开皇九年（589）隋文帝灭陈后，才以姑苏山为名，改此地名为苏州。穿过城西的阊门往西北行，清庙回塘交相照映，山势渐起之处，即为虎丘山，是吴王阖闾埋骨之处，此时已荒芜莫辨。据说秦始皇及孙权都曾令人凿过这座古墓，然一无所获，所凿之处日久而成深涧，[2] 石壁狭窄逼仄，讹为"剑池"。时当春末夏初，州城西南的长洲苑菱荷翠绿，清香袭人。

苏州之行后，杜甫转而南下，在杭州渡过浙江（今钱塘江）前往越州（今绍兴市）。吴、越于此分野，对岸是越国旧地，唐人

1　传统观点认为杜甫是在开元十九年（731）以后游吴越，则与旻公暌违只有二十七年时间，张忠纲等人为求调和，认为是"举成数而言"。这是值得商榷的。杜诗提到的时间，往往都很精确，比如大历五年（770）忆开元十八年（730）安邑之行，称"往别郇瑕地，于今四十年"；又如大历二年（767）回忆开元五年（717）事，称"五十年间似反掌"。二十七年与三十年差距明显，很难说是举其成数。[唐]杜甫撰，萧涤非、张忠纲等校注：《杜甫全集校注》附录一《杜甫年谱简编》，第6513页。

2　《元和郡县图志》卷25《江南道一·苏州》，第601页。

称为"越中"，越王勾践渡江北上击败吴国，秦始皇也曾东巡至此。在越州，杜甫品尝到了鲜美的蒸鱼，边吃边听主家绘声绘色地讲述专诸藏匕首于鱼腹以刺吴王僚的故事。除了富有传奇色彩的吴越旧事，越州治所会稽县还代代流传着汉朝朱买臣为妻所弃，最后官至太守羞辱其妻的市井掌故。越州城南、会稽山北，是东汉以来世代泽被当地的大型水利工程镜湖，据说溉田达九千顷。[1]时当五月盛夏，湖面仍有难得的一丝凉意。杜甫由镜湖往南进入会稽山，在越、婺两州交界的东阳县换船，顺剡溪折而北行，开始返程。

令人略感困惑的是，剡溪东岸即是著名的天姥山，但杜甫并未登山，他称为"归帆拂天姥"，只是在舟行之中远远眺望。这个并不寻常的细节暗示我们，杜甫的吴越之行要么是得到某种消息提前结束，要么是本来已规划好有限的时间行程。无论哪一种可能，都指向一件事，即杜甫匆匆登上北返的"归帆"，是要"中岁贡旧乡"。也就是说，开元十六年夏末，杜甫已经得到了明确的信号，有机会获取乡贡进士资格，准备科举考试了。

四、忤下考功

杜甫首次参加科举的时间，一般有开元二十三年（735）和

1　《元和郡县图志》卷26《江南道二·越州》，第619页。

开元二十四年（736）两种说法。持开元二十三年说者，主要根据《定命录》关于崔圆早年应举的一段记载："开元二十三年，应将帅举科，又于河南府充乡贡进士。其日正于福唐观试，遇敕下，便于试场中唤将，拜执戟参谋河西军事。"[1] 以此认为当年科举在东都举行，即杜甫"中岁贡旧乡"的含义。不过崔圆参加的是东都乡试，[2] 没有任何史料证明开元二十三年的科举在东都举行。就制度演变而言，唐代东都贡举的正式设立，晚至四十年后的代宗朝。[3] 至于"旧乡"，则其实是指杜家本贯京兆杜陵，并非东都洛阳。持开元二十四年说者，主要依据《唐会要》的记载："考功员外郎，贞观已后知贡举。至开元二十四年三月十二日，以员外郎李昂为举人李权所讼，乃移贡举于礼部也。"[4] 杜甫既称"忤下考功第"，则应于开元二十四年参加科举。诚然，杜甫在晚年回忆中明确提到，自己的初次科举是在考功司知贡举的时代，但这并不意味着他只能参加最后一次考功知贡举的考试。要之，两种观点其实都缺乏可靠的证据。

那么是否可以将杜甫初次应试的时间顺次往前推一两年

1　《太平广记》卷222《相二·李含章》，第1705页。

2　[唐]杜甫撰，谢思炜校注：《杜甫集校注》卷6《壮游》，第939—940页。

3　勾利军：《唐代东都分司官研究》，上海：上海古籍出版社，2007年，第57—60页。

4　《唐会要》卷58《尚书省诸司中·考功员外郎》，第1184页。

呢?[1]答案是否定的。解决这个问题的关键,在于杜甫自己说:"忤下考功第,独辞京尹堂。"这是一个非常情绪化的表述,潜台词是:讨厌考功员外郎,唯独敬重京兆尹。此语出自杜甫晚年自传性长诗《壮游》,充满怨愤之情。翻检此前数年知贡举的考功员外郎名单,开元二十三年和二十二年为孙逖,开元二十一年为席豫,开元二十年和十九年为裴敦复,三人都是玄宗朝著名文官,其中孙、席二人累历清秩,行事谨慎。特别是孙逖,可以说是玄宗朝文官的标杆,声望极高,又是封禅前夕杜闲主动交结的文学派核心人物。如果杜甫这样直白地讥讽孙逖或席豫,不光于私情不符,也犯了天下士人之不韪。至于裴敦复,与李邕同为天宝四载夏济南之会的核心人物,是杜甫西入长安前攀附拜会过的前辈。孙、席、裴三人都不可能成为杜甫指斥记恨的对象。

事实上,用"忤下考功第"这样的话公开指责一个真实人物,一定是在当时人们对他有某种共识,而被晚年杜甫恶语相向的,应当是开元十八年(730)的知贡举者刘日政。此人是开元九年宇文融派往天下检括逃户的第一批劝农判官,[2]比罗告李邕的库狄履温资历还老。自开元九年起,刘日政由正九品下的洛阳县尉,擢

1　谢思炜据此认为,杜甫参加的是开元二十三年的科举,将时间仅提前一年。参见﹝唐﹞杜甫撰,谢思炜校注《杜甫集校注》"杜甫年谱简编",第3099页。

2　《唐会要》记作"刘日贞",为同一人。《唐会要》卷85《逃户》,第1852页。

升为八品的监察御史,[1] 至开元十八年为从六品上的考功员外郎,升迁可谓迅速。杜甫的家庭长期以来更多依赖的是杜审言留下的人脉关系,而杜审言归根结底仍属于文学派。相比之下,杜家与吏治派的关系就要生疏许多。无论是之前的姚崇,还是后来的宇文融,对于文学派的态度都相当冷漠,甚至对李邕这样锋芒外露者不惜罗织下狱。最为关键的是,从出土的墓志史料来看,刘日政后来参与了安史之乱,追随安禄山反叛唐朝。在北京延庆新发现的《刘日用墓志》中,有如下记载:

> 累斑朝命,历授云麾将军。御凳龙轩,玉阶警肃。香街复道,清跸严防。……苍蝇点白,黜在平卢。属裹乱未宁,流窜罪叙。久沉远塞,疴□□□。疾弊相□,卒于平卢之私第也,享年六十三。……有令季北郡使兼儒价州刺史、平州刺史、卢龙军使、云麾将军、右武卫大将军日政……[2]

刘日政为志主刘日用季弟。刘日用本任职于禁军,宝应政变后被迁往平卢军,永泰二年(大历元年,766)卒于官舍。其弟刘

1　《唐御史台精舍题名考》卷2《碑阴题名》,第47页。

2　王伯轩:《延庆三方唐代墓志考释》,中央民族大学硕士学位论文,2014年,第11—12页;王伯轩:《唐刘日用墓志考释》,《北方民族考古》第7辑,北京:科学出版社,2019年,第273页。

日政的官职非常值得注意，平州（今秦皇岛市卢龙县）刺史兼卢龙军使，全权掌控卢龙军；儒价州（今北京市延庆区）刺史兼北郡使，同时控制着幽州北部紧邻的儒价州；武职则为三品的右武卫大将军。永泰二年的幽州卢龙军节度使为李怀仙，系安史河北降将，战后首任幽州节度使。此时的幽州节度使例带卢龙之号，但卢龙军的实际管理由平州刺史施行。从刘日政的官职特点来看，他是典型的归附唐朝的安史降将。杜甫《壮游》作于大历元年（766）或二年（767），其时刘日政叛而归唐的情况世所共知，其人又远在平州，直斥无妨。

当然，我们将杜甫初应科举系于开元十八年，并不仅仅因为刘日政这样一个旁证。杜甫初试的具体时间，仍要回到他自己的记述中来看，即"归帆拂天姥，中岁贡旧乡"。他说得很清楚：我在结束吴越之行后，于"中岁"应乡贡并参加科举。在唐人语境中，"中岁"大致有三种含义：一指中间的时光，二指人的中年，三则泛指成年以后，与少年相对。[1]《壮游》先叙七八岁至十四五岁的少年时光，因此随后的"中岁"当为第三种含义，指成年之后。十八九岁的年纪，杜甫称之为"差池弱冠年"（《哭韦大夫之

---

[1] 韩翃《赠兖州孟都督》："少年亲事冠军侯，中岁仍迁北兖州。"其《送王诞渤海使赴李太守行营》："少年结客散黄金，中岁连兵扫绿林。"均以"中岁"对"少年"，为成年泛称。[唐]韩翃：《赠兖州孟都督》，《全唐诗》卷243，第2733页；[唐]韩翃：《送王诞渤海使赴李太守行营》，《全唐诗》卷245，第2751页。

晋》），正是行冠礼前，属于广义上的"中岁"。

这一推测可从杜甫的另一表述上得到印证，即他对韦济说的"甫昔少年日，早充观国宾"（《奉赠韦左丞丈二十二韵》）。何为"观国宾"？"国"指国都，"观国"就是去京城见大世面。这个源自《左传》的陈年典故，在唐代成为举子们的日常习语，指获得乡贡资格、赴京师参加科举。名列贞元八年（792）"龙虎榜"的欧阳詹曾回忆："予年二十有一，公范与群公则可予以进士之目，而有令予观国之心。"[1]欧阳詹三十八岁进士及第，但在二十一岁便被同辈鼓动去争取乡贡进京赴考。五代时的任赞进一步将这个过程总结为"圣代设科，贡闱取士，必自乡荐，来观国光"[2]。杜甫巧妙地借用了"观国宾"的双关含义，既以本义指其当初欣逢东封盛事，在洛阳与李邕、王翰诸人相会，得观大国之光；又用衍申义暗指自己早年获取京兆府乡贡进士资格。实际上，杜甫十八岁获得乡贡资格固然不晚，但在唐人中并不算早。有唐一代，弱岁而为乡贡进士者大有人在，其中不乏十三四岁的少年。杜甫所谓的"早充"，多少有一点勉强。但从本质上讲，"早充观国宾"与"中岁贡旧乡"并不矛盾。它们指向同一事实，即杜甫十八九岁时获得乡贡资格。

获得乡贡资格，唐人称为"取解"，原则上说需要在本贯（本

1　[唐]欧阳詹：《与王式书》，《全唐文》卷596，第6022页。

2　[五代]任赞：《请州县官先考试贡举人表》，《全唐文》卷850，第8929页。

人籍贯）取得。关于杜甫的籍贯，正史中称为"本襄阳人，后徙河南巩县"，但杜家真正自称是"京兆杜陵人"，这才是他的"本贯"[1]。根据出土的《崔尚墓志》，可以看到晚年的杜审言对人自称是京兆杜氏；[2] 杜甫在《进三大礼赋表》中，对玄宗也明确自称"杜陵诸生"。"诸生"在唐代指涉广泛，从狭义上说，专指国子监、弘文馆等生徒，这个群体的数量是有限的；从广义上说，则泛指一切尚未释褐为官的读书人，如李德裕年轻时"耻与诸生从乡赋，不喜科试"[3]，就是这个意思。杜甫所说的"杜陵诸生"是后一种含义，指贯属杜陵的读书人。

能够作为京兆府的乡贡进士参加科举，殊为不易。本来，唐人入仕的途径非常多元，包括科举、门荫、军功、荐举、入幕等等，其中最主流的两个途径则始终是科举和门荫。对于少年杜甫来说，门荫入仕是没有机会的。在开元十七年前后，杜闲尚未做到五品以上职事官，无法给子辈以门荫。至于杜甫的祖父杜审言，生前官至从六品的员外郎，死后虽获赠从五品的著作郎，但赠官

1　贞元年间，独孤郁论及逃户与客户问题时，建议朝廷将客户"所在编为土著，不即归之旧乡"。这里的"旧乡"指本贯。对于杜家而言，其本贯正是京兆杜陵。[唐]独孤郁：《对才识兼茂明于体用策》，《全唐文》卷683，第6985页。

2　《唐故陈王府长史崔君（尚）志文》，《全唐文补遗》第9辑，第364页。

3　《旧唐书》卷174《李德裕传》，第4509页。

用荫需降一等。因此，杜审言同样没有门荫给予子孙。[1]这样一来，少年杜甫的仕宦出路，就只有科举一条。而在进士与明经科中，唐人更看重进士科，杜甫同样如此。

青年杜甫对于进士科的执着，可由天宝九载（750）的《奉赠韦左丞丈二十二韵》找到答案。在这首著名的诗作中，杜甫以较为隐晦的方式向韦济倾诉了自己早年曾面临的选择困境："自谓颇挺出，立登要路津。致君尧舜上，再使风俗淳。"何为"要路津"？作为诗歌词汇，它固然早在汉乐府中便已出现，彼时所用为其本义，即重要的路口和渡口，但是唐人更多的是用其衍生义。就仕进而言，"要路津"指的是通过进士科登第。比杜甫年长一些的王泠然，曾致书宰相张说，称其由裴耀卿擢进士第，又被王丘授以清要，"若无明鉴，宁处要津"[2]。杜甫所谓的"立登要路津"，其实就是登进士科之第。青年杜甫一开始便立志，以进士科入仕。开元十七年京兆府取解，可以视为杜甫实现仕宦理想的关键一步。

自吴越之地返回的杜甫心高气傲，像许多才华横溢的举子一样，"气劘屈贾垒，目短曹刘墙"（《壮游》）。[3]屈原、贾谊、曹植、

1　很多研究者认为杜甫的门荫资格来自其祖杜审言，这是一种想当然的看法。

2　[唐]王泠然：《论荐书》，《全唐文》卷294，第2981页。

3　唐人应科举，多有此类比，如"纳贾马之降旗""破曹刘之坚垒"。[唐]裴廷裕：《大唐故内枢密使特进左领军卫上将军知内侍省事上柱国濮阳郡开国侯食邑一千户食实封一百户吴公墓志铭并序》，《全唐文》卷841，第8844页。

刘桢四位古人，都是唐代举子心中追捧的文学大家，而更为常见的是以司马相如取代屈原，称"贾马曹刘"[1]。他在州试中大放异彩，成功获得乡贡资格，使他对自己的才华过于自信。杜家自杜审言起便在京师置有宅第，杜闲也曾在长安以西的武功县任县尉，因而杜甫此前很可能来过京师。当然相对而言，他更熟悉的还是东都及其周边。开元十八年正月的一个清晨，在长安城漆黑的夜色中，杜甫随着浩浩荡荡的举子队伍，鱼贯进入尚书省廊下，开始进士科的考试。这是他自幼梦寐以求的神圣时刻。唐代进士科需要考试时务策以及文章诗赋，时间从辰时（7—9时）一直持续到酉时（17—19时），并可以适当延长。由于史料的缺失，今天已无法看到杜甫的对策文章及诗作。遗憾的是，自信满满的杜甫的进士考试，最终以落第告终。

五、独辞京尹

杜甫初试不第的深层原因，在于他遇上了唐朝铨选制度的大变革。唐朝立国以后，随着科举制度的逐渐完善，更多士人举子得以通过常科、制举等方式跻身仕途。除此之外，门荫、军功、入

1　如大历年间进士黎逄就曾以"曹刘麏至，贾马云屯"来形象地描写诸贡举人齐集含元殿前等候朝见的情形。[唐]黎逄：《贡举人见于含元殿赋》，《全唐文》卷482，第4922页。

幕等也为读书人提供了更为多元的入仕选择。武则天临朝后，进一步扩大了科举取士的规模。为了易唐为周，大力清洗高宗朝旧僚，朝廷通过试、检校等方式，在各级官职常额之外又增设了大量员外官，官制渐趋紊乱。及至玄宗即位，选人壅滞的问题已相当严重。对此，吏部最初的解决方案是任人唯才，能者得迁。这种对策固然使得贤能之人有机会从冗滥的官员群体中脱颖而出，但对于大部分官员来说则越发无望，很多人终其一生徘徊于县尉、主簿等低级职任，更有甚者，获得出身二十多年却仍未等到官缺。

开元九年张说第三次拜相后，大权独揽，但对于选人问题拿不出解决方案。开元十三年的封禅占去了唐廷当时的主要精力，等到车驾返回东都，已时至年底，吏部堆积了大量待选官员的档案，眼看铨选已无法完成。按照惯例，文官的铨选由吏部尚书和两位侍郎分头主持，称为"三铨"。每一铨的注拟工作（即授官提议）完成后，将建议授官的结果分类整理出来，是为"团甲"。三铨的团甲都会呈递尚书左、右仆射审核，最终确定当年的官职选授。[1] 此时，宇文融等人密奏玄宗，建议将吏部分为十铨，由礼部尚书苏颋等十人分掌选事。十铨的注拟结果直接进呈玄宗，于禁中决定，原本负责铨选的吏部尚书与侍郎则被完全排除在外。[2]这一举措将尚书右丞相张说的人事权悉数架空，招致燕公的坚决反对。尽管十铨之设昙花一现，次年便在巨大争议中恢复旧制，

1　《唐六典》卷2《尚书吏部·吏部尚书》，第28页。

2　《资治通鉴》卷212"开元十三年十二月"条，第6769页。

但此事直接激化了张说与宇文融的矛盾。张说罢相后，户部侍郎李元纮、黄门侍郎杜暹先后同平章事，到开元十四年九月，形成了"源杜李"三相秉政的局面。但杜暹久在安西任职，缺乏朝政应对的经验，拜相后与李元纮关系不睦。[1]加上资历最老的源乾曜向来明哲保身，使得"源杜李"时代的相权较为弱势。

此时，宇文融与张说之间的内斗仍在持续。开元十五年二月，玄宗为绝党争之患，令尚书右丞相张说致仕，御史大夫崔隐甫免官，御史中丞宇文融外任魏州刺史。不过宇文融此番外任是为随后的重用作准备。开元十六年正月，宇文融迁任户部侍郎兼魏州刺史，充河北道宣抚使，不久又检校汴州刺史，充河南北沟渠堤堰决九河使，负责黄河河道疏理与灌溉。玄宗的意图已经非常明显，他要让宇文融执掌户部财政大权，从而拜相。至于尸位素餐的源乾曜和矛盾重重的杜、李，他们在玄宗心中的地位不断下降。按照"出将入相"的传统，他将目光投向了御边有方的六旬老臣萧嵩（668—749），于当年十一月将其从河西征入朝中，以兵部尚书同平章事。[2]开元十七年（729）六月，源、杜、李同日罢相，萧嵩兼任中书令，宇文融自户部侍郎迁为黄门侍郎，裴光庭为中书侍郎，并同平章事。宇文融任相仅有百日。九月，他因与信安王李祎交恶而罢相，先贬为汝州刺史，再贬平乐（今桂林市平乐县）尉，至岭南后又流放岩州（今贵港市西南），卒于道中。此

1　《旧唐书》卷98《杜暹传》，第3076—3077页。

2　《旧唐书》卷99《萧嵩传》，第3094—3095页。

后，裴光庭转任侍中，与中书令萧嵩共掌朝政。开元十八年四月，裴光庭兼任吏部尚书，针对选人问题给出了一套完整的解决方案，即著名的"循资格"。

裴光庭推出的循资格，简言之，即六品以下官员无论贤愚，均按年资循级而迁，年限足够方可升迁，不得逾级。这一方案获得大批沉滞底层官员的拥护，被誉为"圣书"，"而才俊之士无不怨叹"[1]，争议巨大。循资格是唐朝中期选官制度的一次重大变革，它背后反映的已经不止于制度分歧，而是一个社会性问题，裴光庭只是将这一理念制度化的推手。事实上即便没有裴光庭，循资注拟也是唐朝官制一个必然的发展方向。既明于此，我们不妨将视线推移到开元十八年科举前夜的整体政治背景。彼时，封禅掀起的文学风潮已退去数年，新任宰相裴光庭即将兼掌吏部，循资授官的举措呼之欲出。随着与文学派素无瓜葛的刘日政受命执掌贡举，杜甫此次应举已然失去了基本的人和因素。

开元十五年致仕后的张说在家中度过了两年平静的修史岁月。虽然玄宗时常遣使顾问国家大政，但此时的张说实际上已经逐渐远离了中央决策圈。开元十七年二月，玄宗准备亲谒桥陵等五座先帝陵寝，又将张说起复为尚书左丞相、集贤院学士，让他领衔修撰谒陵仪注。修撰于当年如期完成，张说的文散官加到了最高的开府仪同三司（从一品），长子张均任中书舍人，次子张垍尚宁亲公主，季子张垠为门下省从六品的符宝郎，掌管天子玺印。

1　《资治通鉴》卷213"开元十八年四月"条，第6789页。

晚年的张说主要在为三个儿子谋取仕进之路,他将家族的政治前途寄托在了玄宗第三子,忠王李浚(后改名玙、绍、亨,即肃宗)身上。忠王生于睿宗景云二年(711),当时李隆基还是太子,受到太平公主一派的不断打压。太子妃杨氏怀胎期间,李隆基向张说透露,说现在有人不希望我多子多胤,我怕他们对杨氏下手。他让张说用堕胎药打掉杨氏肚中的孩子。张说没有立即照做,而是借给李隆基解梦的机会,设法打消了令杨氏堕胎的想法。[1] 被张说保下来的孩子,就是后来的忠王。忠王自幼知晓这段往事,它也成为联结忠王与张说的一个重要感情纽带。

时间来到了开元十八年。这一年对唐朝来说可谓多事之秋,循资格掀起的轩然大波尚未平息,在遥远的营州(今朝阳市),契丹衙官可突干杀死国王李邵固,裹胁奚一同叛离唐朝,投降突厥。一时间,唐朝东北边疆风云骤变,幽州节度使赵含章受命御敌。六月,由于前线兵力告急,玄宗下诏于关内、河东、河南、河北诸道召募勇士,命忠王李浚为河北道行军元帅,御史大夫李朝隐、京兆尹裴伷先(664—743)[2] 为副,统领八总管出征。大军

1　《旧唐书》卷52《后妃下·玄宗元献皇后杨氏传》,第2184页。

2　《裴伷先墓志》记载:"以天宝二载九月廿二日,薨于永宁里第,春秋八十。"知其生于664年。参见葛承雍、李颖科《西安新发现唐裴伷先墓志考述》,荣新江主编:《唐研究》第5卷,北京:北京大学出版社,1999年,第453—462页;吴钢主编《全唐文补遗》第8辑《故银青光禄大夫守工部尚书上柱国翼城县开国公赠江陵郡大都督裴府君(伷先)墓志铭并序》,第44—46页。

启程前，百官在大明宫延英殿西南侧的光顺门下依次排列，玄宗亲临门楼之上，为忠王送行。光顺门往南不远就是集贤书院，退班后，张说在与众学士一同返回集贤院的途中，对身边的孙逖、韦述说道："尝见太宗写真图，忠王英姿颖发，仪表非常，雅类圣祖，此社稷之福也。"[1]张说此论在开元十八年的大明宫里，可谓石破天惊。他将忠王样貌比为太宗，明确提到"社稷之福"这样敏感的字眼，无异于直言忠王当为太子。这番话显然经孙逖等人传了出去，甚至被载入国史，而这也正是张说所希望的结果。此时的太子李瑛与玄宗关系尚未破裂，张说从玄宗对忠王的安排中嗅出了非同寻常的政治气息，显示出他过人的政治敏感。他向忠王释放出一个明确的信号，即张说一家希望站在忠王这边。张说在立储上的超前预判，对后来张均兄弟的仕宦际遇产生了深远而复杂的影响。而唐朝东宫血雨腥风的惨剧，也将在不久之后真正拉开大幕。

忠王此行最终未能成行，裴伷先诸人也未前往河北，但这次声势浩大的誓师行动，为杜甫拜访两位前辈世交提供了可能。落第后的杜甫，做了一件他终生难忘的事，即独身前往京兆府，向裴伷先辞别。这并非仅凭勇气便可实现的事，背后其实是裴伷先与杜家可能存在的多种关系。裴伷先家族属于裴氏五房中的洗马房，杜甫二姑父裴荣期一家为西眷房，这两支裴氏的祖居地，其实都在绛州闻喜。光宅元年（684）裴炎案中，裴荣期父辈三人同

1　《旧唐书》卷10《肃宗纪》，第239页。

时受牵连而死，裴炎之侄裴仙先则被廷杖后流放岭南。这一年裴仙先二十一岁，到岭南后他娶了流人卢氏为妻，生有一子，后又辗转前往北庭，经商而致巨富。[1]中宗即位后广求裴家后人，裴仙先得以起复为官，历任桂、广、秦、幽诸州都督。开元十四年岭南梁大海反叛，邕管及安南诸州告急。裴仙先临危受命，再任广州都督，与宦官杨思勖联手平定叛乱，"摧元凶于乌雷之浦，走谒者于马援之窟"[2]此时李邕刚刚经历了陈州之狱，被贬为钦州遵化尉，参与了当时唐军的平叛军事行动，与裴仙先多有接触。从裴炎案中同受牵连的际遇来看，裴仙先与裴荣期两家的关系远远超过了同望同姓，而且存在实质性的交往，持有共同的政治立场。裴仙先在岭南平叛和与李邕的交往中，也不免听过后者提及杜审言一家。此外，裴仙先的夫人与杜家两代夫人均为卢氏，不排除同宗的可能。诸种因缘交织，使得杜甫有机会在离开长安之际，前往拜会京兆尹裴仙先。

事实上，开元十八年杜甫在京师谒见的似乎不只有裴仙先，还有另一位前辈——刚从剑南节度使迁任太原尹、河东节度使的杜家世交宋之悌。他是杜审言挚友宋之问的胞弟，以勇武驰名于世，开元前期由羽林将军出任益州（今成都市）长史、剑南节度使。当年春夏之交，唐廷对于契丹的军事行动箭在弦上，此时的

1　《太平广记》卷147《定数二·裴仙先》，第1058—1060页。

2　吴钢主编:《全唐文补遗》第8辑《故银青光禄大夫守工部尚书上柱国翼城县开国公赠江陵郡大都督裴府君（仙先）墓志铭并序》，第45页。

宋之悌年事已高，正在京师待命。杜甫拜谒宋之悌，除了有祖父当年交情和父亲推荐外，一个直接而不可忽视的原因，在于他刚从江南返回，见过武平一。杜审言死后，武平一与宋之问还有数年的同僚之谊，并且在贬谪岭南后共经患难，交情颇为深厚。杜甫带着武平一的问候去见宋之悌，无疑是一大便利。后来杜甫路过宋之问在首阳山下的故居，缅怀之余写下诗作，篇末有"更识将军树，悲风日暮多"（《过宋员外之问旧庄》）之语，专门提到了宋之悌。考虑到此后杜甫的行踪，开元十八年的这次拜会，很可能是杜甫唯一一次见到宋之悌。

在拜访了裴仙先与宋之悌后，杜甫离开京师西行，到奉天县（今咸阳市乾县）探望了父亲杜闲，随后启程东行，在蒲津关渡过黄河，前往蒲州（今永济市）猗氏（今运城市临猗县）、安邑（今运城市盐湖区）两县，结识了韦之晋与寇锡。晚年的杜甫在悼念故交韦之晋时，有"凄怆郇瑕地，差池弱冠年"（《哭韦大夫之晋》）之说，又在寄书寇锡时有"往别郇瑕地，于今四十年"（《奉酬寇十侍御锡见寄四韵复寄寇》）之语。所谓的"郇瑕地"，指蒲州安邑县南的盐池，[1] 这是先秦晋国的郇瑕故地。"凄怆"一词在唐人语境中，主要用于怀古和分别两个场合，而这里显然意指后者。[2]

1　《元和郡县图志》卷6《河南道二·陕州》，第160页；[唐]阎伯璵:《盐池赋》，《全唐文》卷395，第4025—4026页。

2　冯至认为当年洛阳发水灾，杜甫往郇瑕避灾，心情悲凉，故曰"凄怆"，实误。冯至:《杜甫传》，北京: 人民文学出版社，2014年，第20页。

上述两句杜诗共同指向了一个事实，即青年杜甫曾在郇瑕之地与韦之晋、寇锡等人交游，分别时杜甫大致在弱冠之年，下距杜甫晚年回忆此事约有四十年。综合推测，杜甫与韦之晋等人在郇瑕分别的时间，应在开元十八年，这一年杜甫十九岁，正是所谓的"差池弱冠年"。他还不确定随后的计划，但大致的方向是往东边去，在那里他将与苏预相逢，开启一段裘马清狂的放游岁月。

第五章　兖州趋庭

杜甫二十岁至二十七岁

开元十九年（731年）——————————— 开元二十六年（738年）

一、奉天县令

对于杜甫而言,他将在科举失利后度过一段自称为"快意八九年"的岁月。显然,这是杜甫青年时代极为重要的一个时期,但我们在回看这段历史时,往往不自觉地被杜甫所谓的"壮游"误导,将他这段长达八九年的生命历程概括为"游齐赵"。这样的看法不免草率,它忽略了一个人生存所需要的最基本的经济来源因素,也脱离了每个中古士人必须面对的家族生活现实。事实上,与少年时代一样,要想还原杜甫开元十八年以后十年的生活(可称为青年时代),关键的线索仍然在于他的父亲杜闲。

杜闲一生所任的官职,目前已知有三个,分别来自三处不同的史源。第一个官职是武功尉,出自元和年间(806—820)林宝所编的《元和姓纂》。[1] 第二个官职是奉天(今咸阳市乾县)令,除了见于《元和姓纂》外,也被保留在元和八年(813)元稹应杜甫之孙杜嗣业之请撰写的《唐故工部员外郎杜君墓系铭》中。[2]第三个官职是兖州司马,出自天宝三载(744)杜甫为其继祖母老

---

1   《元和姓纂》卷6《十姥·杜》,第932页。

2   [唐]元稹撰,冀勤点校:《元稹集》卷56《唐故工部员外郎杜君墓系铭并序》,北京:中华书局,2010年,第690—692页。

杜卢氏所作《唐故范阳太君卢氏墓志》。这三则记载出于杜家或由同时代人转录，可信度都非常高。

那么为什么会出现三种不同的官职记载？先看《元和姓纂》。林宝编撰该书，一个重要的材料来源就是各家谱牒，但谱牒具有时效性。《元和姓纂》以及后来的《新唐书·宰相世系表》等中古家族谱系，很多人物的官职都与出土墓志所记存在出入，究其原因，编者采用的是某个特定时间的族谱，其中辈分较晚的某些人在谱牒编写时还在世，甚至刚刚入仕不久。《元和姓纂》所记杜闲的"武功尉""奉天令"正属此类，应是取自其中年时的杜家族谱。

再看元稹所撰墓志。奉天为京兆府辖县，县令正六品上。兖州为上都督府，司马从四品下。显然，兖州司马官阶高于奉天令。然而何以元稹只记奉天令而不提兖州司马呢？有一种可能是元稹所记为其最后的官职，也许杜闲晚年曾被贬官，终于奉天令。但元稹所记杜审言官职为膳部员外郎，并不是其最后官职（杜审言卒时职事官为国子主簿），因而这种假设不能成立。

事实上，如果仔细查看元稹对于杜闲的记载，会发现此处存在明显的文句颠倒与缺失。元稹文称："依艺生审言，审言善诗，官至膳部员外郎。审言生闲，闲生甫。闲为奉天令。甫字子美。"中古墓志开篇后的叙述程式，一般先讲家族渊源，再记曾祖以下每代情况，一般是名讳加官职，无官则略过或加虚誉之词，最后才及志主个人。元稹所撰墓志当然也不出此范式。这样一来，"审言生闲，闲生甫。闲为奉天令"这几句就存在明显的颠倒，杜闲的官职被错放到了杜甫名讳后面。正确的顺序应该是："审言生闲，闲为奉天令。闲生甫。甫字子美。"既然存在语句颠倒的问题,就不排除脱字甚至脱句的情况。元稹原文最有可能的表述应该是:"审言生闲,闲为奉天令、□□别驾/长史,终兖州司马。闲生甫。"

认为杜闲在奉天县令与兖州司马之间,还存在某州别驾或类似任官经历,这种推测基于大量唐人迁转的实际情况。奉天县令为正六品上,兖州都督府司马为从四品下,两者间存在多达四阶的品级差距(从五下、从五上、正五下、正五上),绝无可能直接迁转。更何况,奉天令与兖州司马之间的五品官阶,是唐代官员迁转的分水岭,从六品迁至五品,意味着跻身高级官员行列,这一步其实非常难。五品官职涵盖的范围很广,其中像中书舍人、御史中丞这样的清要官,杜闲是不可能做的,否则杜家后人会大书特书;监牧长官大都在关内道西北及陇右道东部的各个牧监任职,也不太可能。唐代州的长官为刺史(天宝改州为郡后一度称太守),州的副职有三个,由高到低依次为别驾、长史、司马。州按人口数量及政治军事地位综合考量,分为上、中、下三个等级,刺史均在四品以上。别驾、长史及司马则主要分布在五品,上都督府或上州副职可到四品。当然,杜闲也有可能回到朝中任东宫官或九卿下的某个丞,为四品朝官。不过结合杜甫这段时间里游走不定的行迹来看,杜闲的职任更可能是在地方上。在奉天县令之后,他应是迁任某几个州的别驾或长史,位当五品,最后升任从四品下的兖州司马。

明确杜闲晚年的任职轨迹后,可以进而根据杜闲去世的时间,来倒推他担任奉天县令的大致时间。杜闲卒于开元二十七年

（739）年初，这一点将在随后专门考证。杜闲卒于兖州司马任上，说明没有达到三年的完整任期。以任该职两年计，则杜闲应于开元二十五年（737）初任兖州司马。按照此前对杜闲官职的考证以及唐朝官员的一般情况，他在五品阶内的迁转需要五六年时间，即两个完整的任期。据此上推，则他大约在开元十九年（731）或二十年（732）进入五品职事官之列，而顺此再推，则开元十八年（730）杜甫应试时，杜闲有很大的可能正任奉天县令。

在杜甫的记忆里，这是一段欢畅惬意的漫长时光，他称为"快意八九年"。这是杜甫的青年阶段，有父亲杜闲庇护，经济收入与人脉资源都有充分保障。也正因为此，还原杜甫此间行状履历的根本依据，并不是他诗中吉光片羽的骑射场景，而是要回到杜闲官职的迁转变化上。青年杜甫快意岁月的启幕不在齐赵之间，而更可能是在京师西北一百六十里外的奉天县。

开元十八年春，杜甫应试不第，拜辞了裴仙先与宋之悌后，西出长安前往奉天，看望时任奉天县令的父亲杜闲。这个推测源于唐代京师以西特殊的地理交通路线，以及杜甫两首写作时间极具争议的诗——《行次昭陵》与《重经昭陵》。

> 旧俗疲庸主，群雄问独夫。
>
> 谶归龙凤质，威定虎狼都。
>
> 天属尊尧典，神功协禹谟。
>
> 风云随绝足，日月继高衢。
>
> 文物多师古，朝廷半老儒。

直词宁戮辱，贤路不崎岖。

往者灾犹降，苍生喘未苏。

指麾安率土，荡涤抚洪炉。

壮士悲陵邑，幽人拜鼎湖。

玉衣晨自举，铁马汗常趋。

松柏瞻虚殿，尘沙立暝途。

寂寥开国日，流恨满山隅。

——《行次昭陵》

草昧英雄起，讴歌历数归。

风尘三尺剑，社稷一戎衣。

翼亮贞文德，丕承戢武威。

圣图天广大，宗祀日光辉。

陵寝盘空曲，熊罴守翠微。

再窥松柏路，还见五云飞。

——《重经昭陵》

    有人认为这两首诗作于天宝年间，有人则认为作于至德二载（757）收复两京前夕。¹这两种观点都忽视了一个最基本的因素，即唐代京师以西的实际交通路线。昭陵为太宗陵寝，在京师

---

1   两种观点都有很大疑点，谢思炜认为两诗"编年俱可疑"，深具见地。

      [唐]杜甫撰，谢思炜校注：《杜甫集校注》卷9《行次昭陵》，第1398页。

西北醴泉县（今咸阳市礼泉县）界内。醴泉地处泾河出山口，县内西北部为黄土台地，东南逐渐过渡到平原。醴泉县城往东北行二十五里，是著名的九嵕山，昭陵即坐落于山上。与平缓广阔的乾陵（高宗、武则天合葬陵）不同，昭陵所在的九嵕山地势险峻，孤峰挺拔。乾陵所在的奉天县，与昭陵所在的醴泉县，都是因帝陵而析置的县，但它们在交通上意义大不相同。奉天县地处邠州古道的入口，是由长安前往朔方及河西的必经之地。从长安过西渭桥（便桥）西北而行，半日可到奉天县，再往西北便进入山地，经永寿县到达泾河中游重镇邠州（今彬州市），这就是唐人所谓的邠州古道。从邠州再向西北而行，可选择经宁州（今庆阳市宁县）或泾州（今平凉市泾川县）两条不同的路线抵达原州，进而前往朔方或河西。相比之下，醴泉县的交通地位就要低很多，由长安过西渭桥的两条路线与它无关，取中渭桥者则主要前往坊州（今铜川市）、鄜州（今延安市富县）。可以说，长安西北一带的交通主路，很少与醴泉相关。

《行次昭陵》结尾写黄昏之景，"松柏瞻虚殿，沙尘立暝途"，松柏肃穆陵殿寂寞，沙尘弥漫远方道路。《重经昭陵》结尾则称"再窥松柏路，还见五云飞"，足见两首诗创作时间离得不远，应为同一趟行程中一去一还分别所作。那么，杜甫去哪个地方才会两次经过昭陵呢？先看南北交通。如果杜甫是从长安附近前往邠州，那么他舍弃主干道"奉天—永寿"而选取"醴泉—永寿"前往邠州，颇悖常情。况且杜甫一生中，只有至德二载闰八月时途经邠州一次，但当时他从凤翔出发，经麟游到邠州休整，再向东

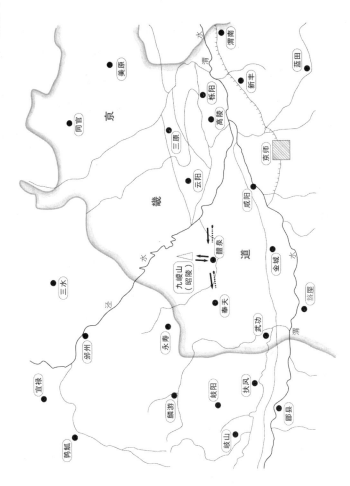

杜甫奉天行程图

渭南
蓝田
美原
新丰
栎阳
京
高陵
同官
三原
京师
云阳
畿
咸阳
金城
渭
醴泉
道
九嵕山
（昭陵）
灞陵
三水
泾
水
奉天
武功
邠州
永寿
渭
宜禄
岐阳
扶风
麟游
郿县
鸣犊
岐山

北经三水、宜君两县前往鄜州，根本不可能经过昭陵。再看东西交通。醴泉县以西为奉天县，以东为泾阳、云阳两县，昭陵本身不在东西交通线上，需要折而北行十数里方可到达。细审两诗，会发现杜甫第一次是到了昭陵，拜谒了松柏掩映下寂静的正殿（"松柏瞻虚殿"）；但第二次其实没有前往昭陵，只是路过时远远观望，借着松柏依稀辨出或是想象九嵕山上蜿蜒的山路（"陵寝盘空曲""再窥松柏路"）。这与情理颇为相符。昭陵到醴泉县城约七十里，途程仅半日。杜甫从云阳方向西行前往奉天，在去程中初次经过昭陵，折而北行专程拜谒，因而在山下歇息一晚，这就是"行次昭陵"的含义；及至从奉天县返回云阳一带，则因赶路前行，在日间路过时聊以远望，因此称为"重经昭陵"而非"重次昭陵"。

基于上述分析，可以相对确定地认为，《行次昭陵》与《重经昭陵》二诗，是杜闲任奉天令时杜甫前往探视，在往返途中所作，时间约在开元十八年。杜甫前往昭陵并赋诗，除了途程因素外，恐怕与当时的政治导向不无关系。开元十七年（729）冬，玄宗亲自祭拜了五座先帝陵寝，分别是奉先县的睿宗桥陵、富平县的中宗定陵、三原县的高祖献陵、醴泉县的太宗昭陵、奉天县高宗武后合葬的乾陵。[1]这是继开元十三年东封后，又一次国家层面的大型礼仪活动，史书称为玄宗"亲谒五陵"。为筹办此事，玄宗在年初专门起复了已致仕两年的张说，令其主持拟定谒陵仪程。通过谒五陵，玄宗向天下昭示了唐朝立国以来的国祚延续，凸显

1　《旧唐书》卷8《玄宗纪上》，第194页。

190

了李唐皇室的谱系传承。正是由于这一官方祭祀活动的影响，次年杜甫在前往奉先县趋庭侍奉时，专程拜谒了昭陵。

二、李祎北伐

开元十八年十二月，张说去世，一个月后，玄宗家臣王毛仲被贬，途中赐死。到了开元十九年，唐朝的中央政治在不觉间已经发生了重大变化，玄宗当初的龙潜勋旧相继谢世，文学派的声势也已趋于平静。而忠王终究没有亲往河北，玄宗权衡再三，将平定可突干的重任交给了年届七旬的信安王李祎（662—743）。[1]秋冬之际，河南、河北、河东诸道所募兵士陆续抵达东都。开元二十年正月，信安王率军自洛阳渡河北上，[2]三月进抵幽州，完成

1　据《旧唐书》记载，信安王卒于天宝二年（743），"年八十余"，以八十二岁计，推测其生年为662年。《旧唐书》卷76《玄宗诸子·吴王恪附信安王祎传》，第2652页。

2　信安王此次出兵情况，在几位亲历者的诗歌中有详细记载。储光羲送友人李丞诗中，"膏雨被春草，黄云浮太清"，与史书记载的正月时间相符；"出车发西洛，营军临北平"，则知唐军在洛阳完成集结。高适诗称"度河飞羽檄"，知唐军由洛阳渡河。[唐]储光羲：《贻鼓吹李丞时信安王北伐李公王之所器也》，《全唐诗》卷138，第1401页；[唐]高适：《信安王幕府诗并序》，[唐]高适撰，孙钦善校注：《高适集校注》，上海：上海古籍出版社，2014年，第30页。

集结。唐军兵分两路，东路由幽州节度使赵含章率领，兵抵平州卢龙军（今唐山市乐亭县），可突干仓皇北逃，挟马泅滦河退至都山（今宽城满族自治县与青龙满族自治县交界处）。[1] 赵含章轻敌冒进，在都山遭遇契丹主力，双方互有胜负，东路唐军总体无功而返。西路由李祎坐镇，在幽州以北击败了奚部主力，使契丹在都山以西失去策应。因此，信安王北伐并没有平定契丹叛乱，可突干率部遁入平州北部山区，威胁仍然很大。唐人所作的《谭宾录》称此役为"信安王祎于幽州讨奚告捷"[2]，是贴合实际的。

与有限的军事意义相比，信安王北伐对于当时人所产生的心理影响却非常大。高宗朝平高丽后，唐朝在东北边疆主要面对契

1　《资治通鉴》载："信安王祎帅裴耀卿及幽州节度使赵含章分道击契丹，含章与虏遇，虏望风遁去。平卢先锋将乌承玼言于含章曰：'二虏，剧贼也。前日遁去，非畏我，乃诱我也，宜按兵以观其变。'含章不从，与虏战于白山，果大败。承玼别引兵出其右，击虏，破之。己巳，祎等大破奚、契丹，俘斩甚众，可突干帅麾下远遁，余党潜窜山谷。"樊衡次年为薛楚玉所作露布详细记载了此战，称为"黑山之战"，并记载了"可突干携马浮河，仅获残喘"的细节。按，无论白山还是黑山，其具体地理位置今天都难以确知，但可突干撤退的方向，总体是由卢龙军往北，进入突厥领地寻求庇护，即樊衡所说的"西连匈奴，东构渤海"，而次年薛楚玉的军队正是在都山与契丹再次交战。因此，白山、黑山大致即在都山一带，在今宽城满族自治县与青龙满族自治县交界处。《资治通鉴》卷213"开元二十年三月"条，第6797页；[唐]樊衡：《为幽州长史薛楚玉破契丹露布》，《全唐文》卷352，第3569页。

2　《太平广记》卷301《神十一王畯》，第2392页。

丹和奚两大部族，统称"两蕃"。武周后期，契丹首领孙万荣反叛，勾结默啜，对唐朝构成了很大威胁，唐朝数次出兵方得平定。玄宗即位后不久，默啜暴卒，继位的毗伽可汗与唐朝大体维持了和平关系，此前陷于契丹的营州也在开元前期重归唐朝统治。当时的对外战争主要在河西、陇右一带，对象是吐蕃。可突干反叛并投靠突厥后，唐朝的东北边疆局势急转直下，与突厥的关系也再次紧张起来。李祎是太宗第三子吴王李恪之孙，开元十五年（727）为朔方节度使、礼部尚书，开元十七年二月率军攻下吐蕃的石堡城，一战成名，声望高涨。加上唐朝在中原地区进行了超过一年的政治动员和兵士征募，因此除一般百姓外，很多尚未入仕或释褐不久的士人也欣然从征，作为幕僚追随信安王前往幽州。杜甫后来的挚友，宋州人高适，正是在这一年应募从军。宋州属于河南道，高适与其他应募之人需要先前往洛阳集结，然后渡河北上幽州。尽管高适与杜甫此时尚未相识，但他的这段从军经历后来为杜甫所知，很可能成为《后出塞五首》的重要素材来源：

男儿生世间，及壮当封侯。

战伐有功业，焉能守旧丘。

召募赴蓟门，军动不可留。

千金买马鞭，百金装刀头。

闾里送我行，亲戚拥道周。

斑白居上列，酒酣进庶羞。

少年别有赠，含笑看吴钩。

——《后出塞·其一》

朝进东门营，暮上河阳桥。

落日照大旗，马鸣风萧萧。

平沙列万幕，部伍各见招。

中天悬明月，令严夜寂寥。

悲笳数声动，壮士惨不骄。

借问大将谁，恐是霍嫖姚。

——《后出塞·其二》

　　如果熟悉玄宗时期的兵制，会发觉杜甫描写的这个应征者身上有着鲜明的时代特征。唐前期实行府兵制，府兵平时务农，定期训练，战时由各地折冲府会同州县征调，自备行装。诗中的人物属于召募应征且没有战争经验的乡里丁男（"旧丘""及壮"），不是府兵。但这次征发保留了府兵制遗留下来的一个显著特征，即自备武器行头，包括刀和马鞭。诗中的主人公到了幽州后，"跃马二十年"，长驻幽州边地。这类经历其实是开元中期唐朝兵制变革的见证。由于逃户众多、土地兼并严重，府兵制赖以存在的均田制大体上已经名存实亡，世袭的府兵没有土地保障，身份实质上与一般编户百姓无异，甚至沦为官府各类杂徭役使的对象，地位低下。开元十八年、十九年广募河南、河北诸道勇士出征契丹，正是这种背景下的权宜之计。这些应募的兵士到了边镇后，很多人会因边事的需要而在当地驻防多年,甚至娶妻生子。有鉴于此,开元二十五年唐朝颁布了一道诏敕,规定缘边诸镇从各类征行兵士及客户中召募兵防健儿,成为常规边镇兵,政府给健儿及其家口田地屋宅。[1]这样一来,制度化的健儿成为唐后期边镇军队的主要构成,确保了边境防御及对外作战得以高效运转。

《后出塞》中描写的兵士正是开元十九年前后典型的兵募形象。同样的描写也可见于作于天宝末年的《兵车行》,诗中的征行之人告诉杜甫:“或从十五北防河,便至四十西营田。去时里正与裹头,归来头白还戍边。”自天宝末上溯二十五年,正是开元十九年这段时间。当时应募之人还是十五岁的少年,里正帮着给他裹头巾。杜甫本人“名不隶征伐”,一生未有征行之事,也从未到过幽州一带。他的众多亲友也鲜有类似经历,唯独高适是个例外。高适曾两次前往幽州:开元十九年应募从军,随信安王李祎兵抵幽州以北;[2]天宝九载(750)则作为封丘县尉,前往妫州清夷军(今北京市延庆区与张家口市怀来县交界一带)交送新征兵募。在这两次经历中,高适分别扮演了参与者和旁观者的不同角色,对于征发前往幽州有着更为深刻的印象和体会,这也成为他很多边塞诗的重要体验来源。他与杜甫相识后,自然也会将此番经历告诉杜甫。事实上,在安史之乱爆发以前,玄宗朝大规模征发兵募前往幽州,主要就是信安王征可突干之役这一次。《后出

1 《唐六典》卷5《尚书兵部·兵部》,第157页。

2 《旧唐书》卷76《太宗诸子·吴王恪附祎传》,第2652页。

塞》主人公先被征集至洛阳，在上东门集中检阅，随后由河阳三城北渡黄河，进入河北，这正是信安王李祎出兵的主要过程。而"借问大将谁，恐是霍嫖姚"，以"霍嫖姚"比信安王，身份上也很符合。尽管《后出塞》结尾对主人公逃回故里做了艺术上的加工与改编，但它的人物原型和细节来源，正是出自高适开元十九年应募前往幽州的经历。

五月，信安王自幽州归来，献上奚与契丹战俘。对于这场表面上的大胜，玄宗其实心有不甘。信安王获得了封赏，加开府仪同三司，兼关内支度营田等使、采访处置使，但出师无功的幽州长史赵含章却遭逢大狱。唐廷经过核查发现，赵含章在此前担任安西副都护时，曾经以金帛遍赂朝官以求仕进。[1]六月，赵含章被当廷杖责流放，死于途中。[2]赵含章行贿或有其事，但在征讨契丹论功行赏的次月便因赃下狱，则有更为深层的政治原因。早在开元十七年，宇文融就曾因罗告信安王不成而被罢相，足见朝中反对李祎的力量其来有自。实际上，李祎此番讨奚所加官阶中，开府仪同三司是文散官，无实际职掌。至于所加关内诸使，无非是对此前朔方军节度使职权范围的扩展补充，是历任朔方节度使都会加上的使职。史书评价"祎既有勋绩，执政颇害其功，故其赏

1　[唐]颜真卿：《唐故太尉广平文贞公宋公神道碑侧记》，《全唐文》卷338，第3431—3432页。

2　《旧唐书》卷8《玄宗纪上》，第198页。

不厚，甚为当时所叹"[1]，"执政"指宰相，在开元二十年的唐朝，指的就是中书令萧嵩（？—749）和侍中裴光庭（676—733）二人。

如果我们将时间回溯到开元十七年，就会发现李祎第一次被人罗告时，宰相同样是萧嵩和裴光庭，只不过风头正盛的宠臣宇文融出面罗告，掩盖了很多背后的真相。萧嵩与裴光庭虽然同居相位长达五年时间，但双方关系一直不睦。裴光庭是高宗朝名将裴行俭的幼子，永淳元年（682）裴行俭去世时，裴光庭只有七岁，母亲库狄氏被召入宫中，裴家遗孤则由太子李显安排六品京官一人专门照料。裴光庭开元前期历任南衙禁军、刑部及兵部，封禅后升任兵部侍郎，开元十七年拜相后身兼侍中和吏部尚书两职，实际掌握铨选大权。裴光庭没有文学派背景，任相后力主循资格注官。不过循资格并非裴光庭首创，他的父亲裴行俭在高宗朝就曾任吏部侍郎，典选十余年，创设了长名姓历榜，推行铨注之法以便选官，将州县官员升迁黜陟、官资高低予以量化。裴光庭推行的循资格，可以说是忠实遵循了乃父的家传，其精髓即"杜二门之差，立画一之法"[2]，不分流内流外，统一考核。据说姚崇当

1　《旧唐书》卷76《太宗诸子·吴王恪附祎传》，第2652页。

2　《唐光禄大夫行侍中兼吏部尚书弘文馆学士上柱国正平县开国男赠太师河东裴公墓志铭并序》，赵君平、赵文成编：《秦晋豫新出墓志蒐佚续编》，北京：国家图书馆出版社，2015年，第622页；录文参见胡可先、杨琼《唐代诗人墓志汇编·出土文献卷》卷2，上海：上海古籍出版社，2021年，第149—150页。

初对尚未显达的裴光庭的评价是"非应务之士，词学又寡"[1]，后来韦述也认为"裴光庭以守法之吏，骤登相位，践历机衡，岂不多愧"，然而晚唐史官却反对韦述的观点，认为其"铨藻吏能，文学政事，颇有深识"[2]。可见在唐代，裴光庭及其循资格便已存在巨大争议。但不可否认的是，裴光庭横跨两省（门下、尚书吏部）执掌铨选，将吏部注拟与门下封驳权力合而为一，[3] 此举无形中削弱了中书令萧嵩的权力，萧、裴矛盾持续激化。

信安王北伐后不得其赏，以及赵含章因赃下狱，从根本上看都是裴光庭专权的结果。开元十七年的"宇文—信安"之争中，双方都是输家，宇文融为相仅百日而被罢免，死于流贬途中；信安王李祎本来当年攻下石堡城建有奇功，却因此案而延宕在外，继续留任朔方数年。李祎与萧嵩年龄相近，履历各有优长，都是文官节制方镇的典型代表，按照张嘉贞、张说、杜暹以来形成的"出将入相"惯例，萧嵩入相之后，李祎其实也进入了宰相候选之列。"出将入相"的本质是强调文武兼备的个人能力，与"循资注拟"的官吏铨选理念并不相符。因此，开元二十年信安王的升迁

1　《太平广记》卷222《相二·裴光庭》，第1702页。

2　《旧唐书》卷84《裴行俭附裴光庭传》，第2808页。

3　《唐会要》记载："（开元）十八年，苏晋为吏部侍郎，而侍郎裴光庭每过官应批退者，但对众披簿，以朱笔点头而已。晋遂榜选院云：'门下点头者，更引注拟。' 光庭以为侮己，不悦。时有门下主事阎麟之为光庭心腹，专知吏部过官。每麟之裁定，光庭随口下笔，时人语曰：'麟之手，光庭口。'"《唐会要》卷74《选部上·掌选善恶》，第1594页。

受限，无非是"宇文—信安"之争的重演。至于赵含章，打了败仗又有行贿之实，廷杖贬死也就不足为怪了。

这场朝廷权力之争并未随着赵含章被处置而告终，案件牵扯出了更多人，九品以上朝官很多都曾受赵含章之贿。玄宗震怒，本欲悉数贬黜百官，经宋璟极力劝谏方才隐忍下来。赵含章被廷杖流放后，玄宗登上兴庆宫南的花萼楼，宣告"一切释放"不再追究，百官叩谢，独宋璟直立不拜。[1]此案之后不久，宋璟借口年事已高（其实刚满七十岁），上疏请求致仕获许，此后屏迹东都私第。[2]同时，曾拟随忠王北伐的名将，杜家故人宋之悌，也在当年被贬至安南。南行的宋之悌在鄂州（今武汉市汉口区）停留时，遇见了三十二岁的李白，后者为他写下了《江夏别宋之悌》："楚水清若空，遥将碧海通。人分千里外，兴在一杯中。谷鸟吟晴日，江猿啸晚风。平生不下泪，于此泣无穷。"[3]宋璟致仕与宋之悌南贬也许只是巧合，但赵含章案前后所展示出的种种迹象都在表明，开元二十年的唐朝正在发生着一些不易察觉的深刻变化。我

1　［唐］颜真卿：《唐故太尉广平文贞公宋公神道碑侧记》，《全唐文》卷338，第3431—3432页。

2　《旧唐书》卷96《宋璟传》，第3035—3036页。

3　［唐］李白撰，郁贤皓校注：《李太白全集校注》卷12《江夏别宋之悌》，江苏：凤凰出版社，第1867页。郁贤皓考证本诗之作"当在开元十九年以后的一二年内"，但为迁就前人考证而系于开元二十二年。郁贤皓：《李白诗〈江夏别宋之悌〉系年辨误》，《南京师院学报》1978年第3期，第65—67页，收入氏著《李白丛考》，第33—38页。

们即将看到，张说死后的文学派失去核心，韩休、张九龄相继为相也未能扭转这种败局。信安王北伐以后，唐朝的边将越来越向着专业化的方向发展，"出将入相"不再成为高层官员迁转主流。玄宗需要专业的边将，更为高效地开疆拓土。

开元二十年前后，杜闲由奉天令进一步升迁，随后的职任史所不详。从杜甫的行迹来看，杜闲最可能前往河北、河南两道的某几个州任职。也正因此，杜甫离开两京前往魏州（今邯郸市大名县）一带。在魏州时，他曾前往洺州（今邯郸市永年区）治下的邯郸县（今邯郸市市区）。作为先秦赵国的国都，千年以来，邯郸基址未变，城内东北隅还保留着赵武灵王当初检阅军队的丛台，赵简子、赵奢、乐毅、蔺相如等风云人物的墓冢也仍有迹可循。开元二十年的初春，河北大地还残留着冬日的寒气，杜甫来到邯郸古城，如愿登上丛台，极目远眺，抚今怀古，放声高歌。杜甫与苏预应该正是在洺州相逢。

这里面有一个不易察觉的细节：杜甫在后来所作的《壮游》中自注苏预当时官职为监门卫胄曹参军。这是左右监门卫下设的官职，"掌军戎器械及承直马、公廨兴造、决罚"[1]，位当正八品下。监门卫与武卫、金吾卫等同为中央禁军，因位居宫禁以南而统称"南衙诸卫"。南衙诸卫的参军与州、县官一样，都是职事官，不能同时兼任，但会作为节度使幕僚的检校官以定其官阶

---

1 《唐六典》卷25《左右监门卫》，第640页。

高下。[1] 杜甫此期行程涉及的几个州里面，齐、青、兖三州属于河南道，当时未设节度使；魏、洺二州属于河北道，由幽州节度使管辖。苏预以监门胄曹的身份奉陪杜甫，意味着他当时或曾在幽州节度使赵含章或薛楚玉幕下任职。

当年冬天，杜甫与苏预东行来到青州。二人在千乘县北的青丘旁纵马畋猎。据传齐景公时育有国马四千匹，曾于此举行盛大的军事检阅活动，千乘的县名（千乘即千驷，一乘为四匹马）及其胜迹青丘、皂栎林（皂栎指马厩）无不与齐国当年的国马牧养有关。两人在这块古意盎然的原野上策马引弓，射中了空中飞翔的秃鹰。苏预据鞍大喜，盛赞杜甫的骑术堪比山简爱将，并州儿葛强。在杜甫的一生中，他多次被人比为曹植、扬雄等文坛巨擘，这固然令他得意，但将他喻为葛强这般赳赳武夫的，却独此一次，而这种比附对杜甫产生的冲击显然更为巨大。多年后他困居夔州，垂垂老矣，却仍能在忆及青春往事时清晰记起这样一个细节，并将它写成"射飞曾纵鞚，引臂落鹙鸧。苏侯据鞍喜，忽如携葛强"（《壮游》）的生动诗句，足见苏预与他之间是彼此真正了解的。

1　有研究者认为当时苏预"官于齐"，这种说法缺乏依据。参见陈冠明《杜甫亲眷交游行年考》，第238页。

三、惠妃武氏

开元二十一年（733）三月，裴光庭卒于相位，一时间宰相只剩年近七旬的中书令萧嵩。由谁接替裴光庭空出的相位，成为朝廷当务之急。萧嵩最初的想法，是向玄宗推荐自己的旧交，右散骑常侍兼知制诰的王丘，但王丘讷于言辞，自知非宰相之才，转而向萧嵩推荐了尚书右丞韩休。[1]与此同时，正服夫丧的裴光庭之妻，武三思之女裴武氏（686—744）也在暗中奔走，试图插手选相之事，让吏部侍郎李林甫（683—752）接手裴光庭之缺，担任宰相。裴武氏看似唐突的举动有着深厚的历史原因。李林甫与裴光庭一家，存在着盘根错节的关系。李林甫在裴光庭生前就与裴武氏私通，与裴家往来密切。裴光庭拜相后，长期以侍中之职跨省兼任吏部尚书，总揽铨选大权，但难免力不从心。李林甫后来由刑部转任吏部侍郎，作为副职分担了裴光庭在吏部的大量工作。从李林甫后来的施政策略看，他对于循资格的选官理念高度认可。因此，裴光庭与李林甫既是工作中的上下级，更是政治斗争中的盟友，何况还因裴武氏而私交笃甚。[2]

1　《旧唐书》卷100《王丘传》，第3133页。

2　史称裴武氏"与（李）林甫私"，放在男女间多指私通，但也可理解为私交密切。至于裴光庭是否知悉，属于历史情境中当事人的私德问题。对于政治史研究而言，重点在于分析事实，其中的人情世故不可能尽皆还原，于研究无益，不必深究。参见《旧唐书》卷106《李林甫传》，第3235页。

裴武氏向前来吊丧的高力士表达了关于相位的看法，请其在玄宗面前说话。高力士本为武三思家臣，对裴武氏的请求不便拒绝，但权衡利弊后最终没有传话。这样一来，玄宗决定采纳萧嵩的提议，拜韩休为相。高力士获知消息，暗中授意裴武氏，让李林甫将宰相人选提前透露给韩休。果然，裴光庭去世十天后，诏以韩休为黄门侍郎、同中书门下平章事。韩休由此对李林甫深怀好感，却不知道萧嵩才是真正的举荐者。[1] 韩休虽以文辞见称，但为人刚直，为相后在政事上对萧嵩多有折正。这一点不仅萧嵩未曾料到，就连已致仕闲居东都的老臣宋璟也说："不谓韩休乃能如是，仁者之勇也。"[2] 萧、韩关系急剧恶化，而李林甫却从中受益，在韩休的推荐下，得以迁任黄门侍郎，[3] 已然进入宰相候选之列。

当然，李林甫此时还不能算宰相首选，比他更具优势的是张九龄。张九龄（678—740）是韶州曲江（今韶关市曲江区）人，曾祖以来世居岭南，门第上难与裴光庭、萧嵩等中原或江左大姓相比，但他却凭借出众的才学成为张说之后文学派新的领袖。开元十四年张说罢相后，张九龄由中书舍人转任太常少卿，不久出任洪州都督，再迁为桂州都督、岭南道按察使，一度远离政治中心，实际上却始终被玄宗看好。张九龄任桂州都督时，其弟张九章、张九皋也任岭南道刺史，据说其中一个重要原因，就是玄宗

---

1 《旧唐书》卷106《李林甫传》，第3235—3236页。

2 《旧唐书》卷98《韩休传》，第3078—3079页。

3 《旧唐书》卷106《李林甫传》，第3236页。

为了成全张家兄弟奉养家乡老母的孝心。开元十八年年底张说去世，集贤院事由宰相萧嵩兼领，缺乏实际主事者。于是张九龄在次年自桂州任上召回朝廷，任秘书少监、集贤院学士，副知院事，不久擢为中书侍郎。当年冬天张母去世，张九龄返回韶州丁忧守制。开元二十一年韩休任相后，与萧嵩互不相能，关系紧张，加之萧嵩年事已高，到了当年十二月，玄宗遂将萧、韩一同罢相，以京兆尹裴耀卿为黄门侍郎，守丧结束的张九龄起复中书侍郎，并同中书门下平章事。开元二十二年（734）五月，裴耀卿与张九龄分别升任侍中和中书令，分掌门下、中书两省，知政事如故。同时，黄门侍郎李林甫迁礼部尚书、同中书门下平章事。"张裴李"共同秉政，朝局再次恢复为宇文融罢相前的三相模式。

三相之中，张九龄长期供职于中书省，以中书舍人知制诰累年，丁忧前已升任中书侍郎，以其执掌中书省并升任中书令，本无悬念。但对于裴耀卿与李林甫二人的安排，却颇可窥见玄宗此时的细微心思。裴耀卿（681—743）是继宇文融、李元纮后的财政能臣，此前历任济、宣、冀三州刺史，以财用见长。大约开元十九年前后，裴耀卿入朝担任户部侍郎，信安王北伐时为副帅，回京后转任京兆尹，一年后迁黄门侍郎、同平章事。[1] 李林甫是高祖从父弟长平王李叔良的曾孙，属于李唐皇室的宗室远亲，历官御史中丞、刑部侍郎、吏部侍郎，并在裴光庭死后任黄门侍郎。单从履历来看，李林甫长期供职中央，所任吏部侍郎为六部二十四

1　《旧唐书》卷98《裴耀卿传》，第3080—3081页。

司侍郎之首，位高一阶，又先于裴耀卿为黄门侍郎，理应接掌侍中之位。但裴耀卿却直接由京兆尹拜黄门侍郎、同平章事，随后再升为侍中。此时如果按照"萧裴"时代的传统，张、裴分任中书令和侍中即可，但玄宗又将李林甫迁为礼部尚书、同平章事，刻意恢复了当初的三相格局。如此颇费苦心的安排，足见玄宗一方面希望在宇文融和李元纮后，继续发掘言利之臣，增加中央财政收入，另一方面却在宰相的选择上难以避免地受到宫廷内斗的影响。

这种宫廷内斗与外朝政治的彼此渗透，就集中体现在李林甫的崛起之上。玄宗一生共有三十子，长子庆王李琮[1]、次子太子李瑛、三子忠王李璵、四子棣王李琰、五子鄂王李瑶、六子荣王李琬出生于开元元年（713）以前。[2] 李隆基于长寿二年（693）封为临淄王，时年九岁，圣历元年（698）十四岁出阁，大足元年（701）十七岁获赐兴庆坊宅第。[3] 按照唐代皇子普遍婚龄，李隆基大致在此前后纳王仁皎之女为妃。王氏不能生育，李隆基的长子

1　唐代皇子一生中往往数次改封王、改名。以玄宗诸子而论，开元十三年诸子改名从"水"，开元二十一年后陆续改为从"玉"。本部分涉及的时间，正好是诸子由"水"改"玉"的几年。为了与传统论著习惯保持一致，此处一概以从"玉"之名称呼，特此说明。

2　玄宗前六子于开元二年受封，七子以后于开元十二年、十三年、二十三年、二十五年受封，据此可知。

3　《旧唐书》卷8《玄宗纪上》，第165页。

李琮，是临淄王府中另一位刘氏所生，时间大约在705年前后。[1]
景龙二年（708）四月，李隆基任潞州（今长治市潞州区）别驾，
看中了当地伎女赵氏，于709年生下次子李瑛。同一时期得宠的，
还有五子李瑶生母皇甫氏（694—735）、八子李琚生母刘氏（李瑶
与李琚此时尚未出生）。景云元年（710）六月睿宗即位，李隆基
进封平王，七月册为太子。李隆基立为太子次月，将杨知庆之女
选入东宫，711年生下三子李琰。由于赵氏等人得宠，长子李琮
及其生母受到冷落。玄宗即位后，先天元年（712）将王氏立为皇
后，到了开元三年（715），将次子李瑛册立为太子。[2] 为了抗衡赵

1　李琮生年史书不载，可约略推知。王氏入临淄府后，至少需要两年时
　　间才能发现不育，李隆基方与其他宫人设法孕育，故长子之生约在
　　703年以后。李琮生母刘华妃似乎始终不得宠，应当也不属于赵丽妃
　　等人的潞州小团体，故刘氏生子当在708年以前。因此，李琮大致生
　　于703—708年间，取中间数计为705年。

2　《新唐书·李林甫传》载："（天宝初）林甫数危太子，未得志，一日从
　　容曰：'古者立储君必先贤德，非有大勋力于宗稷，则莫若元子。'帝久
　　之曰：'庆王往年猎，为豽伤甚。'" 以往研究者多认为李琮因为破面
　　而不得立为太子。事实上，开元三年册太子时李琮不过十岁出头，不
　　可能独当一面狩猎而伤面。庆王狩猎获伤是后来之事，玄宗与李林甫
　　的对话发生在天宝初年，李林甫旧事重提，玄宗并无此意，借庆王损
　　面而搪塞。李琮未能立为太子，根本原因还是在于生母无势，在开元
　　初年受到赵丽妃等人压制。《新唐书》卷223上《奸臣上·李林甫传》，
　　第6345页。

丽妃，王皇后将三子李瑛养于身边，视为己出，[1] 无形中也将杨氏笼络到了同一阵营。

打破开元初年后宫格局的，是后来被称为武惠妃（699—737）的宫人武氏。[2] 武惠妃是武则天从侄武攸止之女，其父于中睿之际死去，武氏当时尚未成人，随例入宫。[3] 玄宗即位时，武氏只有十四岁，还是一个普通的后宫侍女，执巾栉于左右。[4] 但因其美貌聪慧，出身上又与本为伎乐的赵氏霄壤悬别，日渐受到玄宗宠幸。开元四年（716），武氏生下第一子（玄宗九子），玄宗钟爱无比，取名李一。这个名字应该只是乳名，因为它与前八子的"嗣"以

---

1 《旧唐书》卷52《后妃下·玄宗元献皇后杨氏》，第2184页。

2 《唐会要》记载："开元二十五年十二月七日薨（原注：年四十）。"同卷又载苏冕语，称"武惠妃先天元年始年十四"。苏冕为德宗时人，编《会要》四十卷，时间又与武惠妃时代较近，其说可信。不过这样的话，武惠妃卒年应为三十九，《唐会要》之所以称"年四十"，或就概数而言，也可能因惠妃卒于年底，可视为四十岁。《唐会要》卷3《皇后·玄宗皇后武氏》，第29、31页。

3 《旧唐书·武惠妃传》记载："攸止卒后，后尚幼，随例入宫。上即位，渐承恩宠。"中、睿两朝，诸武曾在数次政变中遭诛除，武攸止应即在某次政变中死去，其女收入宫中，玄宗即位后受宠幸。如果武攸止为正常死亡，则按唐代制度，王女封郡主或县主，即便入宫也不可能作为宫女纳入后宫。因此，此处所谓"随例入宫"，其实就是按照唐朝旧例，将被诛杀者家中女性收入后宫。《旧唐书》卷51《后妃上·玄宗贞顺皇后武氏传》，第2177页。

4 玄宗后来欲以武惠妃为皇后，御史上疏称"惠妃本是左右执巾栉者也，不当参立之"。《唐会要》卷3《皇后·玄宗皇后武氏》，第30页。

及十子以后的"水"都不同，或许是借用了《道德经》"道生一"的说法，颇有"子以母贵"的意味。然而，李一在开元五年就夭亡了，当时还不满三岁。[1] 开元七年，武氏生下第二子（玄宗十五子），乳名李敏。遗憾的是，开元八年二月这个皇子在刚满周岁时也夭亡了。[2] 事实上在此期间，武氏还曾生下一女，同样襁褓而亡，追称为上仙公主。[3] 二子一女连续夭亡，令武氏背负了巨大

1　《旧唐书》载其"开元五年，孩孺而薨"，《新唐书》则记为"未免怀薨"，"免怀"即满三岁，互为补充，可知李一生卒年。《旧唐书》卷107《玄宗诸子·夏悼王一传》，第3263页；《新唐书》卷82《玄宗诸子·夏悼王一传》，第3610页。

2　《旧唐书》称"才晬"，即刚满周岁。《旧唐书》卷107《玄宗诸子·怀哀王敏传》，第3264页。

3　《旧唐书》等史书为叙述方便，提及武惠妃早夭之二子一女，一般顺序是夏悼王李一、怀哀王李敏、上仙公主，其实上仙公主出生及夭亡，很可能在两皇子中间。公主卒后，张九龄上《贺上仙公主灵应状》，提到"臣等亲侍轩墀，幸闻仙解"，玄宗《答张九龄贺上仙公主灵应批》回应称"所请书诸国史，以袭元元，卿亦史官，任为凡例"，都指向一个事实，即上仙公主死时，张九龄正任近侍之官，在皇帝身边。张九龄开元前期历任左拾遗、左补阙，开元八年至九年任司勋员外郎，张说入相后引其为中书舍人内供奉，不久再转中书舍人。司勋员外郎及中书舍人在尚书、中书省，不在皇帝身边。所谓"亲侍轩墀"指左补阙，从广义上讲也算史官，因此玄宗说"卿亦史官"。张九龄任左补阙在开元六年、七年间，[唐]张九龄：《贺上仙公主灵应状》，《全唐文》卷289，第2935页；[唐]李隆基：《答张九龄贺上仙公主灵应批》，《全唐文》卷37，第405页；《新唐书》卷126《张九龄传》，第4424、4427页。

的精神压力。开元八年（720）冬，武氏生下第三子（玄宗十八子），[1]当时取名李清，后来改名李瑁。[2]为免悲剧重演，玄宗将李瑁寄养于宁王府邸，由宁王妃元氏抚育。

此时的武氏宠幸冠于后宫，王皇后的地位岌岌可危。开元十二年，王皇后被发现有厌胜之事，于七月废为庶人，十月死去。[3]不

1　寿王李瑁生年基本可以确知。《广卓异记》卷2"寿王八岁能拜舞"条引《唐书》称："开元十五年五月，庆王潭等加都督事，玄宗以永王已下幼，不令于殿庭列谢。时寿王年八岁，请从诸兄行事，拜舞如法，上特异之。"《新唐书·寿王瑁传》则记载："开元十五年，遥领益州大都督。初，帝以永王等尚幼，诏不入谒。瑁七岁，请与诸兄谢，拜舞有仪矩，帝异之。"《广卓异记》作者乐史卒于1007年，《新唐书》作者欧阳修生于1007年，乐史所引《唐书》，显然不是《新唐书》，而是直接来自唐代的实录一类史料。不过从《新唐书》本段史料行文来看，欧阳修似乎另有所据。我们以乐史记载为准，参以欧阳修的说法，采取一种折中的解释，即寿王李瑁或许生于开元八年年底，至开元十五年春夏时节，既可算作八岁，也可算作七岁。［北宋］乐史:《广卓异记》卷2《后妃王子公主·寿王八岁能拜舞》，上海进步书局影印本；《新唐书》卷82《十一宗诸子·寿王瑁传》，第3613页。

2　李瑁之名，近年有学者依据出土墓志旁证，推测应为"李琩"。按，琩、瑁皆为玉，与玄宗之子命名一致。传世史料皆作瑁，未便以金石侧证径改，姑存两说，本书仍以史书记载为准，称为李瑁。

3　《旧唐书》卷51《后妃上·玄宗废后王氏传》，第2177页。

久，武氏晋封惠妃。[1] 按照开元年间的后宫制度，惠、丽、华三妃正一品，淑、德、贤、顺、婉、芳六仪正二品，因此在王氏被废、皇后空缺的情况下，武惠妃与太子母赵丽妃、八子李琚母刘华妃、五子李瑶母皇甫德仪四人成为后宫权势最显赫者。东封当年，寄养宁王府的李琩年约五岁，首次被带入宫中，与诸皇兄皇弟一道改名或封王，李琩封为寿王，宫中常呼为十八郎。随后的开元十四年，赵丽妃去世，太子李瑛失去生母。一来一往之间，武惠妃与寿王地位得到提升。太子李瑛与鄂王李瑶、光王李琚三人生母俱属藩邸旧爱，为应对强势的武氏母子而向彼此靠拢，无形中加剧了宫中的紧张局面。

开元十五年五月，诸皇子加都督职衔，玄宗认为十六子永王李璘以下都未满十岁，年纪太小恐礼仪不周，无须当庭拜谢，然而时年不满八岁的寿王却坚持要与诸兄长一同拜舞。陛见之日，李琩与一众年长的皇子共同行礼，赢得满朝赞许，玄宗也龙颜大悦。[2] 本该庄重森严的加官拜谢变成了寿王的个人表演，其背后显然是武惠妃的鼓动争取和玄宗的默许支持。然而，如果说玄宗希望改立寿王为太子，这又并不符合他内心的真实想法。此时的玄

1　关于武氏册为惠妃的时间，《唐会要》称"及王皇后废，赐号惠妃，宫中礼秩，一同皇后"，《旧唐书》所记略同，大致在开元十二年年末或十三年年初。《唐会要》卷3《皇后》，第29页；《旧唐书》卷51《后妃上·玄宗贞顺皇后武氏传》，第2177页。

2　《广卓异记》卷2《后妃王子公主·寿王八岁能拜舞》。

宗，摇摆于太子李瑛、三子李瑝与十八子李瑁之间。据说玄宗曾看着座前的李瑝，对身旁的武惠妃说："此儿甚有异相，他日亦吾家一有福天子。"让宦者取出罽宾国贡奉的上清玉珠，系于李瑝颈上。[1] 此事自然有肃宗即位后的刻意渲染，但并非凭空捏造，它反映出开元前期玄宗关于储位的真实心态。

这段围绕武惠妃展开的宫闱内争，对杜甫个人的生命史产生了深远影响。蕃邸旧宠群体的失势激化了玄宗诸子本就存在的矛盾，太子、鄂王、光王等人的处境日益艰危。数年之后，皇甫德仪与其所生子鄂王李瑶在内廷的政治风暴中相继谢世，给皇甫氏之女、鄂王胞妹临晋公主留下无法抚平的精神创伤。为了还生母清白，昭告世人，临晋公主不惜在皇甫德仪去世十年后竖起德政碑，而碑文的创作者正是驸马郑潜曜延入府下不久的门客杜甫。通过临晋公主一家，杜甫进而干谒了汝阳王李琎，并与其弟汉中王李瑀（汉中王为后来所封）建立起友谊，这些成为杜甫一生中极为重要的人脉资源。晚年的杜甫曾在成都作有一首《杜鹃行》，诗的后半部分道：

谁言养雏不自哺，此语亦足为愚蒙。

---

1 《太平广记》卷402《宝三·上清珠》，第3241页。按，《旧唐书·罽宾国传》："开元七年，遣使来朝，进天文经一夹、秘要方并蓄药等物。"所谓上清玉珠，当即此次所献。《旧唐书》卷198《西戎·罽宾国传》，第5309页。

声音咽咽如有谓，号啼略与婴儿同。

口干垂血转迫促，似欲上诉于苍穹。

蜀人闻之皆起立，至今敩学传遗风，乃知变化不可穷。

岂思昔日居深宫，嫔嫱左右如花红。

看似以杜宇比喻失位的玄宗，其实从"谁言养雏不自哺"的反问来看，不妨视作杜甫对整个玄宗朝储位内斗的影射。玄宗一生有子三十人，这个庞大的皇子群体令他殚精竭虑。从盛年时期对太子李瑛与寿王李瑁的处置，到晚年入蜀后对太子李亨（实已即位）和永王李璘的布局，玄宗何尝不像杜鹃一般，看似无情，实则于皇子身上耗尽心血。至于雏鹃，叫声各不相同，变化无穷，又何尝不像玄宗诸子，命运迥异。

四、张李之争

张九龄担任宰相的三年是在东都洛阳度过的。开元二十一年冬，尚未服完母丧的张九龄收到拜相诏书，从三千里外的韶州赶赴京师。[1] 是岁关中久雨歉收，京师大饥，朝廷出太仓米二百万石

1　韶州前往两京，有虔州和郴州东西两道，程途不同，其中"至东都取郴州路三千四百二十五里，取虔州、吉州路二千八百七十里"。《元和郡县图志》卷34《岭南道一·韶州》，第901页。

赈济灾情。为了确保中央财政收入，减少两京间租调转运负担，玄宗决定前往东都。开元二十二年正月六日，玄宗率皇室后宫和文武百官，自京师浩荡启程，用时二十天，于当月二十六日抵达东都，拜相仅两个月的裴耀卿随驾同至。次日，张九龄也到达东都。[1] 当年五月，裴、张分别升任侍中和中书令，李林甫则以礼部尚书同平章事，三相共同秉政。但实际上裴耀卿在到达洛阳不久，便受任江淮、河南转运使，忙于解决两京庸调输送问题。因此，"张裴李"的洛阳三年，更多表现为张九龄与李林甫之间的政治斗争。

李林甫与张九龄的最初分歧，在于对储君问题态度迥异。李林甫站在了武惠妃一方，通过中官向武氏表明了"愿保护寿王"的立场。在李林甫与武惠妃政治结盟的形成过程中，裴光庭之妻裴武氏起到了关键作用。裴武氏为武三思之女，武惠妃则为武攸止之女，二人同为武则天侄孙女。这层关系在裴武氏的墓志中，反映得更为充分：

夫人姓武氏，荆州都督赠太师周忠孝王士彟之曾

1　《唐纪》载："二十六日，戊子，至东都；己丑，张九龄至自韶州。"但《玄宗实录》与《旧唐书·玄宗纪》均记为己丑至东都，《资治通鉴考异》已指出这一差别，并认为应从《实录》，颇是。不过，《唐纪》却很难得地保留了一个重要信息，即张九龄晚玄宗一日到达东都。《资治通鉴考异》卷13《唐纪五》"开元二十二年正月"条，第527页。

孙，宗正少卿赠梁宪王元庆之孙，司空梁宣王三思之女，则天圣后之归孙，侍中赠太师裴忠献公之夫人也。……景龙季年，来归裴氏。……既而裴公宦履中外，职参文武，夫人劝以直道，质之托言。……及裴公功成名立，克终厥位；夫人节哀庀丧，惟堂昼哭。……公之嗣子曰积，仕历起居郎、祠部员外。远图伊始，早世无禄。夫人抚其遗孤，勖以先训，俾绍祖业，咸践周行。……享年卅九，以天宝三载八月十九日遘疾，薨于京城之光德里第。初，夫人藉宠平台，结褵郑氏，百两之盛，烂其盈门。神龙之初，长信复辟，国有缀旒之恐，家逢左袒之灾。……吉凶倚伏，岁月推迁，值尧舜之昌期，配真龙之盛德。……于是散禄秩以损有余，分宗姻而恤不足。闻喜之族，咸蒙举火之恩；荥阳之孤，更列乘轩之贵。郑氏一子曰继先，仕主左骁卫将军。[1]

武氏与裴光庭的结合，其实都是再婚，武氏前夫为荥阳郑某，裴光庭原配则姓望未详。关于武氏之初婚，墓志巧用梁孝王"平台"典故，非常贴切地点明是倚仗梁王武三思的权势玉成。武三思神龙三年（707）死于李重俊发动的宫廷政变，如果武氏初嫁荥

1　《唐故侍中赠太师裴公夫人武氏墓志铭并序》，《秦晋豫新出墓志蒐佚续编》，第738页；赵振华：《唐裴光庭墓志与武氏墓志研究》，《故宫博物院院刊》2016年第1期，第101—113页。

阳郑某是在此时,那么这个郑氏地位必然也是能够与梁王相匹配的,这让我们自然而然地想到了当时与崔湜同为宰相的郑愔。当然这只是一种猜测,目前史料还不足以确认武氏初嫁者。相比之下,另一个问题极为关键且又令人不解,即武氏生于696年,景龙四年嫁给裴光庭时才只有十五岁,而她初嫁郑氏时还不足十岁,这显然是不可能的。

一种可能的解释是墓志误记了裴武氏卒年。裴武氏的父亲武三思,约生于650年或稍后。[1]武三思次子武崇训,长安年间尚安乐郡主,安乐约生于684年,[2]武崇训生年当略在此前,约683年前后。如果裴武氏卒年为五十九岁,则她生于686年,与父亲武三思及兄长武崇训等人的年龄更为符合,神龙年间以二十岁左右的年纪初婚郑氏,也更为合理。墓志告诉我们,裴武氏再嫁裴光庭后,一直照料着郑氏之子郑继先。郑继先于开元末官至四品的

1 史称"承嗣从父弟三思",知武三思生年晚于武承嗣。《武承嗣墓志》已出土,知其生于649年,则武三思当生于650年或稍后。参见《旧唐书》卷183《外戚·武承嗣传》,第4729页;曹建强《唐魏王武承嗣墓志考略》,《中国国家博物馆馆刊》2012年第6期,第58—66页。

2 《新唐书·安乐公主传》称"帝迁房陵而主生",李旦684年先迁房州,不久便徙均州,在房陵时间有限。据此来看,安乐很大可能生于684年。《新唐书》卷83《中宗八女·安乐公主传》,第3654页。

太子家令、太子右卫率，[1] 天宝三载进而任从三品的左骁卫将军。这种不同寻常的持续照顾，暗示郑继先很可能就是武氏初婚后所生之子。武氏初婚或在长安年间，以703年计，其时十八岁，与常情相符，而郑继先可能生于705年，天宝三载四十岁。

武惠妃、裴武氏以及裴光庭都曾在武周宫廷中成长，裴武氏与武惠妃为从祖姊妹（同一曾祖），裴光庭则在其父死后由皇室抚育多年，拥有类似的幼年经历和政治背景。需要注意的是，裴武氏之父武三思是其家族在武周政治中的核心人物，相比之下，武惠妃之父武攸止年纪较小、资历亦浅。[2] 裴光庭死后，裴武氏能对旧日家奴高力士提出对相位人选的染指企图，可知其家族在开元宫廷政治中仍具有一定的影响力。嫁与裴家后，裴武氏长期接济照养前夫之子，居然还能得到裴氏家族的赞许（"闻喜之族，咸蒙举火之恩；荥阳之孤，更列乘轩之贵"），表现出过人的周旋交

1　[唐]孙逖：《授郭元昇右武卫将军守右卫将军郑继先右武卫率制》，《全唐文》卷309，第3138—3139页。按，孙逖于开元二十四至二十七年、二十九年、天宝元年至三载知制诰，开元二十五年李瑛被废，次年李璬册为太子。结合郑继先天宝三载的官职，他并未受到旧太子废黜的影响，而是自东宫官升至南衙将军，可知其东宫官为李璬册为太子后。参见《旧唐书》卷190中《文苑中·孙逖传》，第5044页。

2　天授年间易唐为周时，武则天遍封武氏宗亲，在世子侄十三人中，以武承嗣居首，武三思次之，武攸止末位。《旧唐书》卷183《外戚·武承嗣传》，第4729页。

际能力，史书对其"诡谲有材略"[1]的评价诚非虚言。裴武氏与武惠妃之间，无论就宗族关系还是政治背景而言，都天然具有亲近性。裴武氏与李林甫私交多年并助其拜相，于是李林甫在立储问题上，便自然站在了武惠妃一方。

然而，时任中书令的张九龄对太子李瑛持坚决保护态度，在储君问题上与李林甫水火不容。开元十二年、十四年以及十七年，王皇后、赵丽妃、杨贵嫔相继故去，唐朝的储位归属变得捉摸不定。赵丽妃是太子李瑛生母，王皇后是李瑛在后宫的政治靠山，杨贵嫔是忠王李玙生母。此时玄宗即位前的旧宠就只剩刘华妃、皇甫德仪（694—735）和刘才人。[2] 刘华妃虽为长子李琮生母，但玄宗似乎对刘氏感情较淡，李琮也一直未被置入储位候选的第一梯队。皇甫德仪与刘才人之子皆无储位之望，但往日受宠，如今冷落，心有不满。这种情绪投射到两人所生皇子身上，使得本就

1　《旧唐书》卷106《李林甫传》，第3235页。

2　《旧唐书·废太子瑛传》记载："时鄂王瑶母皇甫德仪、光王琚母刘才人，皆玄宗在临淄邸以容色见顾，出子朗秀而母爱加焉。"可知皇甫氏在李隆基为临淄王时便已被纳入王府。但据杜甫《唐故德仪赠淑妃皇甫氏神道碑》称"今上昔在春宫之日，诏诘良家女，择视可否，充备淑哲"，则当入选于李隆基为太子时。按，皇甫德仪生于694年，李隆基710年册立为太子，其时皇甫氏十七岁，或以良家女选入东宫。未知孰是，姑两存之，但皇甫氏属玄宗即位前旧宠，则无疑义。《旧唐书》卷107《玄宗诸子·废太子瑛传》，第3259页；[唐]杜甫撰，萧涤非、张忠纲等校注：《杜甫全集校注》卷22，第6348页。

私交笃甚的鄂王李瑶和光王李琚同病相怜,与太子站在同一立场,公开与武惠妃和寿王李瑁交恶。开元二十三年(735)十月,皇甫德仪在洛阳宫中去世,后宫的天秤进一步倾向武惠妃。刘才人或许仍在世,但面对地位与皇后相当、正承恩宠的武氏,一个被冷落的四品才人显然不值一提。皇甫德仪去世前后,武惠妃之女咸宜公主大婚,下嫁杨洄。[1] 婚后,杨洄为讨好武惠妃,暗中刺探太子与鄂王诸皇子言行,将三人对其母失宠的怨言反映给武氏。武惠妃向玄宗泣诉,称太子结党,欲加害其母子。历经中、睿两朝宫廷内斗的血雨腥风,玄宗对于"太子结党"有着天然的敏感,闻言震怒,谋于宰相,将图废立。

开元二十四年(736)十月二日,玄宗自东都起驾,二十日抵达京师。返回长安的玄宗召集宰相欲废太子,张九龄当即反对,说太子是国本,自幼长于宫中,由陛下您亲自教导,未见有过错,为何因一时喜怒而废黜?玄宗默然。退朝后,李林甫对宦官说,陛下家事何必谋于他人?向玄宗传递出支持的意愿。张九龄对于储位的坚定态度,使武惠妃母子难以遂愿,也就等于遏制了李林甫的政治企图。

这段时间发生的牛仙客入相风波,则进一步激化了张、李间的矛盾。开元十七年萧嵩入相后,将心腹牛仙客留在河西担任节

---

1 《资治通鉴》载当年"秋,七月,咸宜公主将下嫁,始加实封至千户",知其下嫁杨洄约在秋冬之际。《资治通鉴》卷214"开元二十三年七月"条,第6812页。

度使。由于信安王攻下石堡城，唐朝在与吐蕃的对峙中处于优势地位，河西数年间平安无事，牛仙客治下兵强马壮。此时萧嵩虽然罢相，但位居仆射，仍具有一定话语权。李林甫意识到，引牛仙客入相有玄宗与萧嵩的支持，是扼制张九龄的理想武器。开元二十四年秋，牛仙客迁任朔方节度使，玄宗欲加实封以示优宠，张九龄则认为边将驯兵秣马、储备军资乃是本职，可示奖励，但无须加实封。李林甫将此事泄露给牛仙客，后者入朝痛哭谢罪，坚辞官爵，玄宗大为震惊。不久，玄宗再就此事征询张九龄，张意见不变，玄宗愤而质问，说诸事都由爱卿你决定吗？张九龄说，这是宰相职责所在。玄宗说，你是觉得牛仙客不是名门吧？爱卿你又有何门阀可言呢？张九龄回道，我是边荒寒门，牛仙客是中土人士。然而陛下让我登台阁掌制诰，牛仙客出自河湟小吏，目不识字，如若委以重任，恐怕不合适。议事完毕后，李林甫出来又声言，只要有才识就行，何必非看文章辞赋。"天子用人，何有不可"？玄宗闻此，更加不悦。[1]

以张九龄的为官经验和政治嗅觉，应该不难觉察到自己处境的危险。恰在此时，张九龄的下属，中书侍郎严挺之出事。严挺之的第一任夫人与他离婚后，又嫁给了蔚州刺史王元琰。王元琰为官不检，以贪腐下狱，朝廷诏令三司推问，但在严挺之的暗中疏通下，王元琰竟得以免罪。严挺之的行为，实质是以行政权力干涉了司法的独立，性质极为恶劣。此事引起了玄宗的注意，他

1　《旧唐书》卷106《李林甫传》，第3236—3237页。

向张九龄表示，王元琰贪赃属实，听说是严挺之疏通相关部门才得免罪。张九龄说，严挺之的前妻已改嫁多年，不会有私情的。实际上，严挺之前妻当时至少已有五十岁，[1]与严挺之离婚也已有一二十年之久，[2]两人之间显然不是保持私情这么简单。严挺之在营救王元琰中表现出的积极态度以及张九龄在回应时的避实就虚，都使玄宗自然而然地将此事与结党营私联系起来。玄宗以肯定的语气谈及王元琰案，完全不是要征求张九龄的意见，而是手握铁证，存心试探。张九龄却试图以人情掩盖法理，犯下本不该犯的低级错误。

上述种种政治冲突，在玄宗返京后的短短一个月内急剧累积，最终无可避免地爆发。十一月二十七日，玄宗以结党的罪名罢裴耀卿和张九龄知政事，分别拜两人为尚书左、右丞相，明升实降。严挺之左迁洺州刺史，王元琰流放岭外。同日，以李林甫为中书令、同中书门下平章事、集贤殿大学士兼修国史；牛仙客为工部尚书、同中书门下平章事，知门下省事。牛仙客对李林甫马首是瞻，此后朝堂日渐变为李林甫的一言堂。开元二十五年四月，监

1　严挺之有一女嫁给明晔，据墓志知明严氏生于706年，则严挺之原配夫人最晚也应生于685年前后，至开元二十四年（736）已有五十岁。毛阳光主编：《洛阳流散唐代墓志汇编续集》186《故广平郡洺水县令明府君墓志铭并序》，北京：国家图书馆出版社，2018年，第374—375页。

2　严挺之继室子严武生于开元十四年（726），当时严挺之已经五十四岁，他与前妻离婚应远在此前。

察御史周子谅劾奏牛仙客非宰相之器，被玄宗盛怒诛杀。李林甫趁机提示，称周子谅当初是张九龄所擢用，于是玄宗再贬张九龄为荆州长史。

周子谅被杀当月，杨洄再次罗告太子，玄宗在李林甫的支持下，将太子李瑛、鄂王李瑶、光王李琚废为庶人，不久赐死。在与宰相商议时，玄宗表示了对"储宫虚位"的担忧，希望听到诸相对于接班人的意见。李林甫遂想当然地认为："寿王年已成长，储位攸宜。"令他不曾想到的是，玄宗说："忠王仁孝，年又居长，当守器东宫。"[1]对于东宫废立之事，玄宗很可能从一开始就有一套完整的想法，张、李之争的真正获胜者，其实是玄宗本人。年底，武惠妃病重，见三庶人为鬼作祟，惶恐而死，这是李林甫千算万算却不曾料到的。在此事上站错了队的李林甫，终其一生与太子关系不睦，这也成为李林甫政治生涯中最大的失策。

张、李之争的终结标志着李林甫专权的开始，这个时段一直持续至天宝十一载（752）李林甫病逝，有十七年之久。而如果从开元十八年力助裴光庭改革吏部铨选算起，则李林甫对唐朝政治的实际影响更是超过了二十二年。在此期间，杜甫经历了漫长的人生历练与巨大的家庭变动。循资格推行的当年，杜甫初应科举不第；而到了李林甫死时，杜甫已经献赋获得出身。因此，杜甫最主要的人生成长阶段，正是李林甫掌政时期。承认这一事实，对理解杜甫前半段生命史具有重要意义。

---

1 《旧唐书》卷106《李林甫传》，第3237—3238页。

五、兖州趋庭

在开元二十一至开元二十四年（733—736）的四年时间里，对于杜甫的具体行踪，我们知之甚少。不过从他"快意八九年，西归到咸阳"（《壮游》）的说法来看，这段时光都是在东边度过的。结合我们对杜闲仕宦履历的考辨，可知杜甫这四年间的活动，大致不出河北、河南道交界的魏、洛、齐、兖诸州。大约开元二十五年春，杜闲升任兖州（今济宁市兖州区）司马，杜甫随行前往，在侍奉家父的同时交结名流，寻求机会，这就是他早年诗中所谓的"东郡趋庭日"。

兖州为上都督府，司马位从四品下，此时的杜闲已然跻身高层文官。兖州治瑕丘县，是先秦鲁国的故土，天宝年间曾一度改称鲁郡。自兖州州城向东北行四十五里可到曲阜，开元年间仍可在县城北郊寻得孔子墓，而由西汉鲁恭王刘余营建的灵光殿历经七百多年仍岿然挺立在县城中心的鲁城。再北行百余里可至泰山。州境东南的平原上耸立着秦始皇东巡时曾刻石纪念的峄山，由李斯撰写的石碑在开元年间仍存世。这片历经千年沧桑的土地在李唐立国后，又见证了数次政治上的风云变幻。武德年间平定徐圆朗时，淮安王李神通曾与任瑰、长孙顺德、史万宝等将领共屯重兵于瑕丘故城。乾封元年（666）正月、开元十三年（725）十一月，完成封禅的高宗和玄宗曾先后南行至曲阜，祭拜孔子。

开元二十五年春，初抵兖州的杜甫得以随其父登上州城南门的门楼。是日晴朗，空中有白云飘浮，绵延天际。登楼南眺，无尽平野悉收眼底。有人顺着眼前向东南指去，说那里就是李斯刻石的峄山。这样边看边说，众人转到了城楼西侧和北侧。掠过州城内的千家庐舍，远处依稀可辨的一片颓垣中挺立着鲁恭王的灵光殿。这是杜甫第一次纵览兖州全景，如此风物荡起了他胸中久藏的思古之情，遂写下了这首《登兖州城楼》："东郡趋庭日，南楼纵目初。浮云连海岱，平野入青徐。孤嶂秦碑在，荒城鲁殿余。从来多古意，临眺独踟蹰。"

此后两年，杜甫基本以瑕丘为中心在兖州境内活动，留下的数首诗作也多与当地府县官员相关。与杜甫相识的，包括刘法曹、郑瑕丘、许主簿、房兵曹等。一个秋日的午后，石门水清山静，兖州都督府法曹参军事刘某、瑕丘县令郑某联袂做东，于山间别业宴请一众僚友，杜甫为此写下了《刘九法曹郑瑕丘石门宴集》一诗："秋水清无底，萧然静客心。掾曹乘逸兴，鞍马到荒林。能吏逢联璧，华筵直一金。晚来横吹好，泓下亦龙吟。"按理说，兖州是上都督府，法曹参军事位正七品下；瑕丘为上县，县令位从六品上，郑某的品级要高于刘某。但刘法曹是州府之官，而郑县令是郭下县（州治所在县）之官，因而杜甫将刘列于郑前。实际上，诗中很可能刻意隐去了一位宴集中的重要人物，即时任兖州司马的杜闲，杜甫赴宴应当是跟随其父同往，这从"掾曹乘逸兴，鞍马到荒林"的迤逦阵势以及晚间胡笛横吹堪值一金的"华筵"都可约略推知。

兖州兵曹参军事房某殊为好马，养有一匹大宛马。大宛是位于中亚费尔干纳盆地的古国，以出产汗血马而著称于世。汗血马学名阿哈尔捷金马，是热血马的代表品种，身形高大，头尖细而颈粗长，四肢修长，踠促蹄高，短距离奔跑速度快、爆发力强，至今仍是土库曼斯坦的国宝。这匹大宛马因为杜甫的《房兵曹胡马》一诗而得以为人所知。不过如此价值不菲的名马太过高调，不太可能是房兵曹每日州府公干时的坐骑，更可能是豢养于家，在众僚友至宅中赴宴时私下展示炫耀。这匹远自西域而来的胡马双耳峻锐、四蹄轻盈，给青年杜甫以巨大的视觉冲击，让他写下了这首充满想象力的诗作："胡马大宛名，锋棱瘦骨成。竹批双耳峻，风入四蹄轻。所向无空阔，真堪托死生。骁腾有如此，万里可横行。"而另一首对于画图中雄鹰的歌颂，同样出现了"何当击凡鸟，毛血洒平芜"（《画鹰》）这样少年心气的诗句。

无论是刘法曹、房兵曹还是郑瑕丘，他们与杜甫都谈不上深交，更多的是源自杜闲一层的关系与情面，这从上述诗篇颇为克制的语气也能看出。相比之下，杜甫与任城县许主簿的交往则多了几分真实的个人成分。许主簿当时的品级为正九品下，是典型的基层文官，职级、年龄上都不会和尚未释褐的杜甫形成太大差距，这为二人的深交提供了可能。杜甫与许主簿的交往主要反映在一来一往两首诗中。出兖州城西南行七十六里，便到了任城县，县西四十里是南北朝时期重要的军事水道桓公沟。这条水路最初由东晋将领桓温在太和四年（369）北伐时开凿，半个世纪后刘裕北伐时又再次疏浚。[1] 隋炀帝开凿大运河后，南北航道西移至宋、汴

1　《元和郡县图志》卷10《河南道六·兖州》，第270—271页。

诸州，桓公沟的水运地位大不如前，但对于任城当地仍不失为重要的沟洫水利。这一年的初秋，任城县雨水不断，至八月方始放晴。白露的前一日，杜甫应邀抵达任城，在许主簿的陪同下前往任城南郊的南池。雨后的桓公沟与南池水面上涨，许主簿此番至南池系有公干，即勘查督促南池及周边水利的疏浚工作。自桓公沟西来的小船集于南池，池边香蒲草渐趋残败，湖中菱角饱经雨水已然成熟。仲秋的白昼明显变短，鸣蝉声中，秋阳的燥热随着夜色的初临而缓缓消退，湖边有军士洗刷战马。这幅热闹的秋景被杜甫吟为诗句："秋水通沟洫，城隅进小船。晚凉看洗马，森木乱鸣蝉。菱熟经时雨，蒲荒八月天。晨朝降白露，遥忆旧青毡。"（《与任城许主簿游南池》）离开东都已有数载，又是一年白露将降，杜甫看着远方对许主簿说，家乡一切不知可好？我很想念。开元十八年的科场失意已渐成往事，倏忽之间他已将至而立之年了。

杜闲在兖州司马任上是否在当地购置宅邸，已无从知晓，但以他的职级，在瑕丘城中有一处体面的居所并非难事。一个夏日的午后，兖州城北乌云涌起，那是泰山的方向，院中廊下徘徊的杜甫不由想到《公羊传》中的一段话："山川有能润于百里者，天子秩而祭之。触石而出，肤寸而合，不崇朝而遍雨乎天下者，唯泰山尔。"[1]这行将落下的大雨，不正来自东岳溶溶屯聚的如峰之云

1　[春秋]公羊高撰，[东汉]何休解诂，[唐]徐彦疏，刁小龙整理：《春秋公羊传注疏》卷12《僖公三十一年》，上海：上海古籍出版社，2013年，第497—498页。

吗？一声震雷响彻长空，惊起燕子翻飞，兖州城中瞬时暴雨如注。杜甫忽然就想到了任城的许主簿，转身回屋提笔疾书，邀请他雨后来瑕丘相聚。与请柬一同写成的，还有一首诗："东岳云峰起，溶溶满太虚。震雷翻幕燕，骤雨落河鱼。座对贤人酒，门听长者车。相邀愧泥泞，骑马到阶除。"（《对雨书怀走邀许主簿》）座置浊酒，恭候长者车驾莅临。门巷或嫌泥泞，您或可径自骑马抵达寒舍。从这种殷切的期待中，可以看出杜甫对于两人友情的认可。

张玠是杜甫这一时期另外一位私交挚友。当初李渊父子太原起兵之际，有两个关键的人物促成其事：裴寂和刘文静。刘文静之女嫁给了南阳张氏，其孙或曾孙为南昌县令张仁范，生子名唤张玠。[1]这位李唐开国元勋的外姓后代自幼家资颇丰，少年时便轻财货而广交游，属于唐人所谓的"豪侠"，即不事产业、不取功名的闲散子弟。张玠一族本来贯属南阳，其幼年或曾因父亲职任关系在南昌生活过，但成年后最终"客隐兖州"[2]。这种"客隐"的生活状态，从杜甫《题张氏隐居二首》的标题中同样可以看出。张玠一家的"客隐"或"隐居"并不像字面意思那般富有诗意，"客户"在唐代是一个特殊的社会群体，具体是指脱离本贯迁入他乡的人户，其中不乏宇文融当初搜括的"逃户"。只不过张玠一家似

1　杜甫《别张十三建封》"尔惟外曾孙"之"曾孙"为泛称。刘文静生于568年，其与张建封（生于735年）之间相隔一百七十年，代际远远超过了四代。至于中间的具体代际，则因史料缺乏不得而知。

2　《新唐书》卷158《张建封传》，第4939页。

乎并非依附于当地豪强，反而是凭借其原有的财力和广泛的社会关系在兖州很快站稳了脚跟。杜甫能与张玠相识，说明他在兖州已初步建立起属于自己的交游圈。

初春的一个晴天，杜甫独自前往曲阜县东北的石门，往山中拜访张玠。阵阵伐木声愈显山中幽静，溪涧旁蜿蜒的山道上还残留着未及消融的冰雪。傍晚时分，杜甫终于到达了张家，在落日余晖中被迎入这座林木掩映的院舍。这是一处地道的山野居落，舍旁水池中数尾鲤鱼拨剌欢游，远处几头麋鹿正引颈呦呦，唷着新绿的春草。张家有个小男孩，三五岁的总角之年，待客接物已颇有礼数。此时的杜甫尚未成婚，但对于眼前这个老成的孩子却多有赞叹。他是张玠之子张建封，五十多年后官至徐州节度使、尚书右仆射，是德宗朝举足轻重的政治人物，也是韩愈在政治上的伯乐。

当天夜里，张玠设宴款待杜甫。他笑说，这里有杜康美酒，有张公夏梨（"杜酒偏劳劝，张梨不外求"），天下好物聚于席间，吃好喝好！这句双关了主客姓氏的调笑尽显张玠的豁达和其山庄的富足，而对于沉迷河鲜的杜甫来说，那几条池中鲤鱼恐怕不仅是一种景观，很可能也是当晚宴席上的佳肴了。酒过数巡，张玠向杜甫展示了其家藏的诸种宝物，极欢而罢。次日早饭后，张玠陪着杜甫在山间游览。杜甫惦记着前一天日暮时分的那几头麋鹿，与张玠远远地伫立观看。

此番访友经历汇成两首诗，其一曰："春山无伴独相求，伐木丁丁山更幽。涧道余寒历冰雪，石门斜日到林丘。不贪夜识金银气，远害朝看麋鹿游。乘兴杳然迷出处，对君疑是泛虚舟。"其二曰："之子时相见，邀人晚兴留。霁潭鳣发发，春草鹿呦呦。杜酒偏劳劝，张梨不外求。前村山路险，归醉每无愁。"（《题张氏隐居二首》）曲阜是鲁国的旧都，此间南行二三十里，据说曾是鲁僖公时代的国家马场——坰泽，如今历经千年兴衰，坰泽仅剩下一泓泉水，而山中也仅见得几头麋鹿巡游。张玠的高明之处，在于家有资财而不贪宝，委身时局而能远害。是仕宦进取还是逍遥世外？这个困惑杜甫多年的人生抉择，在此刻暂时被置之身外，眼前这位友人的态度，让他一时忘却了纷争之心和有无之辨。

　　在这段快意岁月的末尾，杜甫遇见了他一生最重要的朋友高适（700—765）。[1] 开元二十六年八月，汶上秋风微凉，高适乘小舟溯汶水行至兖州龚丘县，在这里与杜甫相识。这段相逢在两人的回忆中均有提及。晚年的杜甫在寄给高适的诗中有"汶上相逢年颇多，飞腾无那故人何"之句，而高适《东平路作三首》则更为明确地采用了"扁舟向何处，吾爱汶阳中"的说法。龚丘县城

1　高适的生年系学界推测得出，几种观点在年份上存在较大差异。同样，高适人生前半段特别是开元年间的活动，很多也依靠推测得来，无法准确系年。本书采用周勋初观点，认为高适生于700年。不过按照周勋初所作年谱，高适与杜甫相识于开元二十七年秋，而此时杜甫已开始为杜闲服丧，情理上有一定程度的不妥。事实上，周勋初对高、杜的相识时间也是推测得来，二人也完全有可能在前一年秋季相识。对于这个问题，目前的材料还无法支持完全坐实，姑存疑。参见周勋初《高适年谱》，上海：上海古籍出版社，1980年，第6—7、29—31页。

东北五十四里，坐落着先秦鲁国汶阳古城的遗址，汶水自泰山脚下缓流至此，迤逦向西，注入郓州的大野泽。汶阳古城周边的土地向称肥沃，"汶阳之田"是《左传》中大名鼎鼎的鲁国北部宝地，曾长期为齐国所觊觎，引发过诸侯间多次纷争。无论是杜甫的"汶上"还是高适的"汶阳"，都指向此地。杜甫后来的生命历程，多次与高适产生交集。就日常生活而言，高适与郑虔、苏源明一样，都是杜甫的亲密至交；但如果从仕宦层面来看，则高适之于杜甫的意义与影响，是独一无二的。

陪奉杜闲的几年，是杜甫一生少有的闲逸时光。初试不第后他与苏预等人在丛台、青丘等古迹的放纵经历，其实不会太长。大部分时间，他还是追随父亲，依托杜家旧有的交往结识名流，拓展人脉，初步建立起自己的人际圈层。随着杜闲在开元二十七年卒于任上，这段时光宣告结束，杜家的剧变行将到来。

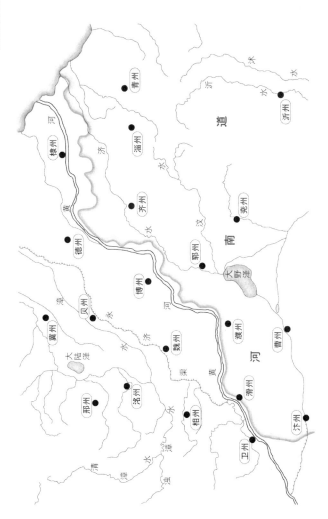

杜甫齐赵行程图

第六章　东都二年

杜甫二十八岁至三十二岁

开元二十七年（739年）——————————— 天宝二年（743年）

一、蜀地旧事

开元二十四年（736）张九龄罢相后,李林甫便以兵部尚书兼任中书令,而牛仙客则以工部尚书知门下省事,开启了长达十七年的李林甫专政时代。此后,唐朝的宰相格局依次经历了"李牛（仙客）—李李（适之）—李陈（希烈）"三个阶段,中书令（右相）始终为李林甫,门下省三任长官备其虚位而已。开元二十六年（738）春,牛仙客自工部尚书迁为侍中,遥领河东节度使,中书令李林甫遥领陇右节度使,两省长官身兼大镇节度使,"出将入相"的传统逐渐成为历史。其中自然有李林甫强化宰相权力的因素,但根本原因在于唐朝周边政治环境的变化和边境军事压力的急剧增长。从这个角度看,"出将入相"政治传统的废弃,其实是玄宗朝边镇发展难以避免的趋势。[1]李林甫执掌中书省之初最迫切的外患,来自吐蕃全方位的扩张。此时的吐蕃赞普墀德祖赞,持续向帕米尔高原南缘的小勃律（今巴控克什米尔吉尔吉特）、黄河九曲北部的廓州（今海南藏族自治州贵德县）、邛崃山脉东端的维州（今阿坝藏族羌族自治州理县）三个方向发动进攻,安西、河

1　参见王炳文《从胡地到戎墟：安史之乱与河北胡化问题研究》,第74—81页。

西、陇右、剑南诸节度使均承受着巨大的军事压力。

开元二十六年最吃紧的战事，发生在剑南道维州西侧的安戎城。当年秋冬之际，剑南节度使王昱率兵攻吐蕃安戎城，唐军大败，华州刺史张宥接任益州（今成都市）长史、剑南防御使，节制蜀地。张宥到任的时候，益州司马、节度副使是从安西迁转来的章仇兼琼。开元二十二年（734）冬，玄宗敕书时任碛西支度营田等使的章仇兼琼，此时章仇兼琼还同时兼知安西长行事，宪衔为从七品上的殿中侍御史。[1] 由于在安西的边功，章仇兼琼于开元二十四年被加授主客员外郎，升至从六品，[2] 不久迁至益州任司马、节度营田防御副使。新任节度使张宥是文官出身，缺乏御边攻战经验，章仇兼琼在实际决策中拥有更大的话语权，有架空节度使之嫌。[3] 张宥不甘心大权旁落，绕过章仇兼琼，与僚佐鲜于仲通（694—755）商议攻城之事。

1　［唐］张九龄：《敕碛西支度等使章仇兼琼书》，《全唐文》卷286，第2904—2905页。张九龄开元二十一年十二月方得起复，拜中书侍郎，诏书中有"西庭既无节度"及"冬寒"语，结合安西节度使这一时间的空缺，知此敕作于开元二十二年冬。参见吴廷燮《唐方镇年表》卷8《碛西北庭》，北京：中华书局，1980年，第1231—1232页。

2　孙逖《授章仇兼琼主客员外郎制》谓"可尚书主客员外郎，余如故"。孙逖于开元二十四年擢为中书舍人，此后八年间知制诰。此制作于孙逖初任中书舍人、章仇兼琼立功西域时，暂推定为开元二十四年。［唐］孙逖：《授章仇兼琼主客员外郎制》，《全唐文》卷308，第3132页。

3　《旧唐书》卷196上《吐蕃传上》，第5234页。

开元二十六年发生在遥远的剑南幕府的明争暗斗，将蜀中豪强鲜于仲通及其弟鲜于叔明（改姓后称李叔明）直接推到了历史前台，与之相伴随的，则是玄宗朝末代宰相杨国忠的强势崛起。这三个人物对中年以后的杜甫产生了持久而深刻的影响。杜甫天宝末年数次献赋，终释褐为官，其实都处于杨国忠执政的历史背景下，有着鲜明的时代印记。马嵬兵变后杜甫对于天宝政治的审视与反思，包括《北征》等长诗的创作，也都是围绕杨国忠展开的。至于鲜于氏兄弟，杜甫更是有着直接的干谒和交往，他后来对于蜀中政治的看法和在夔州的幕府生活，也都与鲜于氏兄弟存在或多或少的关系。天宝后期，杜甫曾写下《奉赠鲜于京兆二十韵》，记录了鲜于仲通从剑南土豪到朝中高官的过程：

王国称多士，贤良复几人。异才应间出，爽气必殊伦。

始见张京兆，宜居汉近臣。骅骝开道路，雕鹗离风尘。

侯伯知何算，文章实致身。奋飞超等级，容易失沉沦。

脱略磻溪钓，操持郢匠斤。云霄今已逼，台衮更谁亲。

凤穴雏皆好，龙门客又新。义声纷感激，败绩自逡巡。

途远欲何向，天高难重陈。学诗犹孺子，乡赋忝嘉宾。

不得同晁错，吁嗟后郄诜。计疏疑翰墨，时过忆松筠。

献纳纡皇眷，中间谒紫宸。且随诸彦集，方觊薄才伸。

破胆遭前政，阴谋独秉钧。微生沾忌刻，万事益酸辛。

交合丹青地，恩倾雨露辰。有儒愁饿死，早晚报平津。

杜甫将鲜于仲通比为西汉名臣张敞（"张京兆"），由作为地方基层官吏的"乡有秩"起家，[1]经由后来的节度使章仇兼琼提拔，更兼自身文学才华出众（"侯伯知何算，文章实致身"），因此不像姜太公那样等到晚年（"脱略磻溪钓"），而是如骏马猛禽般奋飞超等，致身京兆尹，位近宰辅，门下文士广聚。杜甫在诗中公开指斥"前政"李林甫（"破胆遭前政，阴谋独秉钧"），盛赞鲜于仲通与右相杨国忠非比寻常的交情（"交合丹青地，恩倾雨露辰"），甚至还表达了自己对杨国忠"早晚报平津"的感恩。可以说，杜甫与蜀地的因缘并非始于760年春天的草堂，要理解他中年人生的关键转折以及对蜀地的感情，需要将视线大幅度往前推移，回到开元二十六年的鲜于仲通。

鲜于氏是唐代前期政治中一个不可忽视的家族，属于欧亚草原东部的高车族，郡望以渔阳为称。[2]鲜于仲通本名向，以其字仲通行于世。鲜于仲通的曾祖叫鲜于匡赞，隋末任冠氏县（今聊城市冠县）的县令，李唐建国之际归附唐朝，但不久就去世了，

1　［东汉］班固撰，［唐］颜师古注：《汉书》卷76《赵尹韩张两王传》，北京：中华书局，1962年，第3216页。关于西汉"乡有秩"的最近探讨，参见孙闻博《从乡啬夫到劝农掾：秦汉乡制的历史变迁》，《历史研究》2021年第2期，第68—88页。

2　姚薇元：《北朝胡姓考》，北京：中华书局，1962年，第312—314页。关于渔阳鲜于氏世系，岑仲勉、周绍良曾有考订，参见《元和姓纂》卷5《二仙·鲜于》，第552—554页；周绍良《唐志丛考》，《文献》2006年第4期，第20—21页。

留下两个遗孤鲜于士简和士迪，被其叔父鲜于匡绍收养。鲜于匡绍曾在剑南多地为官，将二人带入蜀中，定居安家。通过颜真卿为鲜于仲通所撰神道碑的记载，可知初入蜀地的士简、士迪兄弟"皆魁岸英伟，以财雄巴蜀，招徕宾客，名动当时"[1]。鲜于士简就是鲜于仲通的祖父。及至开元年间，鲜于氏已经在蜀地扎根近百年，是不折不扣的豪门大族。

从鲜于士简起，这个自北方南迁的家族扎根于阆州新政县（今南充市仪陇县新政镇），家境殷厚，望雄蜀中。新政县南的嘉陵江中，有小山孤立，被称为离堆。鲜于氏在离堆上开凿石堂，置身其上，江流川坝悉收眼底。鲜于仲通生于694年，少年时纵情任侠，二十岁后才专心学问，在离堆读书。[2] 开元二十年（732），三十九岁的鲜于仲通在其舅，时任著作郎严从的荐举下，获得乡贡进士资格，进京科举，次年进士及第，直到六年后方得调补为益州新都尉。此时正值剑南道易帅，王昱兵败安戎城，张宥取而代之，而鲜于仲通仅任新都尉二十天便谢病还家了。[3] 起家之官授而旋辞，这种现象在唐人中并不少见，究其原因，往往是有更优越的职位调整。当年刚刚上任的节度使张宥与副使章仇兼琼争权

1 ［唐］颜真卿:《中散大夫京兆尹汉阳郡太守赠太子少保鲜于公神道碑铭》,《全唐文》卷343，第3483页。

2 ［唐］颜真卿:《鲜于氏离堆记》,《全唐文》卷337，第3419页。

3 ［唐］颜真卿:《中散大夫京兆尹汉阳郡太守赠太子少保鲜于公神道碑铭》,《全唐文》卷343，第3483页。

不叶，转而借助鲜于家族在蜀地的声望和势力，以此制约章仇兼琼。当然，鲜于氏不仅是剑南土著，更重要的是，其家族与吐蕃等西部民族素有渊源，特别是鲜于仲通的叔祖鲜于匡济，永徽元年（650）五月赞普弃宗弄赞（即松赞干布）去世时曾持玺书前往吐蕃吊祭，[1] 永徽三年（652）十一月又前往吐谷浑奉迎弘化长公主入朝，[2] 两入蕃地，声著西陲。

有鉴于此，张宥在开元二十七年（739）委任鲜于仲通为剑南采访支使。此举引发了章仇兼琼的不满。当年章仇兼琼入朝奏事，面谒玄宗，极言安戎城可取，深合玄宗之意。[3] 于是，张宥因对安戎城作战不力而离职，益州司马章仇兼琼升任剑南节度使、益州长史。这样一来，作为张宥心腹的鲜于仲通，处境立时变得危险。章仇兼琼先将鲜于仲通软禁一个多月，然后起复，令其摄判使事，监越巂兵马。尽管不久复其采访支使，"尽护剑南军事"，但开元二十七年至二十八年（740）的两年时间内，鲜于仲通主要在巂州（今凉山彝族自治州西昌市）任职，"冒暑渡泸者凡一十八

1　《旧唐书》卷4《高宗纪上》，第68页。《旧唐书》卷196上《吐蕃传上》作"遣右武候将军鲜于臣济持节赍玺书吊祭"（第5222页），右候卫之名，系唐初沿用隋制，至龙朔二年方改为右金吾卫。"臣"应为"匡"之误。参见《唐六典》卷25《左右金吾卫·大将军》，第638页。

2　《新唐书》卷221上《西域上·吐谷浑传》，第6227页；《资治通鉴》卷199"永徽三年十一月"条，第6279页。

3　《资治通鉴》卷214"开元二十七年十一月"条，第6840页。

度"[1]，异常辛劳。

正是在这里，时任巂州屯官的杨钊（700—756）进入了鲜于仲通的视野。杨钊大约生于700年前后，是张易之的外甥，[2]与杨贵妃一族是同一个曾祖。杨钊自幼好赌博饮酒，为宗党鄙薄。开元十七年（729），三十岁的杨钊作为品子（品官之子）应募从军，前往剑南道军中服役，在巂州从事屯田。玄宗朝的缘边诸州及军镇有大量屯田，用于保障边兵口粮，每屯五十顷，设有屯官、屯副各一人，"屯官取前资官、尝选人、文武散官等强干善农事，有

<hr>

1　[唐]颜真卿：《中散大夫京兆尹汉阳郡太守赠太子少保鲜于公神道碑铭》，《全唐文》卷343，第3483页。

2　关于杨钊的姓名称谓，本书以天宝九载其改名为界，此前称"杨钊"，此后称"杨国忠"。杨钊（杨国忠）生年史书不载，但可约略考知。《新唐书》称其"年三十从蜀军"，《资治通鉴考异》引《天宝故事》载："杨国忠本张易之之子。天授中，张易之恩幸莫比，每归私第，诏令居楼上，仍去其梯。母恐张氏绝嗣，乃密令女奴蟾珠上楼，遂有娠而生国忠。"按，杨钊为张易之甥，非其子，《考异》已有辨析。但《天宝故事》所载，透露出了杨钊出生的大致时间在张易之得宠之后，这也正是杨钊被附会为张易之之子的内在原因。不过，天授年间武则天宠幸薛怀义，张易之尚未得进用，张易之得宠在圣历年间。其出生拟于700年或稍早，当不致大谬。参见《新唐书》卷206《外戚·杨国忠传》，第5846页；《资治通鉴考异》卷14《唐纪六》"天宝九载十月"条，第553页。

书判，堪理务者充；屯副取品子及勋官充"[1]。屯官"凡屯田收多者，褒进之"[2]。开元年间的剑南道共有九屯，其中西北边境松州（今阿坝藏族羌族自治州松潘县）一屯，西南巂州八屯。屯田统归营田使管理，由于营田使例由节度使兼任，因此判越巂诸州军事的鲜于仲通才是巂州八屯的实际管理者。

此时的杨钊已在剑南军中服役十年。屯官的地位并不高，及至张宥到任时，杨钊任屯官已满六年，考课为优，按规定可以升迁，但张宥不喜欢杨钊的为人，非但未予升迁，反倒借他事对其加以笞责。[3] 以屯田或说营田授勋入流，是这一时期常见的入仕途径，屯田数年累积勋官后，往往会授予县尉之类的流内官，进入九品

1 《唐六典》卷7《尚书工部·屯田》，第223页。按，安史之乱爆发后，中原诸州也普遍设置屯田。以大历年间的苏州为例，"屯有都知，群士为之，都知有治，即邑为之官府。官府既建，吏胥备设，田有官，官有徒，野有夫，夫有任"。[唐] 李翰：《苏州嘉兴屯田纪绩颂并序》，《全唐文》卷430，第4375页。

2 《新唐书·食货志》："凡屯田收多者，褒进之。"贞元元年重申："屯官等节级优赏。"《新唐书》卷53《食货志三》，第1372页；[唐] 陆贽：《贞元元年冬至郊祀大赦天下制》，[北宋] 李昉等编：《文苑英华》卷425，北京：中华书局，1966年，第2157页。

3 唐代流外官身份的卑微，可参见任士英《唐代流外官制研究（上）》，《唐史论丛》第5辑，1990年，第284—285页。

序列。[1]虽然杨钊地位不高，但鲜于仲通世代居于蜀地，对杨钊与杨玄琰之间的关系应有耳闻。杨钊与当时新得宠的杨玉环（719—756）是从祖兄妹，二人为同一曾祖。开元七年（719），杨玉环生于蜀州，其父杨玄琰当时正任蜀州司户参军。杨钊入蜀从军不久，杨玄琰卒于蜀州司户任上，杨钊前去吊丧，与杨家次女私通，并设法取得其家资产。杨钊带着这笔钱到成都赌博，结果输了个精光。此后他暂时与杨家次女断了联系。开元二十三年（735）十二月，时年十七岁的杨玉环被册封为寿王妃，诏书由户部尚书同中书门下平章事李林甫与黄门侍郎陈希烈持至河南府士曹参军杨玄璬府中。[2]武惠妃死后，玄宗属意于杨玉环，开元二十八年正月，下诏将寿王杨妃度为道士。这一连串发生在千里之外长安禁中的宫闱秘事，被鲜于仲通敏锐地捕捉到，他逐渐对杨钊另眼相看。杨钊最终得授新都尉，起家入流，鲜于仲通的荐举起到了至关重

1　如梁令珣"始以大夫□子侍任边朔，弱冠而补屯田"，"考课居最，边储是供，遂擢授右卫长上。秩满，转右金吾卫司戈"；王守质"以营田功释褐岚州静乐尉"；王思"以营田授勋，终幽州昌平县尉"；陈添"解褐以营田上赏，调授济阳郡东阿县主簿"。《唐代墓志汇编》天宝176《唐故昭武校尉右金吾卫司戈梁府君墓志铭并序》，第1654页；《唐代墓志汇编》大历030《唐故衢州别驾王府君墓志》，第1779页；《唐代墓志汇编》元和060《唐故恒王府司马幽州节度经略军兵曹参军太原王府君墓志铭》，第1990页；《唐代墓志汇编续集》天宝100《大唐故济阳郡东阿县主簿陈府君墓志铭并序》，第655页。

2　［唐］李隆基：《册寿王杨妃文》，《全唐文》卷38，第419页。

要的作用。杨钊调任新都的时间很可能就在开元二十七年剑南节帅更替之际。

开元末年，杨钊迁任扶风尉，但到任后为官不顺，遂再次回到剑南。天宝元年（742），又在巴西郡（绵州）辖下某县任主簿或县尉。[1] 当时，章仇兼琼颇受玄宗宠信，他向鲜于仲通表露出自己的担忧："今吾独为上所厚，苟无内援，必为李林甫所危。闻杨贵妃新得幸，人未敢附之。子能为我至长安与其家相结，吾无患矣。"在与李林甫的政治博弈中，章仇兼琼将赌注押在了新兴的外戚势力杨氏身上。

对于章仇兼琼的这个请求，鲜于仲通的回应是："仲通蜀人，未尝游上国，恐败公事。今为公更求得一人。"[2] 事实上鲜于仲通同样有着政治上的野心，既然节度使提出了这个问题，那么他自然而然地想到了杨钊。鲜于仲通所看重的，并不仅仅是杨钊与贵妃间的亲缘关系，更为重要的是，杨钊与杨家次女，也就是后来的虢国夫人有旧日私情，派他前往京城疏通这层关系具有现实可操

1　据权德舆所撰《薛苹先庙碑》，薛苹之父薛顺先"始仕巴西，与杨国忠为僚。比及操柄，锐于引重"。既为"始仕"，则为县尉一类的基层文官。杨国忠此前所任之扶风为畿县（两京城外诸县，地位仅次于赤县，高于按人口规模划分的上、中、下县），尉正九品，而巴西郡治巴西县为上县，主簿正九品，任巴西县主簿的可能性更高一些。《权德舆诗文集》卷12《大唐浙江西道都团练观察等使润州刺史兼御史大夫河东郡公薛公先庙碑铭并序》，第204页。

2　《资治通鉴》卷215"天宝四载八月"条，第6867页。

作性。得自父母两系的家族遗传，杨钊生来容貌出众，俊美的外表和敏给的辞令在第一时间便赢得了节度使的好感，随即被留在身边辟为推官，往来日益密切。

二、杜闲之死

鲜于仲通在嶲州奔波往还的那一年，亦即开元二十七年，远在兖州的杜甫同样遭遇了家庭的重大变故。彼时还没有任何迹象表明他们的人生会发生交集，但正是在这一年，鲜于仲通开始了与杨钊的交往，而杜甫则开始逐步成为杜家事实上的家长。此后，他们的人生轨迹将不约而同地向着长安趋进，而杜甫与鲜于氏兄弟的交往，其实已经埋下伏笔。

尽管缺乏直接记载，但诸多史料都指向杜闲卒于开元二十七年上半年。天宝三载（744）五月老杜卢氏去世时，杜甫为其撰写墓志，对杜审言的全部子女（包括在世的和已故的）做了记载，其中"薛氏所生子，適曰某，故朝议大夫、兖州司马"（《唐故范阳太君卢氏墓志》），说明当时杜闲已经过世。[1] 天宝元年春夏间小

---

1 曾有学者认为"故兖州司马"中的"故"指杜闲之前做过的官，杜闲此时尚在世。这样的看法，没有任何唐史研究的常识可言。"故"在唐人墓志中加于官衔之前，均指已故之人，其确定程度，类似于先皇帝前加"大行"，没有任何可怀疑处。

裴杜氏去世时，杜甫为其服亲丧，撰写墓志并操持刻石，甚至还与裴家人共同议定了小裴杜氏的谥号。可以说，小裴杜氏丧事的各项重要环节，杜甫都有参与。小裴杜氏与杜闲、杜并、杜专同为杜薛氏所生，杜家作为娘家必然需要参与她的丧事。杜并早在圣历年间便死于周季童案，杜专也在开元年间去世，[1] 小裴杜氏死后杜甫参与定谥刻碑等关键事项，实质上是代表整个杜家来出面。这说明了一个重要问题，即杜甫此时已是杜家事实上的家长，换句话说，杜闲此时已经不在世了。[2]

1　杜甫《唐故范阳太府君卢氏墓志》称"次曰专，历开封尉，先是不禄"，"不禄"即"无禄"，用《左传》典故，本义为不得禄位，意为去世，但往往与早岁殒命连用，如晏婴所谓"无禄，早世殒命"、子产所谓"无禄早世"，皆是其例。参见［春秋］左丘明撰，杨伯峻注《春秋左传注》"昭公三年"，北京：中华书局，1990年，第1234页；《春秋左传注》"昭公七年"，第1291页。

2　杜甫《唐故万年县君京兆杜氏墓志》叙其娘家时称："曾祖某，隋河内郡司功、获嘉县令。王父某，皇监察御史、洛州巩县令。前朝咸以士林取贵，宰邑成名。考某，修文馆学士、尚书膳部员外郎，天下之人，谓之才子。兄升，国史有传，缙绅之士，谏为孝童。故美玉多出于崑山，明珠必传于江海。盖县君受中和之气，成肃雍之德，其来尚矣。"其中未提及杜闲，但这不能作为杜闲在世的证据。唐人墓志中，大部分女性志主的母家只记祖、父，不提及兄弟。与男性墓志重在强调家族谱系不同，女性墓志叙其母家人物，还多了矜耀的成分在里面。多数情况下，女性墓志中提到的人物都是已故者，但也有相当数量的女性墓志提到的人物是尚在世的，如作于开元十四年（726）的《董怀义墓志》："夫人侯氏，左羽林军郎将侯楚金之姊，霍国公、开府仪同杜闲卒于天宝元年以前，其实还有很多侧证。杜甫《赠李白》诗中有"二年客东都，所历厌机巧。野人对膻腥，蔬食常不饱"的说法。小裴杜氏去世后，杜甫在洛阳停留了两年，因为既不在京师杜陵，也不在偃师老宅，因此称为客居东都。两年之间，因为拜谒权贵，杜甫经常有赴宴吃肉食荤的机会，自嘲为"野人对膻腥"，吃不习惯。这完全不是居父丧的样子。而如果杜闲天宝元年在世的话，那这两年间杜甫必然有一段服父丧的时间，因为可以确定天宝三载杜闲已经去世了。类似的证据是天宝三载夏杜甫遇见李白后，与之同赴王屋山访道，如果天宝元年之后杜闲才去世的话，杜甫遇见李白时父丧也未满，游山访道的孟浪之事与三年之丧的规制不符。简单来说，从杜甫天宝初年的各种生活细节和状态来看，此时他已服完父丧。

事实上，杜甫在开元二十九年（741）寒食写下的《祭远祖当阳君文》已释放出一个重要信号，即此时杜甫刚服完父丧。祭文首尾如下：

维开元二十九年，岁次辛巳月日，十三叶孙甫，谨

（接上页）三司、行殿中大监王毛仲之甥也。"当时王毛仲尚在世，记入母家主要是为夸耀。杜甫这里提到的杜家几人中，杜鱼石、杜依艺、杜审言为母家谱系，杜并则以孝义入国史，属于家族荣耀。因此，不能以此作为判断杜闲是否在世的依据。参见《唐代墓志汇编》开元235《大唐故云麾将军行右威卫将军董公墓志并序》，第1318—1319页。

以寒食之奠，敢昭告于先祖晋驸马都尉、镇南大将军、当阳成侯之灵。……小子筑室，首阳之下。不敢忘本，不敢违仁。庶刻丰石，树此大道。论次昭穆，载扬显号。于以采蘩，于彼中园。谁其尸之？有齐列孙。呜呼！敢告兹辰，以永薄祭。尚飨！

本文名为祭远祖杜预，实为"筑室"既成而昭告。"筑室"就是盖房子，象征着一段新生活的开始。对于唐人来讲，筑室的一个重要契机，是父亲或母亲的丧期服满。颜真卿所作《宋璟碑》中，就有"寻丁齐国太夫人忧，服阕，筑室反耕"[1]这样明确的说法。有人认为"筑室"是在墓侧筑庐以尽孝道，这是没有任何根据的。遍检唐人文献，"筑室"并无筑墓庐的用法，筑室是筑室，庐墓是庐墓，对唐人来说，这是完全不同的两件事。况且庐墓是为服丧而临时搭建，为远祖服丧，闻所未闻。杜甫遥祭远祖杜预，目的很明确，即他此时已服满父丧，在偃师旧居旁建新屋以成家，昭告远祖。唐代的三年之丧，实际上是二十五个月。结合上述分析，杜闲应于开元二十七年初卒于兖州司马任上，时年六十岁。

从开元十八年（730）科场失意算起，到开元二十七年初杜闲去世为止，其间共八年多时间，正是被杜甫称为"快意八九年"的岁月。至此，我们有必要将《壮游》的前半部分完整录出，以

1　［唐］颜真卿：《有唐开府仪同三司行尚书右丞相上柱国赠太尉广平文贞公宋公神道碑铭》，《全唐文》卷343，第3477页。

便做进一步的分析：

往者十四五，出游翰墨场。斯文崔魏徒，以我似班扬。

七龄思即壮，开口咏凤皇。九龄书大字，有作成一囊。

性豪业嗜酒，嫉恶怀刚肠。脱略小时辈，结交皆老苍。

饮酣视八极，俗物都茫茫。东下姑苏台，已具浮海航。

到今有遗恨，不得穷扶桑。王谢风流远，阖庐丘墓荒。

剑池石壁仄，长洲荷芰香。嵯峨阊门北，清庙映回塘。

每趋吴太伯，抚事泪浪浪。枕戈忆勾践，渡浙想秦皇。

蒸鱼闻匕首，除道哂要章。越女天下白，镜湖五月凉。

剡溪蕴秀异，欲罢不能忘。归帆拂天姥，中岁贡旧乡。

气劘屈贾垒，目短曹刘墙。忤下考功第，独辞京尹堂。

放荡齐赵间，裘马颇清狂。春歌丛台上，冬猎青丘旁。

呼鹰皂枥林，逐兽云雪冈。射飞曾纵鞚，引臂落鹙鸧。

苏侯据鞍喜，忽如携葛强。快意八九年，西归到咸阳。

以往一般将"快意八九年"对应开元二十五年（737）到天宝四载（745）。之所以选取开元二十五年为起点，源于将杜甫首次参加科举毫无根据地定于开元二十四年，其中谬误此前已有详细辨析。如果按照这种观点，那么杜闲去世及杜甫长达两年多的父丧，正在这个时间段内。此外，杜甫在这八九年间还失去了二姑母小裴杜氏、继祖母老杜卢氏，家族连遭变故。将为父服丧和家族变故称为"快意"时光，休说是杜家这样礼法森严的中古大族，即便普通百姓，也断不会如此荒唐。因此，以开元二十五年到天宝四载为"快意八九年"的看法，是完全错误的。

以天宝四载作为杜甫"快意时光"的终结，恐怕还有一个潜在的原因，即为了刻意照顾后面"西归到咸阳"的说法，因为杜甫在天宝四载与李白分别后，不久便前往京师，开启了他十多年的长安岁月。然而需要注意，《壮游》是由若干回忆片段构成的自传性长诗，前后时间上并非完全相接，很多较长的时段在叙述递进时被直接略过。本诗开篇便重点回忆了封禅前夕的洛阳之会，此后略过数年，径及吴越之行，再忆应试不第后东游的"快意八九年"，随后"西归到咸阳"。可以看到，这几段回忆间都存在明显的时间跳跃，很多题眼"游"之外的经历都被略过，比如在兖州追随父亲的"东郡趋庭日"就未予提及。正因如此，"西归到咸阳"的表述更多是一种承接作用，重在引出后面追随显贵、奏赋明光等长安生活，至于中间六七年的服丧、筑室、客居东都等经历，则像前面几次一样被直接略过了。

三、杜家之变

杜闲之死是杜家生活的转折点。作为长子，杜闲在711年初婚以后，逐渐成为杜家实际上的主导者。由于杜甫生母杜崔氏早卒，杜闲小家庭中的实际女主人其实是随后续娶的小杜卢氏，她为杜闲又生下四男。两代杜卢氏婆媳加同宗的双重关系，使得杜闲的家庭与老杜卢氏有着难以分割的关系。

如果从杜家析出杜审言、杜闲、杜甫为代表的三代人，就会发现看似人丁殷盛的杜氏大家庭中其实始终隐藏着几个难以克服的危机。首先，第二代的杜闲、杜专与三个姊妹，都不是老杜卢氏所生。杜闲结婚之初，杜专尚未婚宦，与异母弟杜登暂时对家族都有依赖。随着杜专自立，本为亲生母子的老杜卢氏与杜登的关系就更显亲近，从而使第二代杜氏出现分离倾向。其次，第三代的杜甫，与杜颖等四人系异母兄弟，双方对小杜卢氏的亲近程度显然不同。最后，杜家在第二代和第三代都存在原配子女与续娶子女，但第二代原配子女数量占优，包括杜闲、杜专、三位姊妹以及虽早卒但名入国史的杜并；而第三代却是续娶子女数量占优，原配子女仅杜甫一人。在长达三十年的时间里，杜家上述复杂的亲缘因素能够凝聚在一起，关键并不在于名义上的家长老杜卢氏，而是长子杜闲。杜闲去世后，长期被掩盖的家庭分离因素立时浮现出来。

杜闲丧期满后，老杜卢氏便从偃师祖宅搬出，前往汴州随杜登居住。天宝元年或稍晚时候，杜甫写下了一首五言律诗，诗曰："一匮功盈尺，三峰意出群。望中疑在野，幽处欲生云。慈竹春阴覆，香炉晓势分。惟南将献寿，佳气日氛氲。"这首诗的题目很长，对于还原此时的杜家状况有重要意义：

天宝初，南曹小司寇舅于我太夫人堂下垒土为山，

一匮盈尺，以代彼朽木，承诸焚香瓷瓯，瓯甚安矣，旁

植慈竹。盖兹数峰钦岑婵娟，宛有尘外数致，乃不知兴
之所至，而作是诗。

　　老杜卢氏所居院落，堂前原本是几株朽木，如今铲除枯树，
垒成几座错落有致的假山。"一匮"更多时候作"一篑"，指一筐
土，但唐人谈及园林景观时，往往用"一篑"代指盆景、假山之
类。[1]"盈尺"是说假山不大，标准的盆景规模，[2]分置在数个香瓯
中，形成参差叠嶂的视觉效果。旁种翠竹，庭中顿生雅致。盆景假
山是唐代文士庭院中常见景观，张仲素《窗中列远岫赋》称"植
木玩芳""累土为山"，可使主人推窗就仿佛看到远山，如画图展
开（"爱开窗以列岫，若施障而图山"）。[3]假山的制作者为杜家亲
戚，杜甫称为"南曹小司寇舅"。"南曹"指吏部选院，因设在选
曹之南而得名，负责核实待选官员解状、簿书、资历、考课等档

1　白居易《草堂记》："凡人丰一屋，华一篑，而起居其间，尚不免有骄
　　稳之态。""丰一屋"指扩建宅院，"华一篑"指营造盆景。[唐]白居
　　易撰，朱金城笺校：《白居易集笺校》卷43《草堂记》，第2672页。

2　在唐人的语境中，"盈尺"不具有严格的尺度意义。最常见是用来指高
　　度或深度，如树苗盈尺、大雪盈尺；也可指广度或宽度，如一片片的青
　　苔、深洞中的石柱。实际上，树苗再矮，也比地面积雪高得多，足见
　　该词含义需视语境而定。具体文本例证颇多，兹不列举。此处以"盈
　　尺"指假山，自然不大，但绝不会仅是"一尺"的袖珍规模。

3　[唐]张仲素：《窗中列远岫赋》，《全唐文》卷644，第6517页。

案，由吏部员外郎担任，[1] 但也有以其他诸部员外郎判南曹事的情况，[2] 这里的"南曹小司寇舅"正是以刑部员外郎判吏部南曹事。[3] 杜甫称其为舅，可能是其母家崔氏亲戚，抑或小杜卢氏的娘家兄弟，但这位崔姓或卢姓的刑部员外究竟是谁，目前的史料还无法确知。

天宝初年，玄宗一直身在京师，未曾移驾东都。假山修建的春季，正是吏部铨选最为繁忙的时间，远在长安的南曹舅氏恐怕很难亲临杜家，院中盆景更可能是舅氏出资，觅人营造，目的则是为老杜卢氏祝寿。我们将这件事放在杜家前后一系列变动中，会看得更加清楚。营造盆景的前一年春季，杜甫在偃师祖宅旁"筑室卜居"，昭告远祖，宣告新生活的开始；假山建成两年后，老杜卢氏"卒于陈留郡之私第"。特别要注意的是，老杜卢氏之死，既不在洛阳府偃师县杜家老宅，也不在长安南面少陵原的杜氏族居地，而是在陈留郡（汴州）城中的私家宅邸。这说明她并非因随

1　《唐六典》卷2《尚书吏部·吏部员外郎》，第36页。

2　韩愈《顺宗实录》载："大历八年，刘晏为吏部尚书，奏（令狐）峘为刑部员外，判南曹。"是其明确例证。《顺宗实录》卷3"五月辛卯"条，[唐]韩愈撰，马其昶校注，马茂元整理：《韩昌黎文集校注·文外集卷下》，上海：上海古籍出版社，2014年，第791页。

3　唐人常借周官做本朝官职雅称，"司寇"指刑部尚书，"小司寇"严格意义上指刑部侍郎，但从制度上讲，南曹事由刑部员外郎或同为从六品的他司员外主掌，四品的侍郎不会判曹事琐务，此仅为人情世故的泛用，以示尊敬。

子宦游或探亲访友病故异乡，而是在晚年有目的地选择了汴州，搬离了偃师杜宅。

与此前杜甫筑室卜居联系起来看，不难发现，杜家在杜闲死后进行了一次影响深远的分家，这个过程可以按时间顺序大致复原如下。开元二十九年年初，杜闲丧期已满，老杜卢氏随子杜登迁居汴州，杜甫与其异母诸兄弟（颖、观、丰、占）、从兄弟（杜专诸子）留在了偃师。随着第二代杜闲、杜并、杜专的过世和杜登的析分，第三代长子杜甫成为偃师老宅事实上的家长（尽管当时小杜卢氏还在世）。当年寒食，杜甫代表析分后的杜家祭告远祖。所谓"筑室"未必是新盖一院宅邸，而更可能是整修旧宅，分定各家居所。天宝元年春，杜甫东往四百里外的汴州，在刑部员外舅的协助下，帮老杜卢氏整治了汴州宅院。当然，杜家与很多唐代世家大族一样，表面上仍旧维持着大家庭的形态，但修整庭院等事并不能掩盖已经分家的事实。

令杜甫不曾想到的是，他的二姑母小裴杜氏于当年夏在洛阳仁风里家中去世了。杜甫遂从陈留返回东都，前往吊丧。小裴杜氏去世得很突然，病危之际只有长子裴朝列和长女独孤裴氏侍奉在侧，次子裴朝英、三子裴朝牧以及次女阎裴氏都是在母亲去世后才赶回洛阳。杜甫的年纪比裴家诸子都长，又在幼年蒙姑母鞠育，因此为小裴杜氏成服，撰写墓志并安排刻碑。他向前往裴家致哀的客人忆及裴姑易子存己的往事，众人叹服落泪，誉之为

"义姑"[1]。

当然，小裴杜氏在裴家享有极高的威望，与她长期主持家务密不可分。开元九年（721）夏，老裴杜氏丧期满，身为长嫂的小裴杜氏成为裴家主中馈者，掌握家中锁钥权。裴家两兄弟此时是否分家，不得而知，但从老裴杜氏卒于次子扶沟县的官舍来看，裴荣期和裴昌期早在母亲还在世时，便很可能由于异地为官等现实原因而难以常聚。晚年的小裴杜氏信佛吃素，不茹荤腥，成为居士，这应该只是她的个人选择。裴家自高宗朝以来便在洛阳城中拥有祖宅，百年之间，从当初的永丰坊迁至如今的仁风里，都位于城内洛水南岸的中心区。据此来看，小裴杜氏晚年的生活应当颇为优裕。

裴荣期在开元后期的仕途颇为顺畅，及至开元末年，他已经做到了济王府录事参军，散阶为五品的朝散大夫。这从小裴杜氏晚年所得"万年县君"的命妇封号可以推知。县君属于唐朝的外命妇，其获取不外两种途径：一种是通过丈夫或儿子的官品获得，另一种是由政府版授（官方授予）旌表。杜甫二姑的万年县君属

1　尽管杜甫在墓志中记载了他参与姑母议谥的细节，但小裴杜氏真实的谥号我们并不知道。墓志中的"义姑"显然不是谥号，而是众人对她的美誉，这是需要区分注意的。

于前一种情况，系由其夫裴荣期的官阶获得，[1] 这在杜甫所撰《唐故万年县君京兆杜氏墓志》中有明确记载。据墓志，知小裴杜氏遗愿是"褐衣敛吾，起塔而葬"，以布衣之礼下葬，但裴荣期"自以从大夫之后，成县君之荣"，对坟茔规制做了相应的匹配，礼节从俭。裴荣期说得很明白，妻子杜氏的县君是由他"从大夫之后"而得来的。[2] 这是《论语》中孔子自况之语，指他曾任鲁国大司寇，不过在唐人的语境中，"从大夫之后"有了更为宽泛的运用，包括州郡长官、寺监之丞等中高层文官都可视为此列。[3] 按照《唐六典》中的规定，职事官或散官五品以上者，其妻或母可获封县

1　这在唐代外命妇的获取中，是最为常见的一种形式。如于肃《内给事谏议大夫韦公神道碑》："夫人宋氏，德行温厚，姿容婉淑，从夫之贵，寻封广平县君。"《全唐文》卷371，第3766页；吕温《故河中节度使检校司空平章事杜公夫人李氏墓志铭》："夫人始封赞皇县君，进封真定郡君，又为真定夫人，从夫之贵也。"《全唐文》卷631，第6366页。

2　杜甫二姑的儿子中，长子无官任，次子裴朝英时任县尉，显然与此悬远，而且由子获得的命妇职衔前需加"太"字，因此排除由子获封的可能。至于版授，年龄上不符，而以义旌表，一般都是国之大义，如郭子仪之妻王氏"天宝中，汾阳分镇河中，策勋王府，夫人从夫之义，封琅琊县君"。这对于小裴杜氏来说是不太可能的。[唐]杨绾：《汾阳王妻霍国夫人王氏神道碑》，《全唐文》卷331，第3359页。

3　如张何《对太守步归郡邸判》称"从大夫之后，不可徒行"，是指太守。[唐]张何：《对太守步归郡邸判》，《全唐文》卷457，第4671页。

君，[1]由白居易草拟的一封制书确凿地印证了这种情形：

> 敕：某官冯宿等：凡品秩之制有九，自五而上谓之贵阶。而宿司吾言，注持吾宪，籍、照以降，皆著勤，由朝议郎一进而及此。此之所以为贵者，荫及子，命及妻，岂唯腰白金，服赤芾从大夫之后而已？宠数既重，思有以称之。并可朝散大夫。[2]

这封制书是向冯宿诸人一并授予朝散大夫的散官，被授诸人中，裴注的职事官仅为从六品的侍御史，因此制书中所谓的"自五而上谓之贵阶"，正是指将要授予诸人的朝散大夫，位从五品下，跻身"从大夫之后"的贵阶行列，诸子可得门荫，其妻可封命妇。小裴杜氏卒时，裴荣期的职事官为济王府录事参军事，位从六品上，但杜甫在墓志中明确称颂其"入在清通，同行领袖，素发相敬，朱绂有光"，这里的"朱绂"，正是唐人对五品以上官

1　《唐六典》载："五品、若勋官三品有封，母、妻为县君。散官并同职事。"《唐六典》卷2《尚书吏部·司封郎中》，第39页。

2　[唐]白居易撰，朱金城笺校：《白居易集笺校》卷49《兵部郎中知制诰冯宿侍御史裴注义武军行军司马御史中丞萧籍饶州刺史齐照邓州刺史浑镱并可朝散大夫同制》，第2884页。

的代称，在出土墓志中并不鲜见。[1] 在五品以上职事官及散官中，从五品下的朝散大夫是最低一级，作为跻身显贵的标志，与"朱绂"这一意象联系使用的频次尤其高。考虑到散官与职事官的级别差别不会太大，因此天宝元年小裴杜氏卒时，裴荣期的完整官职应该正是朝散大夫行济王府录事参军事。小裴杜氏万年县君的命妇封号，正来自其夫裴荣期的文散官朝散大夫。[2]

小裴杜氏丧事之后，杜甫暂时停留在洛阳。此时的杜甫尚未婚配，[3]父亲已去世三年多，没有至亲之人为他的仕途而奔走经营。作为杜家第三代长子，他需要承担分家后的各种生计俗务，经济

1　武周时期的《五品亡官志文并序》称"彤管所以载辉，朱绂由其有裕"，是泛指；睿宗年间的《大唐故朝散大夫行定王府掾独孤府君墓志铭并序》"长安三年，恩制加朝散大夫。公之振华缨，拖朱绂"，指散官。《唐代墓志汇编》天册万岁 007《五品亡官志文并序》，第 882 页；《唐代墓志汇编》景龙 030《大唐故朝散大夫行定王府掾独孤府君墓志铭并序》，第 1102 页。

2　《杜甫全集校注》将"朱绂有光"解释为"裴荣期因夫人贤惠、婚姻美满而荣耀于官场"，大谬。进而引《杜并墓志》对杜氏先祖的记载，将"从大夫之后"解释为小裴杜氏是汉代御史大夫杜周的后代，于典故无据，于唐人措辞实例更无稽，尤为荒谬。[唐]杜甫撰，萧涤非、张忠纲等校注：《杜甫全集校注》卷 22，第 6317、6323 页。

3　很多学者根据《祭远祖当阳君文》中的"筑室"一词，认为杜甫于开元二十九年结婚，这种看法是站不住脚的，它误解了筑室的含义，未能探究杜家当时的具体情况，同时也缺乏对整个唐代家庭结构的历史性认知。杜甫长子杜宗文约生于天宝七载、八载，则他的婚配应在天宝四载以后，由小杜卢氏主持，详后论述。

上的压力也陡然增加。在这种情况下，他在东都开始游走于权宦之间，交结显贵，从而开始了他所谓"二年客东都"的生活。

四、严齐之会

杜甫两年客居生活，与东都当时特殊的政治环境以及人事因由密不可分。天宝元年，两位文学派高官严挺之（673—742）与齐澣（675—746）同时被留在东都，以员外置员的方式担任正四品上的太子少詹事。该职本为太子詹事副职，是协助"统东宫三寺、十率府之政令"[1]的高官，但留司东都又员外增置的少詹事，却是不折不扣的闲职。这一年严挺之七十岁，齐澣六十八岁，都在东都置有宅邸，经常竹杖麻鞋彼此过访，或燕谈终日，或游赏园林。[2]严挺之与齐澣是开元中后期文学派在政治上的代表人物，地位仅次于张九龄。二人闲居东都，并非心好林泉，而是受到了中书令李林甫的压制与排挤。

要明了严、齐在天宝初年的政治影响，需要对二人的仕宦作简要回溯。严挺之长安初年进士出身，神龙元年（705）又制举及第，任义兴尉。景龙元年（707）姚崇出任常州刺史，注意到了严挺之的才能，景云政变后姚崇入相，担任中书令，遂将严挺之擢任

1　《唐六典》卷26《太子詹事府》，第662页。

2　《旧唐书》卷190中《文苑中·齐澣传》，第5038页。

为右拾遗。玄宗即位后，姚崇受到张说排挤罢相，不久严挺之也被外迁为万州员外参军。此后约十年时间，严挺之仕宦履历不明，但他似乎与姚崇的政敌张说关系也不差，更重要的是，他与张说心腹张九龄关系密切，为终生至交。[1] 及至开元十四年（726），严挺之已升任考功员外郎，连续三年知贡举，名重一时。开元十六年（728）起，又先后迁任给事中、登州刺史，开元十八年位至太原少尹。齐澣比严挺之小两岁，武周中期制举及第，初授蒲州司法参军。与严挺之类似，他也在景云年间受中书令姚崇提携，入朝任监察御史。开元初姚崇再次任相时，齐澣历迁给事中、中书舍人。开元七年褚、马整理四库书时引其参与编修工作，后任秘书少监。开元十二年以朝官出辖大州，齐澣受任汴州刺史，并在封禅后被张说引为尚书右丞。开元十五年宋璟任吏部尚书时，将齐澣与苏晋一并擢为吏部侍郎。无论严挺之还是齐澣，都与张九龄等文学派核心人物私交笃甚，并在开元十七年、十八年间因为反对玄宗家臣王毛仲，而在政治上进一步趋同。

唐朝立国后，将相当一部分兵力留在京师拱卫朝廷，以左右卫、左右武卫等大将军及将军统领。由于左右卫等办公机构设在太极宫（唐初的皇城）南部，因此称为南衙诸卫，其数量由起初的十二个发展为后来的十六个。按照唐初府兵制的规定，全国六百多个折冲府所属的府兵需要轮番前往京师的南衙诸卫宿卫，称为

1　《新唐书·张九龄传》：“（九龄）与严挺之、袁仁敬、梁昇卿、卢怡善，世称其交能终始者。”《新唐书》卷126《张九龄传》，第4429页。

"番上"，实际操作中则由关中诸府就近番上。但中央禁军需要常设兵员，因此出现了"长上宿卫"，即长驻宫廷的禁军。然而，唐朝的历代君主都希望拥有一支更加高效、直属皇帝的禁军力量，这种构想在太宗贞观年间便已初步做出尝试，建立了称为"百骑"的特种部队，并在高武时期发展为"千骑"，及至中、睿时期扩展为"万骑"。由于这支队伍直接面对宫禁中的皇帝，驻地就在皇宫以北的禁苑，因此被称为"北衙禁军"，与所谓的"北门学士"其实是一个意思。在武周及中睿时期的历次政变中，北衙禁军都发挥了关键作用。玄宗即位后，将北衙禁军交由葛福顺等龙潜心腹掌握，而家奴出身的高丽人王毛仲则执掌全国马政，并通过与葛福顺联姻而染指禁军。

东封以后，王毛仲权力日盛，倚仗玄宗之宠，无视后宫宦官。而他对禁军和马政的专权，与右监门卫将军、宦官高力士的利益形成直接冲突。高力士与时任吏部侍郎的齐澣过从密切，私交颇深。开元十七年五月，齐澣向玄宗进言，说葛福顺主禁军，又与王毛仲是儿女亲家，时间一久恐生祸患。况且心腹之事（指禁军）不必非得交给王毛仲，高力士小心谨慎，又是宦官，让他掌管禁军，更好掌控。言毕，齐澣又向玄宗说了句意味深长的话："君不密则失臣，臣不密则失身。"玄宗听闻，好言慰谕了齐澣，表示自己会从长考虑。不久，齐澣友人麻察坐事，由大理丞外迁别驾，齐澣出城饯别，席间透露了与玄宗的对话。麻察如获至宝，企图告发齐澣以邀宠自赎，随即上奏此事。玄宗大怒。麻察当初曾游于太平公主门下，素无操行，齐澣轻易将禁中密语转告如此小人，令玄宗大失所望,将其贬为高州良德县(今高州市平山镇)丞。[1]

当年冬,玄宗亲谒五陵返回长安,王毛仲请求任兵部尚书,遭到拒绝,怏怏不乐,出语不恭。众宦官借机向玄宗诉说:"北门奴官太盛,豪者皆一心,不除之,必起大患。"[2]直指掌控禁军的王毛仲等龙潜勋旧。开元十八年,正任太原少尹的严挺之接到王毛仲之牒,要太原军器监提供甲仗兵器。诚然,王毛仲此前曾奉命前往太原、朔方、幽州三大节度使处协调处置兵马事宜,但这已是几年前的旧事。严挺之发觉王毛仲并没有中书省下发的敕书,当时又面临失宠,担心有变,遂将此事密奏玄宗,[3]直接导致王毛仲被贬官,次年二月赐死于途中。此事令玄宗对严挺之另眼相看,将之迁为濮、汴二州刺史,进而召入朝中任刑部侍郎、太府卿。不久张九龄拜相,将故交严挺之迁为尚书左丞,实际负责吏部铨选,后又迁为中书侍郎。[4]严挺之在尚书、中书两省时,张九龄有心荐拔其任宰相,共掌朝政,授意他向李林甫示好,说李尚书正承恩

1　《旧唐书》卷190中《文苑中·齐澣传》,第5037—5038页。

2　《旧唐书》卷106《王毛仲传》,第3252—3255页。

3　《旧唐书》卷99《严挺之传》,第3105页。

4　《资治通鉴》:"(萧炅)尝对中书侍郎严挺之读'伏腊'为'伏猎'。"《太平广记》也载义福开天之间先后为"兵部侍郎张均、中书侍郎严挺之、刑部侍郎房琯、礼部侍郎韦陟,常所礼谒",知严挺之开元二十三年、二十四年间迁中书侍郎。两《唐书》本传缺载。《资治通鉴》卷214"开元二十四年十一月"条,第6824—6825页;《太平广记》卷97《异僧十一·义福》,第645—646页。

顾，不妨登门拜谒，拉近关系。严挺之不以为意，三年间"非公事竟不私造其门"[1]，并将李林甫心腹、户部侍郎萧炅排挤出朝廷，外迁岐州（今宝鸡市凤翔区）刺史。

至此，严挺之与李林甫关系急剧恶化。王元琰案发后，张九龄与严挺之被指结党，张罢相而严外迁洺州刺史。严挺之生命最后六年，未能再返长安，被李林甫视为终生之敌。一个不易察觉但尤为关键的原因，在于严挺之对萧炅的刻意排挤，直接损害了李林甫的政治利益。事实上，萧炅当初迁任户部侍郎的真正背景，在于襄助裴耀卿开通江淮两京转运有功，解决了关中庸调输送的大问题。唐朝中央财政的主要来源是租庸调。租为粟（小米）或稻（大米），庸是绢或絁，调是各地特产。实际转运中，唐朝会根据各地贡赋特点和途程远近，将庸调折纳为绢布或米，其实质就是粮食和钱帛。各州每年庸调除部分留州外，均需输送至中央，称为庸调转运，其中河北、河东、河南、江南诸道都需先送至东都，再由洛阳往西运至长安。特别是江南庸调，尤为中央财政所倚重，一般先在扬州集中，然后走运河入淮，再由淮入汴，经河口转入黄河，溯河西行运抵洛阳，这就是堪称唐朝经济命脉的江淮转运。玄宗即位后，庸调转输始终存在一个痼疾，即成本居高不下。就淮汴段来说，主要是耗时长、迁延久，管理亟待优化；就两京段来说，则是路途艰险，三门段黄河多险滩，易沉船。整个开元年间，玄宗多次前往东都，停留时间少则数月，多则数年，

1　《旧唐书》卷99《严挺之传》，第3105页。

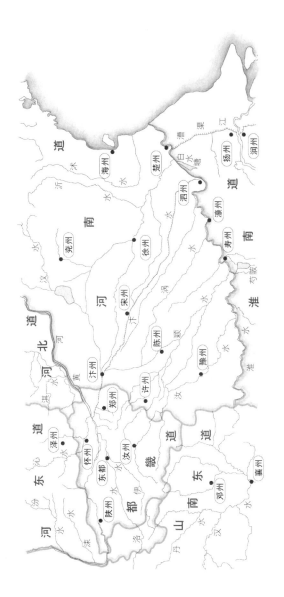

唐代江淮转运示意图

海州

楚州

泗州

濠州

寿州

扬州

润州

兖州

徐州

宋州

陈州

豫州

汴州

许州

郑州

泽州

怀州

汝州

襄州

东都

豫州

邓州

陕州

河 南 道

淮 南 道

河 北 道

河 东 道

都 畿 道

山 南 东 道

河 南 河

沂 水

汉 水

淮 水

涡 水

颍 水

汝 水

黄 河

洛 水

伊 水

沁 水

汾 水

丹 水

勺陂

白水塘

漕渠

江

一个重要原因便是关中庸调难以维系。

于是，自宇文融开始的言利传统，其主张从当初的括户变成了转运，久历地方、长于经济的京兆尹裴耀卿应时而出，于开元二十一年（733）拜相，以侍中（起初为黄门侍郎）同平章事充转运使，专门解决江淮两京转运问题，[1] 副使则由郑州刺史崔希逸和河南少尹萧炅担任。按照裴耀卿的设想，唐廷在河口（汴水入黄河处）设县置仓，是为河阴县及河阴仓；于洛阳西北置一仓，是为柏崖仓；三门段河岸开山十几里，东、西各置一仓，是为集津仓与盐仓。这几处新置粮仓与原有的东都含嘉仓、陕州太原仓相联结，使得两京转运大为畅通。扬州的租米及庸调运至河阴仓后，江南水手便随船遣回，租调贮于河阴，转入黄河运输。官方重新派人，差谙熟漕运的北方水手行船，西行送至洛阳含嘉仓，再溯黄河西北行至三门东换陆路，出三门后视河水情形选择水路或继续陆运，至陕州太原仓中转，再溯黄河入渭水，运至京师。[2] 由洛阳含嘉仓至陕州太原仓的行程被称为"北运"，该段路程的优化激活了整个江淮两京转运，而作为河南少尹的萧炅实主其事，出力甚多，受到李林甫赏识，擢为户部侍郎。

入职户部的萧炅可谓风头正盛，严挺之极力排斥萧炅，已然站到了李林甫的对立面。从现实政治需求来看，萧炅正是当时急需的财政能臣，严挺之偏激的态度也使玄宗内心对文学派产生了

1　《旧唐书》卷98《裴耀卿传》，第3080—3081页。

2　《旧唐书》卷49《食货志下》，第2115—2116页。

结党的疑虑。

与严挺之不同，齐澣得罪李林甫，则是因为过度染指转运之利。由于当初力助宦官集团扳倒王毛仲，加之私交深厚，齐澣长期得到高力士的暗中襄助，在麻察案受挫外放后不久，便东山再起，经常州刺史迁润州刺史，充江南东道采访处置使，执掌江南财政大权，后来再迁汴州刺史，充河南道采访处置使。这样一来，齐澣事实上经手了江淮两京转运的全部路段，在疏通漕运的同时，牟取了巨大私利，勾剥财货，贿赂中官，回馈高力士的提携。对于李林甫来说，自己的心腹萧炅已受严挺之挤兑，江淮转运巨利又落入齐澣之手，归根结底，都是文学派对于政治资源的争夺。恰在此时，江淮转运的判官触犯赃罪，李林甫遂借机将齐澣连坐处理，褫夺其职。[1] 天宝元年，齐澣起复为员外少詹事，留司东都。

在李林甫面前纷纷落败的文学派耆旧，却不经意间在东都重新营造起一个临时的文坛中心，为后进士人的干谒提供了天然的便利，这正是杜甫客居洛阳城中的现实政治因由。

五、东都二年

杜甫自谓客居东都，是就其偃师祖宅的相对位置而言的，事实上偃师县距洛阳只有七十里途程。之所以产生这种心理，是因

1　《旧唐书》卷190中《文苑中·齐澣传》，第5038页。

为此时的他需要独自面对洛阳城中的高官显贵，奔走趋竞之中难免遭遇挫败冷落，"二年客东都"是他潜意识里自卑情绪的无意流露。那么为何杜甫在丧父、分家以后并未优先选择前往京师，而是在洛阳干谒？严、齐的东都之会只是大的环境因素，杜甫之所以停留东都，还与杜家当时变故不断的家庭状况密切相关。

天宝元年小裴杜氏死后，杜甫为之服丧，具体的等级，他在为姑母所写墓志中有含蓄的表述：

> 有兄子曰甫，制服于斯，纪德于斯，刻石于斯。或曰：岂孝童之犹子欤，奚孝义之勤若此？甫泣而对曰：非敢当是也，亦为报也。……客将出涕，感者久之，相与定谥曰义。君子以为鲁义姑者，……县君有焉。是以举兹一隅，昭彼百行。铭而不韵，盖情至无文。其词曰：呜呼！有唐义姑、京兆杜氏之墓。
>
> ——《唐故万年县君京兆杜氏墓志》

杜甫借与他人的对话，委婉地表明对于小裴杜氏，他并未以"犹子"当之，而明确称之为"义姑"。也就是说，他在丧事上尽心竭力，但服制上不服母丧，仍以"姑姊妹"（即姑母）之制服丧，唐人归为"大功"，时间九个月。[1] 由于小裴杜氏的墓志存于杜甫诗文集中，作为文章，按惯例隐去了其去世时间和年龄，只

1　《通典》卷91《礼五十一·大功成人九月》，第2492—2493页。

记为"天宝元年某月八日，终堂于东京仁风里，春秋若干"，但幸运的是文中保留了迁殡时间，即"越六月二十九日，迁殡于河南县平乐乡之原"。小裴杜氏迁殡的时间正值盛夏，天气炎热，尸体不易保存。下葬的平乐乡就在洛阳城北邙山脚下，是唐人在东都的主要葬地。考虑到上述两方面因素，隐去的"某月"应当为五月或六月。杜甫服完大功之丧，时间在天宝二年初春，客观上需要停留在东都。

政治的环境与家庭的变故相重叠，最终促成了杜甫在东都的两年客居生活。毋庸置疑，杜甫的拜会仍然需要借助杜闲乃至杜审言当初与崔尚、王翰等人的旧交。此时他已过而立之年，他对严挺之等人的拜会已经褪去开元十三年杜闲庇护下的虚假光环，变为真正的干谒求进，从而令他第一次清晰地感受到人情冷暖。

杜甫这一时期可能拜会或联络的文学派权贵，包括严挺之、齐澣、崔尚、李邕。先看严挺之。杜甫后来与严武的交往中，反复透露出杜、严两家为世交，但从目前掌握的史料中，还很难发现两家此前直接的交往证据。不过杜甫客居东都期间前往拜会严挺之，却是极有可能的。再看齐澣。杜甫与齐澣缺乏直接交往的证据，但齐澣是张九龄、崔尚等人的至交，他前往拜会的可能性很大。再看崔尚。在《壮游》自注中，杜甫称崔尚为"崔郓州"[1]，东平太守正是天宝初年崔尚的职任，这说明客居东都的杜甫确实

---

1 "崔郑州"为"崔郓州"之误，参见胡可先《出土碑志与杜甫研究》，《文史哲》2012年第6期，第21页。

曾多次听到"崔郓州"之称，间接表明此时他仍与崔尚保持着联系。事实上在天宝三载，杜甫的父执崔尚曾任济王府司马（从四品下），[1]但旋即改授陈王府长史，而裴荣期在妻丧之后是否会继续在济王府任职，还是存疑的。唐人将前后迁转相继或职责相关之人称为"连官"，其间他们私下多有往来，如果裴荣期随后仍在王府任职，是不排除与崔尚有交集的。

东都客居生活行将结束时，杜甫遇到了李白（701—762），写下了《赠李白》，深刻反映出这一时期杜甫内心的状态。诗曰：

> 二年客东都，所历厌机巧。
>
> 野人对膻腥，蔬食常不饱。
>
> 岂无青精饭，使我颜色好。
>
> 苦乏大药资，山林迹如扫。
>
> 李侯金闺彦，脱身事幽讨。
>
> 亦有梁宋游，方期拾瑶草。

如果单从诗句来看，杜甫对于客居东都的时光颇有不满，受够了干谒交游中所见的人心机巧，也吃不惯酒肉膻腥。但这首诗

---

1 《金薤琳琅》载："《唐天台山桐柏观颂》，守太中大夫尚书祠部郎中上柱国清河崔尚造，……天宝元年太岁壬午，三月二日丁未，弟子毗陵道士万惠超等立。"［明］都穆：《金薤琳琅》卷15，《古刻丛钞》外十二种本，上海：上海古籍出版社，1995年，第316—318页。

的主旨在于和李白约定前往陈留、睢阳两地。李白对道家炼丹成仙的追求，将杜甫内心压抑已久的遁世情结释放出来。尤其是他在丧父后独自应对人事往来，难免有挫败和失落的感觉。其实，严挺之、齐澣这些人都是杜甫主动拜会的，没有人强迫他。

这首诗的宝贵之处，正在于它初次向我们展示出杜甫内心的两种追求——仕宦与归隐，而李白后来在他心目中崇高的地位，很大程度上并非来自二人有限的交游，而是作为精神追求上的一个标杆，始终或隐或现地成为杜甫的仕宦理想的一个参照。事实上我们将会看到，杜甫所谓与李白的"梁宋游"，其实也是他前往齐州拜会李邕的伴随产物。

严挺之与齐澣天宝元年在东都的聚首，可以看作是以张九龄为代表的这批文学派在玄宗朝中央政治斗争中的绝响。二人废居东都的原因，也再次提醒我们，文学派丝毫不"文"，无论是张说还是张九龄，两代文学派都有其现实的政治诉求，他们的落幕也是由于涉及结党、财权、立储这样大本大原的问题。严、齐聚首之前的两年，亦即开元二十八年，张九龄在荆州任上落寞离世。晚年的杜甫选取与杜家并无过多私交的张九龄作为《八哀诗》终章，其实有其深意。诗曰：

> 相国生南纪，金璞无留矿。仙鹤下人间，独立霜毛整。
>
> 矫然江海思，复与云路永。寂寞想土阶，未遑等箕颖。
>
> 上君白玉堂，倚君金华省。碣石岁峥嵘，天池日蛙黾。

退食吟大庭，何心记榛梗。骨惊畏囊哲，鬓变负人境。

虽蒙换蝉冠，右地厷多幸。敢忘二疏归，痛迫苏耽井。

紫绶映暮年，荆州谢所领。庾公兴不浅，黄霸镇每静。

宾客引调同，讽咏在务屏。诗罢地有余，篇终语清省。

一阳发阴管，淑气含公鼎。乃知君子心，用才文章境。

散帙起翠螭，倚薄巫庐并。绮丽玄晖拥，笺诔任昉骋。

自我一家则，未缺只字警。千秋沧海南，名系朱鸟影。

归老守故林，恋阙悄延颈。波涛良史笔，芜绝大庾岭。

向时礼数隔，制作难上请。再读徐孺碑，犹思理烟艇。

——《八哀诗·故右仆射相国张公九龄》

　　杜甫在这里表现出了历史学家的冷静与客观。他清楚地意识到，张九龄的罢相是个人因素与时代变迁双重作用下的结果。丧父之后的杜甫没有蹉跎时光，他开始了全新的人生思考。时代的标志张九龄和家庭的标志杜闲都已故去，姑父裴荣期与姨兄郑宏之日渐年迈，甚至杜家世交武平一、崔尚也在此间先后谢世。[1] 开天之际杜甫眼中的历史图景，发生了巨大的变化。终制、分家、迁葬这些现实的家族事务开始萦绕着他，而干谒显贵、维持交际则成为迫在眉睫的需求。文学派独步天下的时代已然结束，少游翰墨场的荣光成为记忆。在追随文学派入仕这件事上，杜甫起了个大早，却只能去追赶晚集。

1　武平一约卒于开元末，崔尚卒于天宝四载。

第七章　天宝长安

杜甫三十三岁至三十五岁

天宝三载（744年）———————————— 天宝五载（746年）

一、李杜相遇

严挺之与齐澣在东都会面的当年，亦即天宝元年（742），玄宗将侍中改为左相，中书令改称右相。七月，牛仙客卒于相位，次月，刑部尚书兼御史大夫李适之（694—747）接任左相，长达六年的"李牛"格局结束，变为"李李"秉政。李适之是太宗长子恒山王李承乾之孙，开元后期历任河南尹、范阳节度使、刑部尚书，[1]与李唐皇室的亲近程度远高于李林甫，又有"出将入相"的履历加持，与李林甫当初以礼部尚书同平章事相比，李适之拜相的起点似乎更高。但就年资、经验、朝中根基等方面来讲，李林甫显然具有绝对优势。不久，吏部尚书兼右相李林甫加尚书左仆射，左相李适之兼兵部尚书，左仆射裴耀卿则转为右仆射。二李虽然分任左右相，但张说以来的传统是右相（中书令）默认地位更高；从兼职上看，李林甫兼领六部之首（吏、兵分居六部前两位），与右相匹配；以加官而论，李林甫加左仆射后品阶上升至从二品，右仆射给了已不在相位的元老裴耀卿，李适之则无加官。经过此番调整，李林甫与李适之间的地位对比已非常清晰。

1　《唐故光禄大夫行宜春郡太守渭源县开国公李府君墓志铭并序》，《河洛墓刻拾零》，第406页。

此时的玄宗已在位三十年，日渐追慕道家玄学，自褚、马肇始的内阁修书逐渐偏重道家玄学，贺知章、陈希烈等人先后在秘书省得到重用，为玄宗讲授道家经典。对于玄宗来说，他希望在科举取士、循资注拟的主要选人方式之外，能不断发掘有一技之长的文士贤人。自开元以来，通过献赋、道术、诗歌等非常规途径获得进用者始终不乏其人。在这种大环境下，隐居越州的道士吴筠与诗人李白在天宝元年被一同召至京师，待诏于翰林院。[1]这里的"翰林待诏"并非官职。因翰林院在大明宫内西侧，距离后宫较近，[2]留在翰林院便于随时听候皇帝召唤。唐人笔记小说中将李白称为"李翰林"或"李学士"，只是对其待诏翰林身份的尊称，他并非真正的学士。在翰林院的两年里，李白写出了诸如《清平乐》"云想衣裳花想容"这样的佳作，也希望借此得以仕进，但长期散漫的隐逸云游生活令他难以适应宫廷交际，甚至发生了玄宗传召时却正在东市买醉、当众令高力士脱靴等真假参半的逸事。

1　《旧唐书》卷190下《文苑下·李白传》，第5053页。《旧唐书》只记作"天宝初年"，郁贤皓系于天宝元年，但认为李白此番赴京与吴筠无涉。这里采取折中态度，保留旧史之说，时间则采纳郁贤皓说。无论此事是否关涉吴筠，但玄宗在位后期日益关注道教是不争的事实，而这才是李白入宫的深层因由。参见郁贤皓《吴筠荐李白说辨疑》，《南京师院学报》1981年第1期，第40—46页；收入氏著《李白丛考》，第65—78页。

2　关于唐代翰林院位置，参见杜文玉《大明宫研究》，北京：中国社会科学出版社，2015年，第266—269页。

李白早在开元中期便曾前往长安，干谒驸马都尉、卫尉卿张垍而不得荐举，其诗作《玉真公主别馆苦雨赠卫尉张卿二首》真实记录了当时的苦闷情形。[1] 王毛仲案发生后，玄宗的东宫旧臣被悉数扫除，高力士在玄宗身边的近侍地位日益巩固，权势煊赫。与高力士关系不睦，是李白被逐出宫廷的主要原因。[2]

李白在翰林院待诏写诗，与杜甫客居东都干谒进取的时间大致重合。离开长安后，李白于天宝三载（744）春末来到洛阳，与杜甫相遇。李白希望前往王屋山，拜访被誉为"华盖君"的高道，杜甫欣然陪同前往。王屋山在河南府下辖王屋县（今济源市王屋镇）以北，东南距洛阳约一百一十五里，路途虽不算远，但需要渡过孟津以北水流湍急的黄河，行程相当艰险。晚年的杜甫在忆及这段青春往事时，写道：

忆昔北寻小有洞，洪河怒涛过轻舸。

辛勤不见华盖君，艮岑青辉惨么麽。

1　李白与张垍的交游，参见郁贤皓《李白与张垍交游新证》，《南京师大学报（社会科学版）》1978年第1期，第64—66页。

2　《松窗录》："上自是顾李翰林，尤异于他学士。会高力士终以脱靴为深耻。异日，太真妃重吟前词，力士戏曰：'此为妃子怨李白，深入骨髓。何反拳拳如是？'太真因惊曰：'何翰林学士能辱人如斯？'力士曰：'以飞燕指妃子，是贱之甚矣。'太真颇深然之。上尝三欲命李白官，卒为宫中所捍而止。"剥落传闻色彩来看，李白得罪高力士是其被逐真因。《太平广记》卷204《乐二·李龟年》，第1550页。

千崖无人万壑静，三步回头五步坐。

秋山眼冷魂未归，仙赏心违泪交堕。

弟子谁依白茅室，卢老独启青铜锁。

巾拂香余捣药尘，阶除灰死烧丹火。

玄圃沧洲莽空阔，金节羽衣飘婀娜。

落日初霞闪余映，倏忽东西无不可。

松风涧水声合时，青兕黄熊啼向我。

徒然咨嗟抚遗迹，至今梦想仍犹作。

秘诀隐文须内教，晚岁何功使愿果。

更讨衡阳董炼师，南浮早鼓潇湘柁。

——《忆昔行》

杜甫以"忆昔北寻小有洞，洪河怒涛过轻舸"道出其心中余悸。颇为遗憾的是，李、杜到访后才得知道士已仙逝，这使二人很是惆怅，杜甫后来回忆道："昔谒华盖君，深求洞宫脚。玉棺已上天，白日亦寂寞。暮升艮岑顶，巾几犹未却。弟子四五人，入来泪俱落。"（《昔游·昔谒华盖君》）

王屋山访道不遇后，当年五月，老杜卢氏卒于陈留郡家中，杜甫前往奔丧。几个月后，他与李白如约前往睢阳郡（宋州，今商丘市），一道寻访高适。西汉初年，文帝将其子刘武封为梁王，建都于此，而宋州很多古迹都与梁孝王有关。这座古城在唐代因江淮转运而重获新生，具有极为特殊的经济地位。开元年间，宋州人口达到了惊人的九万户，运河与汴水穿城而过，将相隔千里的黄河与淮河连接起来。城中人物殷盛，高栋华屋鳞次栉比，通衢大道纵横其间，舟车行旅号称天下之半。发达的交通使得这里每天都有大量的外来人口流动，官商士人与贩夫走卒充溢坊市。另外，宋州自古民风剽悍，早在先秦，宋万就因被讥为"鲁囚"而愤然在城郊的蒙泽手弑宋闵公及仇牧、太宰督，汉高祖刘邦起义之初也藏身于宋、亳交界的芒砀山中。唐时宋州之名虽亚于汴州，但与河北的贝、魏诸州一样向称难治。

昔我游宋中，惟梁孝王都。名今陈留亚，剧则贝魏俱。
邑中九万家，高栋照通衢。舟车半天下，主客多欢娱。
白刃仇不义，黄金倾有无。杀人红尘里，报答在斯须。
忆与高李辈，论交入酒垆。两公壮藻思，得我色敷腴。
气酣登吹台，怀古视平芜。芒砀云一去，雁鹜空相呼。
先帝正好武，寰海未凋枯。猛将收西域，长戟破林胡。
百万攻一城，献捷不云输。组练弃如泥，尺土负百夫。
拓境功未已，元和辞大炉。乱离朋友尽，合沓岁月徂。
吾衰将焉托，存殁再鸣呼。萧条益堪愧，独在天一隅。
乘黄已去矣，凡马徒区区。不复见颜鲍，系舟卧荆巫。
临餐吐更食，常恐违抚孤。

——《遣怀·昔我游宋中》

这座极具传奇色彩的城市以它近于魔幻的声色逸闻挑动着初入其间的李、杜的每一根神经，晚年的杜甫用"白刃仇不义，黄

277

金倾有无。杀人红尘里，报答在斯须"这样酣畅的诗句将宋州市井的快意恩仇写到极致。初次相见的李白与高适颇为投缘，三人在宋州城中找了家酒肆，边饮边叙。言谈之间，高、李二人展示出的文藻才华令杜甫大为喜悦。酒酣之际，三人走出酒肆登上吹台。据传先秦著名乐师师旷曾在此演奏音乐，而这一古迹到唐代似乎已在汴州和宋州间存有争议。如果按照唐人方志《元和郡县图志》的记载，当时官方认可的吹台在汴州开封县，也就是说，李、高、杜三人游了一处"伪古迹"，他们登上的更有可能是县城南郊兔园里的吹台。兔园是梁孝王旧园，其中的吹台又名文台。但这并不妨碍他们的怀古之情，从杜甫关于宋州"名今陈留亚"的说法来看，汴、宋这两个密迩相邻的古州本就经常被人们拿来谈论比较。[1]

不管怎样，在天宝三载这个深秋或初冬的日子，从宋州城中酒肆相扶而出的李、高、杜三人醉眼迷离，沿街往城南而去，登上了兔园中的吹台，极目远眺，怀古抚今。台东的平原杂芜遍野，极力伸展向天边，那是芒砀山的方向，大风吹动，孤云飘走，空余一片雁鹜相呼，清冷而悲壮。

在宋州相聚数日后，三人出城往东北而行，来到了百余里外的单县。孔子弟子宓子贱曾治理此地，并于城外鼓琴，留下了著

1　《新唐书·杜甫传》："尝从（李）白及高适过汴州，酒酣登吹台，慷慨怀古。"实本于此诗，而误为汴州。《新唐书》卷201《文艺上·杜审言附杜甫传》，第5738页。

名的单父台。李、高、杜三人走了整整一天，登上单父台时天色
已晚。杜甫如此回忆彼时情景："昔者与高李，晚登单父台。寒芜
际碣石，万里风云来。桑柘叶如雨，飞藿共徘徊。清霜大泽冻，
禽兽有余哀。"(《昔游·昔者与高李》) 时候已是深冬，三人在单
县道别，高适南行临淮（泗州，今泗洪、盱眙两县交界处），杜甫
则与李白北上济南。事实上，这才是杜甫此行的主要目的，即前
往济南郡（齐州，今济南市）拜会李邕。至于李白，似乎没有一道赴
宴，而是在次年秋天才与杜甫在鲁郡（兖州，今曲阜市）重逢。

二、历下之会

开元十四年（726）李邕贬往岭南后，很快得到前往平叛的
骠骑将军、宦官杨思勖的倚重，参与平定岭南部落叛乱，数年间
重获升迁，开元中后期历任澧州司马知州事、括州刺史。约开元
二十七年（739）前后，李邕迁任淄州（今淄博市淄川区）刺史，
得以重返中原，此后仕途颇为平顺，开元末任滑州（今滑县）刺
史，天宝初转任汲郡（卫州，今卫辉市）太守，天宝四载（745）
迁北海（青州，今青州市）太守，都在河南道中东部的大州任职。

当初李邕随杨思勖平叛有功，从岭南北返得授澧州司马时，曾
上疏玄宗表示今后"必当闭户绝交，澄心去欲，下以安所部，上

以报所天"[1]，事实证明他未能克服本性，最终还是倒在了结党交游上。开元后期李邕转任大州刺史后，每番入计京师途经洛阳，都会引起坊间轰动。[2]《册府元龟》保留了一段关键的记载，对理解开天之际李邕的仕宦经历有重要意义：

> 李邕为滑州刺史，上计京师。邕素负美名，频被贬斥，皆以邕能文养士，贾生信陵之流，执事忌胜，剥落在外，人间有此声，后生不识。京雒阡陌聚观，以为古人，或将眉目有异，衣冠望风寻访间巷。又中使临问，索其新文。复为人阴中，竟不进。[3]

据此可知，开元、天宝之际李邕进京谒见，曾力求入朝，但最终未能成功。据说任淄州刺史时，曾有老者告诉李邕："圣主将得龙马，以应太平。"李邕遂前往青州马市购得，迁任滑州刺史后将其献给玄宗。[4]李邕渴望入朝为官，而杜甫希望借李邕荐举入仕，这是李邕与杜甫见面的真正背景。杜甫与李白相约的"梁宋之游"只是精神层面的诗意表述，此番东行的首要目的，其实是

1　[唐]李邕:《谢恩慰谕表》,《全唐文》卷261，第2654页。

2　《旧唐书·李邕传》将其系于开元后期，其实是一种泛指，李邕从开元十三年起便曾多次借入计之机在东都交游奔走，制造舆论影响。

3　《册府元龟》卷777《总录部·名望二》，第9234—9235页。

4　《册府元龟》卷24《帝王部·符瑞三》，第262页。

辗转前往济南陪侍李邕，赴历下之约。

天宝四载夏，北海太守李邕受邀前往济南郡，司马李之芳于城中历下亭设宴款待，杜甫陪同李邕出席。李之芳是太宗第七子蒋王李恽曾孙，开元中期曾以侍御史前往河北按察，又曾往黔中负责"南选"（岭南、黔中三年一选，称"南选"），[1] 开元末年任驾部员外郎，[2] 天宝三载、四载间出任齐州司马。杜甫、李邕、李之芳之间存在非常疏远的亲缘关系，李之芳是太宗的直系玄孙，同时又是李邕的从孙。杜甫情况较为复杂，他是太宗第十子纪王李慎外孙女的外孙，同时也是高祖之子舒王李元名外孙的外孙，相当于太宗来孙辈（以纪王算）或玄孙辈（以舒王算）。三人之间李邕年纪、辈分都最长，李之芳比杜甫年长一些，辈分上高其一辈或与之平辈。

对于李邕的到来，李之芳做了精心准备。时当夏日，湖上铺满青荷，湖畔的历下亭竹林掩映，亭前流水潺湲，隔开炎炎暑气，令人心生幽之感。李邕路经济南实属难得，当日诸多名士纷纷受邀赴宴，饮酒直到落日时分。从杜甫《陪李北海宴历下亭》一诗可窥见历下之会的盛况：

> 东藩驻皂盖，北渚凌青荷。
> 海右此亭古，济南名士多。

1　[唐]孙逖：《送李侍御之芳黔中掌选序》，《全唐文》卷312，第3167页。

2　《旧唐书》卷76《太宗诸子·蒋王恽附之芳传》，第2660页。

云山已发兴，玉佩仍当歌。

修竹不受暑，交流空涌波。

蕴真惬所遇，落日将如何。

贵贱俱物役，从公难重过。

酒酣之际，年近七旬的李邕陷入深深的回忆。他说，当初在洛阳与你相见，斯情斯景仿佛就在眼前。我年轻的时候，文坛巨擘当数崔融、苏味道、杨炯、李峤，现在他们都已经不在了。这些人里面，杨炯我打心眼里佩服，李峤的文章则太过华丽。李邕顿了顿，又说，再往后就数张相国了，他可谓是非参半！李邕口中的"张相国"是燕国公张说，李邕对他感情复杂。开元十三年（725）封禅后，张说强势阻止了李邕的升迁，间接导致随后的陈州大狱。这段历史场景在《八哀诗》中被生动地保留下来：

伊昔临淄亭，酒酣托末契。

重叙东都别，朝阴改轩砌。

论文到崔苏，指尽流水逝。

近伏盈川雄，未甘特进丽。

是非张相国，相拄一危脆。

争名古岂然，关键歘不闭。

例及吾家诗，旷怀扫氛翳。

慷慨嗣真作，咨嗟玉山桂。

钟律俨高悬，鲲鲸喷迢递。

李邕在燕谈中提到了杜审言，对他的长篇排律《和李大夫嗣真奉使存抚河东》赞不绝口。对于晚辈杜甫，李邕无须假意恭维，他对杜审言的推崇既是出于时论共识（"例及"），也反映出两家非比寻常的关系。从"托末契"的说法来看，李邕历数国朝文学巨擘并非随意的酒后闲谈，而是含有对杜甫的肯定与激励。正因如此，终杜甫一生，他对李邕一直持有很高的评价。在《八哀诗》中，他以救济百姓、私无所藏的德行来美化李邕的豪奢巨富（"众归赒给美，摆落多藏秽"），以文人自古争名、锋芒难掩来调和李邕当初与张说的矛盾（"争名古岂然，关键欻不闭"），个中心迹，昭然可见。

杜甫与李邕在济南的会面不止一次。李之芳到任济南后，在鹊湖畔新修一座亭台，数日后又请李邕前往新亭相会，杜甫依旧随众陪侍。新亭是在旧时台基上重建而成，不远处可看到历下古城残存的女墙，鹊湖在树间隐约可见。丝竹奏响，李之芳举杯说，此番宴请是为贵客李太守祝寿。李邕于席间赋诗道谢，而杜甫也一道赋诗："新亭结构罢，隐见清湖阴。迹藉台观旧，气冥海岳深。圆荷想自昔，遗堞感至今。芳宴此时具，哀丝千古心。主称寿尊客，筵秩宴北林。不阻蓬荜兴，得兼梁甫吟。"（《同李太守登历下古城员外新亭》）

此后，杜甫北行前往临邑（今德州临邑县南与济南市交界处）看望二弟杜颖。当时杜颖已释褐，在临邑县担任主簿。临邑是济南郡所辖之县，南距州城只有六十里，当日可到。眼前的黄河如一条巨龙横亘于齐州城北，自西向东蜿蜒而行。黄河南岸是著名的鹊山湖，渡河之前，杜甫登上了湖畔一处野亭，再次怀念李之芳，赋诗道："野亭逼湖水，歇马高林间。鼋吼风奔浪，鱼跳日映山。暂游阻词伯，却望怀青关。霭霭生云雾，唯应促驾还。"（《暂如临邑至崤山湖亭奉怀李员外率尔成兴》）杜甫离开济南城还专门写诗呈奉李之芳，既是对宴会的感谢，更有替杜颖疏通上下关系的苦心。

秋天如期来临，结束临邑之行的杜甫来到鲁郡（兖州），与李白再次相聚。二人同往曲阜县，在鲁城北拜访隐士范十。他们一同前往东蒙山，拜访了董炼师和元逸人。杜甫曾数次在这里游赏，晚年的他在夔州深情回忆道：

> 昔我游山东，忆戏东岳阳。穷秋立日观，矫首望八荒。
> 朱崖著毫发，碧海吹衣裳。蓐收困用事，玄冥蔚强梁。
> 逝水自朝宗，镇石各其方。平原独憔悴，农力废耕桑。
> 非关风露凋，曾是戍役伤。于时国用富，足以守边疆。
> 朝廷任猛将，远夺戎虏场。到今事反覆，故老泪万行。
> 龟蒙不复见，况乃怀旧乡。肺萎属久战，骨出热中肠。
> 忧来杖匣剑，更上林北冈。瘴毒猿鸟落，峡干南日黄。
> 秋风亦已起，江汉始如汤。登高欲有往，荡析川无梁。
> 哀彼远征人，去家死路傍。不及父祖茔，累累冢相当。
>
> ——《又上后园山脚》

我们不能确定这是哪一次游历所见的情景，或许是多次游玩的记忆在晚年杜甫的脑海中重叠。但这一次，却是杜甫生命中最后一次前往泰山。此番行程在秋末宣告结束，李白与杜甫在鲁郡东的石门道别。杜甫写下了四句著名的诗句："秋来相顾尚飘蓬，未就丹砂愧葛洪。痛饮狂歌空度日，飞扬跋扈为谁雄。"（《赠李白·秋来相顾》）杜甫的内心正在发生微妙的变化，又是一年深秋，与去岁宋州的酣饮登台相比，他的生活状态并没有任何变化，就如这深秋的飘蓬，流离漂泊。"未就丹砂"是对李白的调侃，同时也可视为杜甫内心的独白。颇为让人玩味的是，类似的想法在杜甫人生最后一个年头同样出现过，大历五年（770）他在洞庭湖畔送别重表侄王砅往广州赴任的时候，又一次道出了"我欲就丹砂，跋涉觉身劳"的无奈。这似乎多少有点讽刺，三十四岁的杜甫和五十九岁的杜甫，时隔二十五年之久，始终没能接近心中那块道家的圣地。丹砂与葛洪，似乎是杜甫一生渴求却又难以直视的两个意象。这正如此后李白在杜甫心中的位置，更像是一种与现实相对的比照。告别李白，也告别了东岳泰山和齐鲁大地。时间已是天宝四载，遥远的长安城中，很多事情都在发生巨大的变化。这是天宝长安，与杜甫"初游翰墨场"或"忤下考功第"时已大有不同。

三、坡陀青州

杜甫齐鲁之行的主要目的,在于拜会李邕寻求仕进,但令他不曾想到的是，他走后不久，李邕便卷入了朝中一桩连环大案，最终丧命。事件的因由要从李邕的故人韦元珪说起。李邕与韦元珪相识多年，私交很深，早在开元七年（719）李邕任海州刺史时，便应韦元珪之请撰写了《兖州孔庙碑》。[1] 韦元珪诸子女中，有二女一子的婚姻最为引人注目。其子韦坚娶姜皎之女，韦坚之姊嫁给玄宗五弟薛王李业，韦坚之妹嫁给太子李瑛。因此，李邕算是韦坚的父执。与此同时，姜皎的姊妹嫁给李思海，生子李林甫。按妻子的关系算起来，李林甫与韦坚之妻是姑舅兄妹。继裴耀卿、萧炅之后，韦坚主掌江淮转运，天宝元年迁陕郡太守、水陆转运使。韦坚主持转运期间，进一步完善了京师东面的水运体系，开辟广运潭作为转运终点，直抵长安城下，深得玄宗赞赏。由于父辈的原因，韦坚与李邕交往密切，同时与宰相李适之关系良好。李林甫对于这位表妹夫，起初引为同调，后来心存忌惮，于天宝四载将其迁为刑部尚书，罢去所兼转运诸使，名为擢升，实则夺其财政大权。同一时间，杜甫正在历下古亭陪侍李邕，宴中诸人都不会想到，韦坚在遥远的长安城中的政治处境，已间接为李邕的结局埋下伏笔。

此时，皇甫惟明入朝成为李林甫与韦坚矛盾爆发的导火线。皇甫惟明是太子故人，开元十五年（727）李瑛徙封忠王后便担任忠王友（从五品下），友是亲王府中高级官职，主要职责是"陪侍

1　[唐]李邕：《兖州曲阜县孔子庙碑并序》，《全唐文》卷262，第2666页。

游居, 规讽道义"[1], 皇甫惟明因此与李璵建立了深厚的交情。开元十七年（729）信安王攻下石堡城后，皇甫惟明首建通和吐蕃之议，[2]受命与内侍张元方出使吐蕃，[3]熟谙河陇形势。从吐蕃返回后，皇甫惟明被迁为左卫郎将（正五品上），并于开元二十年（732）摄侍御史、充长春宫使，[4]不久再升司农少卿（从四品上），开元二十五年（737）以"课勤"检校司农卿（从三品），[5]天宝元年出任陇右节度使。皇甫惟明为人好义重情，与曾任剑南节度使的王昱为结义兄弟，但与同为忠王内宠的王忠嗣关系不睦。[6]此点为李林甫觉察，成为向太子发难的切入口。

天宝四载冬，皇甫惟明入朝献捷，因有陇右数年的边功，不免志得意满。他目睹李林甫专权，心下不平，在谒见玄宗时密奏除去李林甫，不料言语外泄。李林甫得知后，决定先发制人，令御史中丞杨慎矜暗中伺察。

天宝五载（746）正月十五夜，太子出游时与韦坚相见，随后韦坚又前往崇仁坊西南的景龙观与皇甫惟明会面。李林甫遂奏韦坚与皇甫惟明合谋拥立太子，令杨慎矜与御史中丞王鉷、京兆府法曹参军事吉温审讯。对于这件涉及篡位的惊天大案，玄宗心下

---

1 《唐六典》卷29《亲王府·友》，第729页。

2 《旧唐书》卷196上《吐蕃传上》，第5230页。

3 《唐会要》卷97《吐蕃》，第2053页。

4 《唐会要》卷59《尚书省诸司下·长春宫使》，第1221页。

5 《册府元龟》卷158《帝王部·诫励三》，第1909页。

6 《旧唐书》卷103《王忠嗣传》，第3198页。

多有疑虑。在他看来，太子未必真有其心，但韦、皇甫二人分据朝廷和方镇要职，围绕太子暗中交结，却是深具隐患的。经过权衡，玄宗先将韦坚贬为缙云（括州，今丽水市）太守，皇甫惟明贬播川（播州，今遵义市）太守，令朔方、河东节度使王忠嗣兼任河西、陇右节度使。一时间，出现了王忠嗣一人兼领四镇的奇观。

韦坚被贬后，李适之深感恐惧，主动辞去宰相职位，转任太子少保。在李林甫的授意下，门下侍郎、崇玄馆大学士陈希烈同平章事，成为新的宰相，李林甫专权进入到最后七年的"李陈"阶段。陈希烈精熟老庄之学，依靠为玄宗讲授道家之学而得进用，拜相后对李林甫可以说是唯命是从，政事仅得署名，决断悉归于右相。韦坚案发后，其弟将作少匠韦兰、兵部员外郎韦芝纷纷讼冤，并引太子言语为证，玄宗大怒，将二人贬往岭南。为了避嫌自保，太子上疏请求与韦妃离婚，与韦家划清界限。李林甫见状改变策略，称韦坚与李适之结党，韦坚遂再被流往临封郡（封州），李适之则贬为宜春太守。数十名官员被指为韦坚亲党而遭流贬，其中薛王李业（此时已去世五年）之子、韦坚外甥李玙被贬为夷陵（峡州，今宜昌市）别驾，开通漕运的财政能臣河南尹李齐物被贬为竟陵（复州，今天门市）太守，此外还有太常少卿韦斌贬为巴陵（岳州，今岳阳市）太守，睢阳太守裴宽贬为安陆（安州，今安陆市）别驾，牵连甚广。

韦坚当初能任刑部尚书，是因为李林甫强行将之前的刑部尚书裴敦复迁为岭南五府经略使，从而腾出了空缺。裴敦复心中愤懑，逗留不赴任，左迁淄川（淄州）太守。赴任之前，左骁卫兵曹参军柳勣找到裴敦复，请求一道前往结识李邕。柳勣是太子杜良娣的姐夫，与太子连襟，裴敦复不便拒绝，到任后将其介绍给李邕。从时间上来看，柳勣大约在天宝四载六月见到了李邕，[1]这正是历下之宴及随后一系列聚会的时候。由此来看，杜甫诗中所谓的"济南名士多"绝不是虚言套语，尚未之任、流连于齐地的北海（青州）太守李邕，千里东行同样刚刚履职的淄川（淄州）太守裴敦复，此前一年到任的济南（齐州）司马李之芳，不惮辛劳追随而来的东宫外戚柳勣，以及杜甫等一众宾从名流，在齐、淄、青三州之间构成了一幅疏懒逸乐的燕集画面。地方大员如此怠政交结，已然逾分，遑论随后发生的柳勣之案。

　　回到京师的柳勣携李邕之赞誉，进而与朝中的著作郎王曾等人结识。柳勣与妻族杜家关系不睦，天宝五载秋韦坚案升级后，太子主动与韦妃离婚，令柳勣感到东宫软弱，韦坚案可资利用，于是罗告妻族以报私愤。柳勣设法传出流言，称其岳父杜有邻妄解图谶，勾结太子。事情很快发酵，李林甫责令吉温审讯，查出柳勣实情，将其与杜有邻、王曾等一并杖死，积尸于大理寺，柳勣妻儿流放边地。案件牵出李邕等人，为李林甫清除异己提供了绝好的机会。他派酷吏罗希奭亲往淄、青，就郡决杀了裴敦复与李邕。皇甫惟明、韦坚兄弟、李适之等悉数死于贬所，江淮转运船夫曾与韦坚有关联者被追究诛杀，死者不计其数，韦坚案之

1　裴敦复天宝四载五月授淄川太守，九月韦坚任刑部尚书。《资治通鉴》卷215"天宝四载五月"条，第6864页。

余波到六年后李林甫病逝方才收束。

李邕之死，实际源于韦坚案引发的多米诺骨牌效应。李林甫为架空韦坚的财权，将其迁为刑部尚书，间接导致了前任尚书裴敦复莅职淄川。正因为裴敦复要赴任，才为柳勣创造了面见李邕的机会。同一时间，皇甫惟明的高调行为授人以柄，为李林甫提供了难得机会，最终构成大狱，扳倒韦坚，剑锋直指东宫。此情此景，令回到京师的柳勣心生不轨，他罗告太子失败，反倒牵出裴敦复，最后因历下之会的因由将李邕一并卷入。从深层来看，李邕文学派领袖的身份，以及他与韦坚家族本身存在的密切关系，也是引发李林甫敌意不可忽视的因素。李邕死后，被权且埋在郓州（今泰安市东平县）以东三十里的汶水北岸，[1] 因其死因牵涉潜在的谋反，且慑于李林甫权威，无人敢迁葬。杨国忠任相后也未予昭雪。几年后安史之乱爆发，郓州沦为唐燕之间的战场，兵荒马乱。直到代宗即位后，李家后人才于大历三年（768）将李邕迁回东都，与其妻合葬于邙山之下，此时距李邕之死已整整过去二十年。杜甫大历元年（766）在夔州写《八哀诗》时，李邕仍然埋在郓州，因而有"坡陀青州血，芜没汶阳瘗"的说法。

1　《唐代墓志汇编》大历009《唐故北海郡守赠秘书监江夏李公墓志铭并序》，第1766页。

四、驸马潜曜

韦坚案深刻影响了天宝年间的政治走向，该案是太子与李林甫两大集团之间的一次全方位较量。杜甫在历下之会中，几乎与柳劢擦身而过，所幸以白身陪奉末座，未被卷入，但他随后的仕进显然受到了韦坚案的影响。在兖州与李白分别后，杜甫西行来到京师，开始了十年的长安生活。8 世纪中叶的长安城，雄伟磅礴，瑰丽繁华，这座都市无论在政治文化还是商业贸易上，都发展到了一个前所未有的高度。雄伟的慈恩寺塔与巍峨的终南山遥遥相对，渭河自国都西侧蜿蜒北流，折而向东，为右岸静穆森严的禁苑构成一道天然屏障。而北起渭河南至秦岭的广袤土地，就构成了唐代长安日常生活的主要空间。

天宝四载秋冬之际，杜甫来到了京师。距他当初忤下考功、独辞京尹的青葱岁月，已经有十五年之久。其间的主要时光在齐、兖诸州和东都度过。重回长安的杜甫最先前往拜会的是临晋公主的驸马郑潜曜（707—?）。应郑潜曜之请，杜甫为临晋公主的母亲，也就是当年在储位之争中病逝的皇甫德仪撰写了一篇神道碑，碑文收入杜甫集中，为我们还原杜甫初到长安的情形提供了重要依据，先摘录如下：

唐故德仪赠淑妃皇甫氏神道碑

……淑妃讳字，姓皇甫氏，其先安定人也。……曾祖烜，皇朝宋州刺史。祖粹，皇朝越州刺史、都督诸军事。父日休，皇朝左监门卫副率，妃则副率府君之元女也。粤在襁褓，体如冰雪。气象受于天和，诗礼传乎胎教。故列我开元神武之嫔御者，岂易其容止法度哉。今上昔在春宫之日，诏诘良家女，择视可否，充备淑哲。太妃以内秉纯一，外资沈静，明珠在蚌，水月鲜白，美玉处石，崖岸津润，结褵而金印相辉，同辇而翠旗交影。由是恩加婉顺，品列德仪。虽掖庭三千，爵秩十四，掩六宫以取俊，超群女以见贤。岂渥泽之不流，曾是不敢以露才扬己，卑以自牧而已。夫如是，言足以厚人伦，化风俗，弥缝坤载之失，夹辅元亨之求。呜呼！彼苍也常与善，何有初也不久好，奈何。况妃亦既构疾，怗如虑往。上以服事最旧，佳人难得，送药必经于御手，见寝始回于天步。月氏使者，空说返魂之香；汉帝夫人，终痛归来之像。以开元二十三年岁次乙亥十月癸未朔，薨于东京某宫院，春秋四十有二。……天子悼履綦之芜绝，惜脂粉之凝冷。下麟凤之银床，到梧桐之金井。呜呼哀哉！厥初权殡于崇政里之公宅，后诏以其月二十七日己酉，卜葬于河南县龙门之西北原，礼也。制曰：故德仪皇甫氏，赞道中壶，肃事后庭。夫云疾疢，奄见凋落。永言懿范，用怆于怀。宜登四妃之列，式旌六行之美，可册赠淑妃。丧事所须，并宜官供。河南尹李适之，充使监护。非夫清门华胄，积行累功，序于王者之有始有卒，介于嫔御之不僭不滥，是何存荣殁哀，视有遇之多也。

有子曰鄂王，讳瑶，兼太子太保，使持节幽州大都督事，有故在疚而卒。岂无乐国，今也则亡。匪降自天，云何吁矣。有女曰临晋公主，出降代国长公主子荥阳潜曜，官曰光禄卿，爵曰驸马都尉。昔王俭以公主恩，尚帝女为荣；何晏兼关内侯，是亦晋朝归美。公主礼承于训，孝自于心，霜露之感，形于颜色；享祀之数，缺于洒扫。尝戚然谓左右曰：自我之西，岁阳载纪。彼都之外，道理邈绝。圣慈有蓬莱之深，异县有松槚之阻。思欲轻举，安得黄鹄。未议巡豫，徒瞻白云。望阙塞之风烟，寻常涕泗；怀伊川之陵谷，恐惧迁移。于是下教邑司，爰度碑版。甫忝郑庄之宾客，游窦主之园林。以白头之嵇阮，岂独步于崔蔡。而野老何知，斯文见托；公子泛爱，壮心未已。不论官阀，游夏入文学之科；兼叙哀伤，颜谢有后妃之诔。铭曰：……[1]

临晋公主为玄宗第十二女，与鄂王李瑶系同母兄妹，生母皇甫德仪。临晋公主的驸马郑潜曜本名郑明，潜曜是其字。郑家望属荥阳，郑明之父郑万钧也是驸马，尚睿宗第四女永昌公主，后称代国长公主（687—734）。长安三年（703）代国下嫁郑万钧，

1　录文以《杜甫全集校注》为依据，部分标点有改动。

婚后生有二子四女，长子郑聪，次子郑明。开元二十六年（738）闰八月，临晋被册为公主，并于开元二十八年（740）下嫁三十四岁的郑潜曜。[1]

从开元二十二年（734）正月到二十四年（736）十月，玄宗在东都停留了整整三年，后宫也悉数随驾，因此开元二十三年十月皇甫德仪去世时，是在洛阳的宫中。她被暂时殡于崇政里公宅，月底葬于河南县龙门西北原。河南县与洛阳县同为洛州郭下县，一南一北构成了洛阳城主体。皇甫德仪的葬地就是今天龙门石窟背靠的高平台地。开元二十四年十月，玄宗车驾西返，鄂王与临晋（此时还未册公主）兄妹随驾回到长安。此后，随着两京转运的改善，玄宗生活起居就一直以长安城为中心，定期前往温泉宫（后改为华清宫），至于东都洛阳，则再未前往。因此，诸皇子与公主的生活范围也都局限于京师及其周边。三庶人事件发生后，鄂王李瑶被杀，皇甫德仪所生子女就只剩临晋公主一人。从开元二十四年十月离开东都算起，到天宝五载，临晋公主已经有十年不曾祭拜母亲坟冢，这正是神道碑中"自我之西，岁阳载纪"的

1　[唐]独孤及:《郑驸马孝行记》,《毗陵集》卷17,（清）永瑢等编:《景印文渊阁四库全书》第1072册, 上海: 上海古籍出版社, 2003年, 第141—142页。

真正含义。[1]"自我之西"借用了《诗经·东山》"自我不见,于今三年"的句式及"归士与其室家互相思念"的主旨,[2]"彼都之外,道理邈绝"更是用《诗经·都人士》的典故,以"彼都"指京师,[3]长安之外遥远的洛阳龙门原上,生母皇甫氏坟茔已寂寥多年,她深恐被人扰动破坏("怀伊川之陵谷,恐惧迁移")。

有鉴于此,临晋公主决定为皇甫德仪立神道碑,竖于墓前,昭示后人。天宝五载上半年,公主与驸马郑潜曜安排僚属宾客,着手撰写碑文,刻于石上,而杜甫正是碑文的撰写者。在神道碑中,他用"忝郑庄之宾客,游窦主之园林"这样的话,将临晋夫妇比为汉代的郑当时(字庄)和馆陶公主(窦太主),明确了自己郑潜曜门客的身份。郑万钧与代国长公主所生的四女之中,长

---

1 以黄鹤为代表的传统观点,忽视了"自我之西"的所指,从皇甫德仪卒年算起,认为神道碑撰于天宝四载。张忠纲等人在编撰《杜甫全集校注》时注意到了"自我之西",但将其解释为临晋公主下嫁郑潜曜,由此将神道碑撰写年份认定为天宝九载。相较于黄鹤想当然的推论,张忠纲的推测在思路上无疑前进了一大步,但却未能结合开元年间玄宗往返两京的历史事实与背后原因。事实上,皇甫德仪、临晋公主、郑潜曜都长住京师,皇甫氏卒于洛阳是因为恰好赶上了玄宗停留在东都的三年,不存在公主因下嫁而由洛阳西行长安。参见[唐]杜甫撰,萧涤非、张忠纲等校注《杜甫全集校注》卷22前注及注46,第6346页、第6362—6363页。

2 《诗经原始》卷8《豳风·东山》,第319—320页。

3 《诗经原始》卷12《小雅·都人士》,第460页。

女、三女均嫁于范阳卢氏，次女嫁博陵崔氏。[1]郑潜曜与杜甫姨家同属荥阳郑氏，杜甫的继祖母与继母属范阳卢氏，杜甫的生母则属博陵崔氏。这意味着杜家与郑家可能存在不止一种亲属联系，从而使杜甫对于郑潜曜的趋奉具有可行性。除此之外，这种宾主关系的搭建也离不开姨兄郑宏之、世交郑虔等荥阳郑氏显贵的引介与帮衬。不管怎么说，初到长安的杜甫便接到了郑驸马家如此重托，说明郑潜曜对他的文笔颇为赏识。

事实上，临晋公主要为其母立碑礼赞，恐怕还有一个不便明言的深层目的，即通过彰显皇甫氏的贤德淑行，向新承恩宠的杨贵妃表达不满。皇甫德仪是玄宗当初东宫旧宠中去世最晚的一位，目睹了太子被废前夜山雨欲来的高压局势。碑文所谓的"服事最旧（通'久'），佳人难得"，正是谓此。她死后一年，张九龄罢相，再过半年，太子被废而三庶人祸成，其中就有皇甫氏所生的鄂王李瑶。神道碑极言皇甫氏门阀之高贵、家世之清白、德行之贤淑，赞其"清门华胄，积行累功"，甚至不惜揭出当日"天子悼履綦之芜绝，惜脂粉之凝冷。下麟凤之银床，到梧桐之金井"的宫闱细节，几乎堪比后来白居易《长恨歌》所写玄宗对贵妃的思念。凡此种种，都通过碑文反复传递出一个信号，即出身清贵的皇甫氏才是当初玄宗最钟爱之人。

其实，寿王李瑁从来都不是玄宗心中的东宫首选。李瑛被废后，武惠妃发觉到自己处于被动局面，又有三庶人遇害的心理阴

1　［唐］郑万钧：《代国长公主碑》，《全唐文》卷279，第2826—2828页。

影，郁郁成疾，最终于开元二十五年年底惶怖而逝。武惠妃死后不久，玄宗便已属意寿王妃杨氏，着手安排其出家为道士，号为"太真"。开天之际征入宫中，呼为"娘子"，恩宠无比，及至天宝四载八月册为贵妃，[1]礼数同于皇后。彼时的杜甫，遍谒严挺之、齐瀚、李邕而不得要领，正在兖州与李白惜别。因此，重返长安的杜甫从一开始，就直接进入了贵妃专宠的时代。这是唐朝高层政治角力的关键时刻，李林甫独秉政钧的背后，外戚杨钊已经悄然崛起了。

唯其如此，这块在洛阳以南龙门原上竖起的神道碑，就具有了更为特殊的现实意涵，而通过碑文的撰写，杜甫第一次清晰感知到了天宝长安的政治脉搏。与随主下葬的墓志不同，矗立在墓前的神道碑以其巨大的身形向世人昭示着一种态度。《皇甫德仪神道碑》撰写的时候，杨钊已来到长安两年，在韦坚案中崭露头角。在经历蜀地多年的蛰伏后，贵妃的获宠使杨钊终于看到曙光。此前的天宝三载春，剑南节度使章仇兼琼委派杨钊解送春绸，前往京师。春绸也叫春彩，是剑南道每年输纳中央的庸调，数量巨大，不容有失。章仇兼琼为杨钊额外安排了价值万缗的精美蜀货，供其在京师拜会打点。杨钊大喜过望，昼夜兼程抵达长安后，携蜀货遍谒杨氏兄妹，其中半数送给他的旧好杨氏次女。因其丧夫新寡，杨钊索性入住其家。在杨氏姐妹的荐引下，杨钊得以随供奉官出入禁中。玄宗对这个容貌出众又言辞机敏的剑南主簿印象

1　《资治通鉴》卷215"天宝四载八月"条，第6866页。

颇好，擢升为金吾卫兵曹参军，留在长安，[1] 不久迁任监察御史。天宝五载春，韦坚获罪，杨钊深探李林甫心意，穷治其狱，获得李林甫赏识。[2] 五月，节制剑南将近八年的章仇兼琼由成都如愿入朝，迁任户部尚书。[3]

由于杨钊起家前担任屯官多年，后来又在节度使身边任推官，长于度支计账，因此在随后两年间，先后检校度支员外郎、度支郎中，判度支事，同时兼任侍御史，成为王鉷的得力副手。天宝七载（748）十一月，贵妃三姊同日受封国夫人，封地依次为韩、虢、秦。次年，玄宗视察左藏库（国库），看到货币绢帛山积，龙颜大悦，诏杨钊兼任太府卿。天宝九载（750），杨钊为避当时流行的金刀之谶，获玄宗赐名"国忠"。

以上诸种背景相叠加，构成了天宝年间长安复杂的政治风貌。对比开元诸相的更迭，我们会发现天宝政局已然不同。一方面，在李林甫的长期专权之下，中央政治变得僵化，中书、门下两省间的权力制衡被打破，右相一人独大。另一方面，宫闱内廷对于外朝政治的影响，加入了外戚这个因素。天宝五载的夏天，郑潜曜在终南山下的别业设宴。盛夏的长安城早已酷暑炎蒸，但这座位于樊川神禾原上的庭院却清阴宜人。这大概是一座窑洞式建筑，竹林掩映下烟雾缭绕，经春始成的美酒倒在玛瑙杯中，碧绿澄澈，

1　《资治通鉴》卷215"天宝四载八月"条，第6867—6868页。

2　《旧唐书》卷106《杨国忠传》，第3242页。

3　《资治通鉴》卷215"天宝五载五月"条，第6872页。

清凉袭人。一行人沿着石梯不觉间越攀越高,俯视山下层层别业,耳闻杂佩之声绕于山谷,杜甫不禁写下如下诗句:"主家阴洞细烟雾,留客夏簟青琅玕。春酒杯浓琥珀薄,冰浆碗碧马脑寒。误疑茅堂过江麓,已入风磴霾云端。自是秦楼压郑谷,时闻杂佩声珊珊。"(《郑驸马宅宴洞中》)撰成《皇甫德仪神道碑》后,杜甫获得了郑潜曜的赏识与信任,并且即将见到他在长安的贵人——汝阳王李琎。

五、汝阳府邸

通过郑潜曜的引见,杜甫得以拜会汝阳王李琎。汝阳王是让皇帝李宪的长子。睿宗共有六子,长子宁王李宪(679—741,本名成器),卒于开元二十九年;次子申王李撝,卒于开元十二年;三子玄宗;四子岐王李范,卒于开元十四年;五子薛王李业,卒于开元二十二年;六子汝南郡王李隆悌,长安、神龙间早卒。玄宗一生与四位兄弟关系和睦,即位后仍一同起居燕游,颇为难得。武周末年,兄弟五人在京师兴庆坊获赐宅邸,栉比相连,称为"五王宅"。玄宗即位后,将兴庆一坊修整为兴庆宫,在兴庆宫西侧的安兴、胜业二坊新赐宁、申、岐、薛四王宅邸,便于兄弟往来。由于兴庆宫的出现,京师遂有三处宫禁,唐人以其大致方位,将最早的太极宫称为"西内",大明宫称为"东内",兴庆宫则称为"南内"。而宁王府位置于诸王为最佳,位居胜业坊东南,推门东望便是兴庆宫的花萼相辉楼。

这种和谐的皇室关系，与宁王李宪的躬身示范有直接关系。睿宗即位之初，长子李成器（即李宪）面对太子之位坚辞不就，从而使诛韦氏立有殊勋的李隆基顺利入主东宫。李宪被唐人视为吴太伯。兴庆宫建成后，玄宗常居其间，诸王于侧门朝见，双方一同宴会射猎，往来频繁，朝政大事则诸王绝口不问。遗憾的是，封禅前后玄宗连失申、岐二王，二十二年甫至东都又失薛王，到开元末只剩下了大哥宁王。开元二十九年冬，京师遭遇极寒天气，长安城凝霜封树，玉带琼枝，出现了雾凇景观。宁王李宪睹景自伤，于十一月去世。玄宗震悼，号叫失声，谥之为"让皇帝"。次年夏发引下葬时，大雨倾盆，玄宗命庆王李琮以下全部皇子前往送行，于泥泞中步行十几里。[1]天宝二年年底，宁王长子汝阳郡王李琎服满父丧，加散官特进。

宁王李宪生于679年，长子李琎大约生于696年，与685年出生的玄宗只相差十岁出头，虽为君臣两代人，其实不乏共同语言。由于宁王的垂范，李琎自幼举止唯礼是求，谨言慎行，不问政事。宁王死后，睿宗诸子唯余玄宗一人，长侄汝阳王李琎一定程度上填补了玄宗内心巨大的空缺。天宝五载杜甫拜谒李琎时，这位年届五旬的亲王举止相当低调，连早年纵马嬉游之事都已很少（"晚节嬉游简"），诸事唯求谨慎。杜甫呈上的《赠特进汝阳王二十二韵》，记录了汝阳王当时的若干珍贵细节，以及自己在华丽

1　《旧唐书》卷95《睿宗诸子·让皇帝宪传》，第3012—3014页。

辞藻下掩藏的微妙心迹：

> 特进群公表，天人凤德升。霜蹄千里骏，风翮九霄鹏。
>
> 服礼求毫发，惟忠志寝兴。圣情常有眷，朝退若无凭。
>
> 仙醴来浮蚁，奇毛或赐鹰。清关尘不染，中使日相乘。
>
> 晚节嬉游简，平居孝义称。自多亲棣萼，谁敢问山陵。
>
> 学业醇儒富，辞华哲匠能。笔飞鸾耸立，章罢凤骞腾。
>
> 精理通谈笑，忘形向友朋。寸长堪缱绻，一诺岂骄矜。
>
> 已忝归曹植，何如对李膺。招要恩屡至，崇重力难胜。
>
> 披雾初欢夕，高秋爽气澄。樽罍临极浦，凫雁宿张灯。
>
> 花月穷游宴，炎天避郁蒸。砚寒金井水，檐动玉壶冰。
>
> 瓢饮惟三径，岩栖在百层。谬持蠡测海，况挹酒如渑。
>
> 鸿宝宁全秘，丹梯庶可凌。淮王门有客，终不愧孙登。

　　良好的家训是李琎能够继续保有王位的关键，是为"夙夕之德"，自幼有之。年届五旬的李琎恪守君臣上下的秩序，<u>丝毫不息</u>，日常起居也不忘忠君（"服礼求毫发，惟忠志寝兴"）。李琎退朝后，玄宗常觉若有所失，会遣中使专程前往汝阳王府赐以美酒豪鹰。宁王去世之初，李琎非常坚决地上疏，请求去掉乃父"让皇帝"的谥号。对于父辈的兄弟之情和君臣之分，李琎有清晰的认知，杜甫因而赞其"自多亲棣萼，谁敢问山陵"，"棣萼""山陵"分别指代兄弟和皇帝。

　　李琎本人文章出众，天宝六载曾为其外从祖元氏之妻罗婉顺撰写墓志，而书丹者则是时任长安县尉颜真卿。[1] 正因如此，当他从郑潜曜诸人口中得知杜甫的才华时，便曾几番打听（"招要恩屡至"）。文士凡有一艺之长，李琎都会着意存问，延纳于府下时，也绝不摆出居高临下的骄矜姿态。正是这种"寸长堪缱绻，一诺岂骄矜"的礼贤下士，使杜甫决定致身汝阳府下。他用"已忝归曹植""淮王门有客"之语，借用陈王曹植和淮南王刘安来比附李琎，明确了自己之于李琎的门客身份。同时又以杜密自况，将汝阳王比为李膺。杜甫追随汝阳王数年，曾在郁蒸炎夏感受"砚寒金井水，檐动玉壶冰"的避暑盛况，也曾于爽垲高秋目睹"樽罍临极浦，凫雁宿张灯"的水滨美景，但李琎始终保持了"瓢饮惟三径，岩栖在百层"的清简与避世。对于汝阳王来说，远离政治是其全身之道，但对于门客杜甫来说，却在无形中蹉跎岁月，难有进取。杜甫希望借汝阳之丹梯攀爬以致身高位，得窥象征道成的鸿宝之书（"鸿宝宁全秘，丹梯庶可凌"），本身就是一种自相矛盾、不切实际的幻想。

尽管在其幕下并未得到太多仕进的机会，但是杜甫对于汝阳王的感情是真挚而长久的。汝阳王李琎卒于天宝九载，从天宝五载初入长安到汝阳王去世前夕，我们基本没有看到杜甫投赠其他权贵的诗。在自传性长诗《壮游》中，杜甫记其西归咸阳后"许与必词伯，赏游实贤王。曳裾置醴地，奏赋入明光"，前三事其实

1　关于《罗婉顺墓志》情况，参见张杨力铮《唐代元大谦、罗婉顺夫妇墓志考》，《考古与文物》2021年第2期，第94—100页。

都在讲汝阳王。《八哀诗》更是专辟一章写李琎,足见其在杜甫人生中的重要地位。在李琎卒后,杜甫仍与其弟汉中王李瑀保持了长期的书信往来。

此时的杜甫,初步在长安建立起自己的交游圈。著名的《饮中八仙歌》,其实就是对杜甫天宝前期在长安接触到的上流交游圈的真实写照,而李琎、李适之、贺知章则是其中的核心人物。诗云:

> 知章骑马似乘船,眼花落井水底眠。
>
> 汝阳三斗始朝天,道逢麹车口流涎,恨不移封向酒泉。
>
> 左相日兴费万钱,饮如长鲸吸百川,衔杯乐圣称避贤。
>
> 宗之萧洒美少年,举觞白眼望青天,皎如玉树临风前。
>
> 苏晋长斋绣佛前,醉中往往爱逃禅。
>
> 李白一斗诗百篇,长安市上酒家眠。
>
> 天子呼来不上船,自称臣是酒中仙。
>
> 张旭三杯草圣传,脱帽露顶王公前,挥毫落纸如云烟。
>
> 焦遂五斗方卓然,高谈雄辩惊四筵。

"饮中八仙"这个带有调侃性质的称谓究竟从何而来?《新唐书·李白传》在记其翰林待诏失宠时,有如下一段记载:"白自知不为亲近所容,益骜放不自修,与(贺)知章、李适之、汝阳王璡、崔宗之、苏晋、张旭、焦遂为'酒八仙人'。"[1] 实际上，李白供奉翰林时贺知章已经八十四岁，身体每况愈下，而当时李璡则正服父丧。以玄宗对长兄的深情及李璡向来的谨慎来看，他绝无在宁王丧期饮酒的可能。因此，上述诸人或有八仙之称，但杜甫笔下的"饮中八仙"却是开元末、天宝初的总体描写。李璡嗜酒，与老臣贺知章交好。贺知章生于659年，几乎与杜审言为同一代人，但喜好提携后进文士，张旭、李白都曾受过贺知章的引荐。崔宗之是开元初名臣崔日用之子，谪官金陵时与李白相识，两人过从甚密。苏晋开元初为中书舍人，与贾至之父贾曾齐名，东封后官至吏部侍郎，曾与齐澣一同协助宋璟负责铨选。可以说，初入长安的杜甫所谓的"饮者"，其实是一个政治上倾向保守、以文学见长的颇为内向的人事小团体。

终杜甫一生，内心始终存在着仕进与归隐两种鲜明的对立情绪，这种纠结早在天宝前期便可清晰地看出。他有一首作于长安的《今夕行》，可能作于开元十七年底他初应科举前，也可能作于天宝四载冬再次来到长安后。事实上，这首诗的具体创作时间并不重要，它的意义，在于向世人展示出杜甫早期对于仕宦的理想主义心结。从这个层面来看，将它系于天宝四载岁末未尝不可。诗云：

今夕何夕岁云徂，更长烛明不可孤。

1　《新唐书》卷202《文艺中·李白传》，第5763页。

咸阳客舍一事无，相与博塞为欢娱。

冯陵大叫呼五白，袒跣不肯成枭卢。

英雄有时亦如此，邂逅岂即非良图。

君莫笑刘毅从来布衣愿，家无儋石输百万。

　　长安客舍中寄宿的一群布衣士人，在冬日长夜袒衣赤足相聚博弈，手执棋子咄咄进逼，口中大呼五白（棋子黑白两面，五子全掷出白色一面为五白）之"贵彩"[1]。这一年的杜甫三十四岁，尚未领教到京师官场的冷酷与世俗。诗中提到的刘毅，是东晋末年的传奇人物，自幼不治产业，博弈中以下巨额赌注著称。刘毅早年追随刘裕，后来双方反目，刘毅被杀。刘氏宿敌桓玄曾说过，"刘毅家无担石之储，樗蒲一掷百万"，他与何无忌共助刘裕，能成大事。[2] 对杜甫来说，"家无儋（担）石输百万"（"输"为下注之意）这句戏谑多少有为沉迷赌局开脱的意味，但也是他内心此刻某种真实想法的流露。晚年的他在夔州也有"闻道长安似弈棋"（《秋兴八首·其四》）的感慨，以弈局比政治，但两句诗背后的心境却全然不同。《今夕行》时期的杜甫充满理想主义，在他的眼里，长安的棋局代表了无限机会。而晚年的他却更多看到了"百

1　关于樗蒲之法及"五白"含义，谢思炜有详细注解。参见［唐］杜甫撰，谢思炜校注《杜甫集校注》卷1《今夕行》，第36—37页。

2　［南朝梁］沈约撰：《宋书》卷1《武帝纪上》，北京：中华书局，1974年，第7页。

年世事不胜悲"，是阅尽沧桑后的旁观与冷静。

与此同时，杜甫内心的归隐情结也会不时被唤醒，一个重要的表现便是思念李白。天宝五载早春时分，李白的故交孔巢父托病辞官，将从京师返回江东。饯别晚宴在一位蔡姓友人家中举行，诸人于堂屋门前的廊下临阶置酒。一曲弹罢，众皆惆怅，不觉月光已移照席间，杜甫叮嘱孔巢父，如果南行会稽在禹穴山见到李白，还请代我问他一切可好。连同问候一并带上的还有一首诗：

> 巢父掉头不肯住，东将入海随烟雾。
> 诗卷长留天地间，钓竿欲拂珊瑚树。
> 深山大泽龙蛇远，春寒野阴风景暮。
> 蓬莱织女回云车，指点虚无是征路。
> 自是君身有仙骨，世人那得知其故。
> 惜君只欲苦死留，富贵何如草头露。
> 蔡侯静者意有余，清夜置酒临前除。
> 罢琴惆怅月照席，几岁寄我空中书。
> 南寻禹穴见李白，道甫问信今何如。
> ——《送孔巢父谢病归游江东兼呈李白》

长安城对于此时的孔巢父来说，一刻也不愿多留，但对于彼时的杜甫而言，长安意味着全新的开始。所以，不是世人不知其故，其实是杜甫尚未真正体会到孔巢父的决绝。孔巢父走后的一个黄昏，渭河北岸的杨柳发出新枝，长安城在一片飞絮中涂上暮色，映出天边飘浮的云。斯情斯景，一段关于李白的记忆在杜甫心中展开：

> 白也诗无敌，飘然思不群。
>
> 清新庾开府，俊逸鲍参军。
>
> 渭北春天树，江东日暮云。
>
> 何时一樽酒，重与细论文。
>
> ——《春日忆李白》

不管承认与否，那个有着庾信、鲍照般才华的诗人李白，正在京师粗粝凶悍的生活磨洗下变淡变远，什么时候再得相见，杜甫自己也说不清楚。理想与现实的十字路口，他正颇为狼狈地向后者趋行。等他再次在诗中忆及李白，已经是在十三年之后的秦州了。

第八章　帝国周边

杜甫三十六岁至三十九岁

天宝六载（747年）——————————————— 天宝九载（750年）

一、韩公筑城

有唐三百年的国运盛衰与周边政权的更迭兴替密不可分，欧阳修按照时间顺序，列出了对唐朝构成主要威胁的外部政权：突厥、吐蕃、回纥、南诏，[1]陈寅恪进而提出了唐朝历史发展中"外族盛衰连环性"的史学命题。[2]从杜闲出生直到杜甫旅食长安的七十余年，正是唐朝周边政治势力发生巨大变动的时间。这个时代涵盖了第二突厥汗国由勃兴到覆亡的始末，同时也见证了吐蕃不断崛起并与唐朝持续博弈的历史进程。外族政权的兴衰动向反馈于长安，对唐朝的政治走向产生了深远影响，进而促成了8世纪中叶许多关键人物的粉墨登场。

在唐与突厥的政治博弈中，最为重要的一个结果是营州杂胡群体的形成。贞观四年（630）李靖灭东突厥后，漠北进入了五十年相对平静的时期。高宗朝末年，突厥降部中的伏念、泥孰匐相继反叛，意图恢复汗国故地。唐朝派裴行俭前往平定，并在盐、夏诸州（今盐池、定边两县）设置鲁、丽、塞、含、依、契六州，专门管理粟特降户，以确保陇右群牧的国马安全。这六个州被称

1　《新唐书》卷215上《突厥传上》，第6023页。

2　陈寅恪：《唐代政治史述论稿》，第321—322页。

为"六胡州"，生活其间的粟特人则被称为"六州胡"，突厥如尼文（Runic，又译儒尼文或鲁尼文）碑铭中称为 altï čub soghdaq。[1]杜甫后来在一首诗中，生动描述了六州胡人的聚居场景：

> 黄河北岸海西军，椎鼓鸣钟天下闻。
>
> 铁马长鸣不知数，胡人高鼻动成群。
>
> ——《黄河二首·其一》

粟特人是祖居中亚的商业民族，在中古漫长的岁月中随着丝路贸易而向东迁徙，在唐朝的很多地方都建立了自己的聚落。粟特人擅长养马，是唐朝国马牧养的主要承担者。同时，源自中亚柘羯的父子兵传统，[2]以及突厥化了的骑射能力，[3]又使他们成为天然的雇佣兵，是唐朝北方防御值得倚赖的蕃部力量。阿史那伏念反叛后，历侍太宗、高宗的禁军将领安元寿奉命前往盐、夏诸州

1　Talât Tekin, *A Grammar of Orkhon Turkic*, Bloomington, Indiana University Publication, 1968, p.275. 关于突厥如尼文碑铭中"六州胡"的指称考证，参见〔苏联〕克利亚什托尔内著，李佩娟译《古代突厥鲁尼文碑铭——中亚细亚史原始文献》，哈尔滨：黑龙江教育出版社，1991年，第96、100页。

2　〔日〕小野川秀美：《河曲六州胡の沿革》，《東亞人文學報》第1卷第4号，1942年，第193—226页。

3　〔日〕中田裕子：《六胡州におけるソゲド系突厥》，《東洋史苑》第72号，2009年，第33—66页。

清点群牧，据其上奏，一年内损失国马高达十八万匹。[1]

尽管伏念与泥孰匐的叛乱很快被平定，但此举使得诸蕃部落各怀异图，不久骨咄禄部再次反叛，并在黑沙地区（今呼和浩特一带）建立牙帐，号颉跌利施可汗（Alp Iltëriš），是为第二突厥汗国。此时高宗已经驾崩，临朝称制的武则天忙于内政无暇北顾，使得突厥力量不断壮大。骨咄禄大约卒于周唐易代的天授年间（690—692），他的两个儿子，亦即后来的毗伽可汗（Bilgä Khan，684—732）和阙特勤（Kül Tigin，685—732）都还不到十岁，[2]因此汗位由其弟默啜继承，突厥人称为卡波干可汗（Kapagan Khan，意为"征服者"）。默啜即位后持续对外扩张，很多已归唐数代的蕃部又重新北返草原。万岁通天年间，契丹首领孙万荣反叛，默啜打着助唐出兵的幌子向东扩展，将陷于契丹的营州据为己有，随后举兵南下，进攻河北诸州。河北之战迫使营州都督府内迁，寄理在幽州以东二百里的渔阳，而安东都护府治下的高丽、契丹、奚等大批东北内附民族也随之迁入幽州。

长安元年（701）腊月，默啜又取道阴山南麓的呼延谷（今包头市北），越过冰冻的黄河一路南下，于岁末兵临六胡州城下。城内诸胡群起策应，大批胡人与唐朝国马被突厥掠走。长安二年（702）正月初六，原路北返的突厥军队在黄河北岸的拂云堆与胜

1　《唐会要》卷72《马》，第1302页。

2　关于毗伽可汗与阙特勤的生年推算，参见〔法〕路易·巴赞著，耿昇译《突厥历法研究》，北京：中华书局，1998年，第242—243页。

州都督王诜的军队相遇，展开激战，[1] 五万唐军悉数阵亡，[2] 王诜战死，妻弟李某被阙特勤生擒，献给默啜。[3] 六胡州之战使得已归附唐朝半个世纪的粟特人重新活跃起来，其中被默啜掠回草原的一批六州胡遂依附突厥，变成了阿史那汗室统治下的新势力。此役过后，迫于突厥在代北一线制造的巨大军事压力，唐朝将张仁愿从幽州调至并州，任并州大都督府长史，以禁军将领李多祚接任幽州大都督府长史。李多祚家族累世担任靺鞨酋长，其本人在北门宿卫近三十年。[4] 这位重回故土的新任节帅对辖下的突厥诸部施以高压，以此巩固唐朝在幽州的统治。并州与幽州节帅的这次调整收到了很好的效果，默啜在长安三年（703）以后将汗国扩张重心暂时转向西方的阿尔泰山一带，唐朝北边防御获得了宝贵的喘息机会。唐廷将年事已高的依州刺史张仁楚调离，并在次年将原

---

1 关于此次战争的考证，参见岑仲勉《突厥集史》，北京：中华书局，2004年，第898、921页；〔苏联〕克利亚什托尔内著，李佩娟译《古代突厥鲁尼文碑铭——中亚细亚史原始文献》，第97页；〔俄〕马尔夏克著，毛铭译《突厥人、粟特人与娜娜女神》，桂林：漓江出版社，2016年，第96页。

2 突厥的记载或有夸大，因为胜州驻军不可能达到五万人的规模。

3 《毗伽可汗碑》记载了此战细节，具体的译文与考证，参见Talât Tekin, *A Grammar of Orkhon Turkic*, p.275；耿世民《古代突厥文碑铭研究》，北京：中央民族大学出版社，2005年，第158—159页。

4 《旧唐书·李多祚传》载："神龙初，张柬之将诛张易之兄弟，引多祚将筹其事，谓曰：'将军在北门几年？'曰：'三十年矣。'"《旧唐书》卷109《李多祚传》，第3296页。

来的六个州整合为两个州，加强了对六州胡人的管理。代北至幽州一线此后保持了较好的防御态势，随营州内迁的东北诸蕃部降户也处于相对平静的状态。

中宗复辟后的神龙三年（707），默啜再次南下灵、盐诸州，阙特勤在冲锋中连损三匹坐骑，[1] 唐军将领沙吒忠义战败。所幸同样的历史没有再次上演，与长安二年王诜的孤军拦截不同，已经迁任洛州长史的张仁愿临危受命，设伏击溃了回师北上的默啜主力，并乘胜将突厥势力逐出河套。为巩固战果，杜绝后患，张仁愿依托黄河北岸的旧有工事筑成了东、中、西三座受降城，[2] 其中东受降城在胜州对岸，中受降城在今天的包头市，西受降城在九原。三受降城将唐朝在河套的防线推移至黄河北岸，三城构成一个联合防御体系，有效地保护了黄河南岸的广阔地带，特别是灵、盐、夏诸州以及六胡州，并向东与代北的大同、横野两军镇互为呼应，成为唐朝抵御突厥等草原民族的成功举措，并演变为丝绸之路东端的一条重要通道。

三受降城建起的时候，杜审言刚刚去世。几年之后，杜闲婚

1　《阙特勤碑》东面32—33行记载："当他二十一岁时，我们与沙吒将军交战。最初，他骑tadïqïn啜的灰马进击，该马在那里死了。第二次骑始波罗（ïšbara）yamtar的灰马进击，该马在那里死了。第三次骑yägin silig官的带有马衣的栗色马进击，该马在那里死了。他的甲胄和披风上中了一百多箭，（但）未让一箭中其面部和头部。"耿世民：《古代突厥文碑铭研究》，第130页。

2　《旧唐书》卷93《张仁愿传》，第2981—2982页。

配，杜甫出生。也就是说，幼年杜甫对于国家北方边防的最初认知，便是这道雄踞黄河北岸的防御工事。在他的人生记忆中，并不曾有武周末年突厥频繁南下的直观感受。与大多数生长于玄宗朝的士人一样，杜甫边患意识的萌发，已经迟至开元十八年（730）的信安王北伐了。彼时杜甫心中的边塞图景与王翰、高适、岑参等人并无二致，仍是以开疆立功为主导，这在前后《出塞》中有集中的体现。这种观念直到天宝末年，才随着《兵车行》的创作有所改变，而它的最终转变，则是在安史之乱爆发之后。羯胡构逆，回纥借兵，唐朝以往的天下观念与政治地位受到严重挑战，杜甫的国家安全观也发生了根本性的转变。晚年的他忆及从韩公筑城（张仁愿封韩国公）到花门横行（"花门"是回纥的代称）这半个多世纪的变化，写下了如下诗句：

> 韩公本意筑三城，拟绝天骄拔汉旌。
> 岂谓尽烦回纥马，翻然远救朔方兵。
> 胡来不觉潼关隘，龙起犹闻晋水清。
> 独使至尊忧社稷，诸君何以答升平。
>
> ——《诸将五首·其二》

诗中客观冷静的历史态度尤其难得。在杜甫看来，当初张仁愿筑起三受降城，本来是为防御突厥南下。但谁也没有想到，在安史之乱爆发后，唐朝主动打开了三受降城，请求回纥骑兵越过黄河，驰援朔方军收复两京。这一巨大的变化，对晚年的杜甫产生了强烈冲击。他在人生最后十年里，多次表达了对既往天下秩序的高度认可，以及对现实政治混乱的深切担忧。类似的感受还出现在另一首诗中：

> 贞观铜牙弩，开元锦兽张。
> 花门小前好，此物弃沙场。
> ——《复愁十二首·其七》

当年太宗、玄宗以天可汗的身份赐给四夷的铜牙弩以及作为箭袋的锦兽张，如今被回纥（"花门"）拿来实战，助唐平定安史之乱。更为讽刺的是，回纥人似乎觉得弩机在轻骑兵作战中并不称手，于是将其丢弃在战场上。可以说，杜甫对于胡人看法的转变，首先来自整个8世纪中叶华夷秩序的剧变，在此背景下，才是安史之乱所产生的"羯胡乱常"感。天宝以前的杜甫与同时代人一样，对胡人的印象是高度符号化的。早期杜诗中的胡地遥远而充满异域风情，好勇斗狠的幽并儿、远涉流沙的大宛马，翻来覆去不过如此。安史之乱爆发之初，唐朝上下普遍充溢着叛乱指日可平的自信。彼时的杜甫只是将注意力集中在逆胡安禄山的个人行为上，长篇史诗《北征》开篇"东胡反未已"和终章"煌煌太宗业"的对比，表明杜甫对于唐朝的中兴尚充满信心。甚至于他离开关中来到秦州时，对于胡人仍然是"马骄珠汗落，胡舞白蹄斜"（《秦州杂诗二十首·其三》）这样的模式化描述。然而，六年的蜀地生活让杜甫真正感受到了唐朝的边境危机。西川与吐蕃长期相持的蓬婆、的博（今理县西北鹧鸪山一带）等要塞，距离成都不过数日行程，而蕃汉混杂的邛南兵更是常居肘腋，招之即来。杜甫对于胡人为患的历史性思考，大致都在入蜀以后。这些思考，其实是在杂糅了羯胡叛涣、吐蕃东扩、番兵跋扈等不同因素后，层累形成的。在这种反思与对比中，以三受降城为代表的旧有边疆秩序变得越发令人向往。可以说，杜甫后来在战乱流离中的诸种家国观念，都可以追溯到他出生前夕张仁愿筑起的三座受降城。

二、胡人禄山

韩公筑城上溯数年的长安三年正月，安禄山出生于营州寄治的渔阳县（今天津市蓟州区）一带。[1] 据说他出生时天有异象，幽州都督张仁愿下令将其庐帐人户悉数屠杀，但婴儿安禄山被人保护，逃过一劫。[2] 事实上此时的幽州都督已是新上任的李多祚，这个传说和 8 世纪突厥人的很多其他传说一样，充满了对于张仁愿的畏惧，同时也反映出六胡州之战后幽营代北一线紧张的政治氛围。安禄山的生父不得而知，他的母亲阿史德氏是突厥巫师，地

1　关于安禄山出生与早年身世的详细探讨，参见王炳文《从胡地到戎墟：安史之乱与河北胡化问题研究》，第 106—136 页。

2　《安禄山事迹》卷上，第 73 页。

位低下。母亲用突厥战斗神为他取名,叫作"轧荦山"。大约在神龙政变以后,幼年的轧荦山跟随母亲进入突厥汗国境内,依附于粟特人安延偃。阿史德氏在安家可能只是妾甚至奴婢,因此轧荦山连姓安的权利也没有。

事实上,如果我们从更为宏观的视角加以审视,会发现公元8世纪的头十年(700—709),其实是东亚地缘格局发生变化的一个关键转折期,许多后来影响深远的因素在这一时期开始酝酿。其中一个有趣的现象是后来安史之乱中的主要历史人物大多出生于这个时期,他们可以被称为"700年的一代"。这个群体包括了700年出生的哥舒翰[1]、703年出生的安禄山和史思明、704年出生的田承嗣、705年出生的王忠嗣和安思顺、708年出生的颜真卿和李光弼,以及稍早时候697年出生的郭子仪。他们中间大部分的蕃将如安禄山、史思明、李光弼、王思礼等人的出生背景,更是直接与700年以后的北边局势特别是幽营诸州的特殊情况相关,我们沿用《旧唐书》等传世文献的说法,将这些蕃将称为"营州胡"。

三受降城建成后,突厥与唐朝的关系趋于稳定,默啜将主要精力放在对草原九姓铁勒的征服上。开元四年(716),默啜东征拔曳固获胜,回师行至独乐河(今蒙古国图勒河),被拔曳固散

---

1 关于哥舒翰生年的推测,参见王炳文《从胡地到戎墟:安史之乱与河北胡化问题研究》,第80页。

卒杀害。[1] 默啜的意外死亡使突厥汗室陷入内斗，漠北政局一夜忽变，此前北返的九姓铁勒诸部纷纷南下，重新归附唐朝。在这场政治风暴中，安延偃家族离散，家人追随另一个粟特贵族安孝节南逃。安孝节是唐朝胡人将领安道买的长子，安道买曾担任代北的平狄军副使，率军与沙吒忠义等抗击默啜。当时，安道买的次子安贞节正担任岚州（今吕梁市岚县）别驾，他收留了长兄带来的这一群粟特同胞。这批逃难者中有安延偃的从侄安思顺和安元贞，以及时年十四岁的轧荦山。然而按照唐朝当时的规定，缘边诸州不得随意收留突厥奴婢，犯事者将治以重罪。没有姓氏的轧荦山留在岚州安氏府中，是一个巨大的隐患。因此安贞节做主，让轧荦山和安思顺、安元贞叙为兄弟，获得安姓，并为他取了一个典型的粟特名字——"禄山"。无论是"禄山"还是"轧荦山"，它们都来自粟特语中的 roxšan-（rwxšn-，rwγšn-），有"光明"或"明亮"的意思。[2] 安思顺的父亲安波注是安延偃的从父弟。安波注本人当时在河陇担任中层将领，他应该是随后获知此事，并予以默许。

突厥汗室内乱后，毗伽在其弟阙特勤和老臣暾欲谷的帮助下，

1　《旧唐书》卷194上《突厥传上》，第5173页。

2　Edwin. G. Pulleyblank, *The Background of the Rebellion of An-Lushan*, London: Oxford University Press, 1955, p.15, p.111; Edwin. G. Pulleyblank, "A Sogdian Colony in Inner Mongolia," *T'oung Pao*, Second Series, Vol.41, Livr.4/5, 1952, p.333.

杀死默啜之子,登上汗位。毗伽可汗在位期间正值玄宗开元年间,双方关系大体稳定。唐朝北方防御的重点逐渐转向东北边疆的契丹和奚(统称"两蕃"),而幽、营两州的战略地位也随之不断提升。开元五年(717),唐朝将营州迁回柳城旧址,此前内迁幽州及淄、青等州的蕃户随之迁回,同时招集商胡,数年间人丁渐旺。[1] 在被安贞节收留后,安禄山逐渐在河东安置下来。随着营州的恢复,唐朝东北边境贸易得以发展,青年安禄山转入幽、营一带从事马匹交易,以互市牙郎的身份进入幽州军政体系。

开元十八年,安西副都护赵含章志得意满,从大漠边缘的龟兹镇如愿迁转到了燕山脚下的幽州,升任幽州节度使。他不曾想到的是,赴任不久,朝中的反对派便找到了他贿赂朝官的证据。信安王北伐结束后,赵含章下狱,薛楚玉接任幽州节度使。薛楚玉是薛仁贵最小的儿子,开元初年名将薛讷之弟,他上任后不到两年便因败仗而被罢免。开元二十一年(733),唐廷将陇右节度使张守珪调至幽州担任节度使。到任后的张守珪对幽州军事结构进行了大幅度调整,清除了平卢军使高钦德(高丽人)、幽州经略军副使翟诜(丁零人)等旧有势力,[2] 挖掘培植起以马匹牙人安禄山、史思明为代表的亲信集团。

1　《旧唐书》卷185下《良吏下·宋庆礼传》,第4814页。

2　《唐代墓志汇编》开元376《唐右武卫将军高府君墓志铭并序》,第1416页;《唐代墓志汇编》开元404《□唐故冠军大将军行左屯卫翊府中郎将幽州经略军节度副使翟公墓志铭》,第1435页。

唐朝在河东道及河北道的北部诸州，长期与突厥、回纥、九姓铁勒等北方民族保持着边境贸易，其中一项重要内容便是马匹的交易。马匹边贸由唐朝政府主导，但实际的交易由半官方身份的"牙人"居中玉成。这些牙人主要来自东北边境的内附蕃部，以奚人和粟特人为主。他们通晓诸蕃语言，谙熟边地风俗，自身往往也是政府马牧杂畜的放养者。这种为官方"长上专当"的职业畜牧者，被唐朝称为"牧子"[1]，也被俗称为"小儿"。后来，在被安史军队攻陷的长安城西，胡人跋扈，杜甫曾描述这一情形，称"黄头奚儿日向西，数骑弯弓敢驰突"（《悲青坂》），所谓的"黄头奚儿"，就是来自幽营边州的牧子。安禄山曾被颜杲卿斥为"营州牧羊羯奴"[2]，被郭子仪的幕僚邵说称为"牧羊小丑"[3]，而史思明之子史朝兴同样被唐代史书称为"牧羊胡雏"[4]。以安禄山为代表的安史集团核心人物，大多有相似的早年经历。在开元二十一年前的幽州，青年安禄山所从事的职业，正是市马牙人兼官方牧子。

在对幽州旧有军政体制大力整治的过程中，张守珪发现安禄山作为牙人，在马牧交易中上下其手，假公肥私，所获赃利巨大，依律当斩。一则有关安禄山死里逃生的传说流传甚广：

1　《唐六典》卷17《太仆寺·诸牧监》，第487页。

2　《资治通鉴》卷217"至德元载正月"条，第6952页；[唐]颜真卿：《摄常山郡太守卫尉卿兼御史中丞赠太子太保谥忠节京兆颜公神道碑铭》，《全唐文》卷341，第3464页。

3　[唐]邵说：《代郭令公请雪安思顺表》，《全唐文》卷452，第4623页。

4　《安禄山事迹》卷下，第111页。

张守珪为范阳节度使，禄山盗羊奸发，追捕至，欲棒杀之。禄山大呼曰："大夫不欲灭奚、契丹两蕃耶？而杀壮士！"守珪奇其言貌，乃释之，留军前驱使，遂与史思明同为捉生将。[1]

"盗羊"并非偷羊，而是《厩库律》中所谓的"验畜产不以实"，监临主守之人以赃物"入己"（纳入私囊）[2]。"盗羊"是真实存在的事件，但安禄山行将被斩时逃得一劫，却更像是一种隐喻，因为这一场景在三年后的另一桩公案中再次出现。[3]据说开元二十四年（736）安禄山出征契丹失败，临刑之际大呼。节度使张守珪惜其勇锐，不便决断，将之"执送京师"（实际上当时玄宗及宰相百官在洛阳），中书令张九龄果断批示"不宜免死"，并认为"其貌有反相，不杀必为后患"，而玄宗则讥讽张九龄是效仿王衍识石勒之事（石勒少年时曾在洛阳上东门叫卖，王衍见后认为此人终为"天下之患"[4]），有枉害忠良之虞。[5]

上述真假混杂的传闻反映出唐人在安史之乱爆发后一种普遍的心态和认知：安禄山是石勒或侯景一类的人物，其行动是羯胡

---

1 《安禄山事迹》卷上，第73页。

2 《唐律疏议》卷15《厩库·验畜产不以实》，第277—278页。

3 《资治通鉴考异》卷13《唐纪五》"开元二十四年四月"条，第531—533页。

4 《晋书》卷104《石勒载记上》，第2707页。

5 《资治通鉴》卷214"开元二十四年三月"条，第6814页。

的叛涣，是对华夏正统秩序的祸乱。[1] 在著名的《咏怀古迹五首》中，杜甫借对庾信的怀念，道出了唐人对安禄山"羯胡乱常"的普遍看法：

> 支离东北风尘际，漂泊西南天地间。
>
> 三峡楼台淹日月，五溪衣服共云山。
>
> 羯胡事主终无赖，词客哀时且未还。
>
> 庾信平生最萧瑟，暮年诗赋动江关。
>
> ——《咏怀古迹五首·其一》

至德元载（756），避乱入蜀的玄宗为了向天下昭示悔意，笼络人心，专程遣中官前往张九龄的家乡韶州致祭，使当初张九龄斥安禄山"狼子野心"[2]的掌故不胫而走。在唐朝官方话语与社会舆论的共同塑造下，安禄山成了石勒式的人物，加之助唐平叛的回纥人横行跋扈，民众对胡人出现了普遍的排斥心理。[3]安禄山与石勒一样，都是来自河北的羯胡。类似的历史人物，还有时间上更近的侯景，梁朝倚仗他，他却起兵叛乱，被证明终归是靠不住

1　关于安禄山"羯胡乱常"的政治隐喻，参见王炳文《从胡地到戎墟：安史之乱与河北胡化问题研究》，第1—7页。

2　《旧唐书》卷99《张九龄传》，第3099页。

3　荣新江：《安史之乱后粟特胡人的动向》，《暨南史学》第2辑，广州：暨南大学出版社，2003年，第110—131页。

的。其实早在至德二载（757）复两京后，河北诸地一度收复在望，杜甫兴奋之余就曾写下"青袍白马更何有，后汉今周喜再昌"（《洗兵马》）的诗句，认为平定安禄山后，侯景式的悲剧将不再重演，唐朝中兴指日可待。

需要注意的是，安禄山虽然是在张守珪节制幽州后得以拔擢，但在此之前，他已有一定的武将职级。开元二十四年被缚至洛阳面见张九龄时，他的职事官已到了从三品的左骁卫将军，担任平卢军的讨击使，[1]这种中高层的武将，至少需要十年以上的职级迁转。开元二十六年（738），幽州偏将赵堪、白真陀罗假张守珪之命，迫使平卢军使乌知义讨奚，唐军于潢水北岸战败，张守珪欲掩其事，谎奏战功，不料事情败露。玄宗派中使牛仙童前往幽州按察，牛受张厚赂，设法弥缝潢水之败，将罪责推给白真陀罗，令其自缢。次年，牛仙童受贿事发，张守珪被牵出，贬括州刺史而卒，李适之接任幽州节度使。正是在李适之任内，安禄山于开元二十八年（740）升为平卢军兵马使，而平卢军使则为自安西都护迁来的王斛斯。开元二十九年（741）李适之离任，王斛斯接任幽州节度使。次年亦即天宝元年（742）正月，唐朝将平卢军升格为节度使，安禄山成为首任平卢军节度使，摄御史中丞。这一年

1　《资治通鉴》卷214 "开元二十四年四月" 条，第6814页。当然，如果按照《安禄山事迹》的记载，则安禄山此时的将军尚是员外置，但这足以表明安禄山在张守珪节制幽州前，便已具有相当的武职迁转经历。参见《安禄山事迹》卷上，第74页。

安禄山四十岁，正式跻身唐朝方镇要员。及至天宝三载（744），安禄山又代裴宽为范阳节度使，唐朝东北边境大权悉皆在手。

张守珪因战败而获罪，与其行事不周、将令不行以及边镇偏将权力的膨胀都有关系。事实上，像潢水之败这样被掩盖、谎报甚至美化的边境战事，在开天之际的诸道普遍存在。与之相伴的，是边镇巨大的财政消耗。在《后出塞》中，杜甫记录了他所听闻的幽营诸州军费状况：

> 古人重守边，今人重高勋。
>
> 岂知英雄主，出师亘长云。
>
> 六合已一家，四夷且孤军。
>
> 遂使貔虎士，奋身勇所闻。
>
> 拔剑击大荒，日收胡马群。
>
> 誓开玄冥北，持以奉吾君。
>
> ——《后出塞五首·其三》

> 献凯日继踵，两蕃静无虞。
>
> 渔阳豪侠地，击鼓吹笙竽。
>
> 云帆转辽海，粳稻来东吴。
>
> 越罗与楚练，照耀舆台躯。
>
> 主将位益崇，气骄凌上都。
>
> 边人不敢议，议者死路衢。
>
> ——《后出塞五首·其四》

玄宗朝的对外军事战略，大致可以总结为：瓦解突厥，控扼两蕃，争雄吐蕃。开元中后期毗伽可汗死后，突厥对北方草原的控制明显减弱，击溃突厥，唐朝才能实现对九姓铁勒及回纥诸部的完全掌控，因此务求瓦解。东北边境的奚和契丹，自武周后期便为患不浅，但世代归附于幽营诸州的降户同样数量巨大，部族关系复杂，故而以控扼为主。吐蕃在8世纪强势崛起，向周边持续扩张，在安西四镇、河陇两道以及剑南都与唐朝产生直接冲突，成为唐朝的头号劲敌。显然，开元、天宝之际的唐朝并非如杜甫所说是"六合一家""四夷孤军"，而是面临着复杂多变的周边环境。玄宗拓边的根本原因，仍然在于保障唐朝自身的政治安全。

不过与之相伴的，是军费开支的急剧增长，以及节帅边将的擅权邀功。及至天宝元年，唐朝"凡镇兵四十九万人，马八万余匹。开元之前，每岁供边兵衣粮，费不过二百万；天宝之后，边将奏益兵浸多，每岁用衣千二十万匹，粮百九十万斛，公私劳费，民始困苦矣"[1]。安禄山自牙郎牧子一类"舆台"（下人）擢升平卢节帅的十多年间，幽州战事捷报频传，真假混杂，白真陀罗假节度之命出兵潢水，正是典型的"拔剑击大荒，日收胡马群"之举。但无论胜负，战事背后都是源源不断的中央财政输送。特别是悬远的营州，衣粮供给需要由山东半岛北部渡海送达，这就是唐朝著名的辽海路转运。海船运载的稻米也并非征自河北、河南两道，而是来自江南道甚至更远的岭南道。作为庸调折纳的南方稻米绢

1 《资治通鉴》卷215"天宝元年正月"条，第6851页。

帛，在扬州汇集后走运河北上，再经辽海路转供营州。这条壮观的财政转运路线，在杜甫"云帆转辽海，粳稻来东吴"的诗句中得到了真实记录，也在近年来拼合复原的吐鲁番文书《仪凤三年度支奏抄·四年金部旨符》中得到坚实印证。[1]

三、河陇风云

开元二十九年，服完父丧的哥舒翰（700—757）"慨然发愤折节，仗剑之河西"[2]，由长安来到凉州（今武威市），成为新任河西节度使王倕的衙前偏将。哥舒翰是突骑施首领后裔，父亲哥舒道元生前官至安西都护将军、赤水军使。[3]赤水军驻扎在凉州城内，管兵三万三千人，马一万三千匹，"前拒吐蕃北临突厥"，有"军之大者，莫如赤水"[4]的美誉。一般来说，这种重要的经略军使，往往同时兼任着节度使衙前兵马使一类要职，属于方镇中的高级武将。因此，哥舒翰在河西军中本就拥有很高的起点，在王倕身边很快获得重用。当时河西节度使的幕下，会集了一批后来军功

---

1 关于《仪凤三年度支奏抄·四年金部旨符》的复原经过与完整录文，参见〔日〕大津透《日唐律令制的财政构造》，東京：岩波書店，2006年，第29—31、33—49页。

2 《旧唐书》卷104《哥舒翰传》，第3212页。

3 《新唐书》卷135《哥舒翰传》，第4569页。

4 《元和郡县图志》卷40《陇右道下·凉州》，第1018页。

卓著的武将，特别是安波注家族，他们世代担任唐朝军将，在凉州胡人中根基深厚。安波注的两个儿子安思顺和安元贞，当时也在河西节度使麾下任职，与哥舒翰成为同事。

此时的第二突厥汗国已走到末路，汗室动荡。开元二十年（732），阙特勤与毗伽可汗先后去世。毗伽之子伊然、登利先后继位，以从叔父为左、右杀（杀为突厥官号）分掌兵马。开元二十八年，左杀弑登利，号判阙特勤。突厥大乱，自顾不暇，诸多附庸部落纷纷摆脱其统治。天宝元年，突厥属国拔悉密首领争取到回纥和葛逻禄的支持，自立为汗，突厥汗室则拥立判阙特勤之子为乌苏米施可汗。玄宗遣使令其内附，遭到拒绝，朔方节度使王忠嗣引重兵北陈碛口，联合拔悉密、回纥、葛逻禄三部进攻突厥，乌苏米施远遁。八月，突厥汗室西叶护阿布思、西杀葛腊多、默啜之孙勃德支、伊然可汗小妻、登利可汗之女等率部千余帐降唐。[1]天宝二年六月六日，骨力裴罗之子磨延啜率军追及乌苏米施，生擒可汗及可敦。磨延啜就是后来的葛勒可汗，此战成为他早年重要功绩，被刻入碑中：

乌苏米施特勤作了汗。羊年，我出征了。我打第二仗于六月初六（日）……把乌苏米施特勤……我俘虏了，并在那里取其可敦。突厥人民从那以后就灭亡了。[2]

1　《资治通鉴》卷215 "天宝元年八月" 条，第6854—6855页。

2　耿世民：《古代突厥文碑铭研究》，195页。

与汉文史料"突厥遂微"的表述类似,回纥碑铭中也用了"突厥人民从那以后就灭亡了"这样的说法。此后,突厥逐渐淡出历史舞台,回纥建立汗国,成为北方草原新的霸主。

随着第二突厥汗国的覆亡,唐朝将兵锋转向西南强邻吐蕃。天宝元年冬,在突厥内附仅三个月后,陇右节度使皇甫惟明、河西节度使王倕同时向青海(今青海湖)以东的吐蕃驻军发起进攻。凉州方面行动的具体策划者是当时的河西节度都知兵马使安波注。十二月初,唐军在大斗拔谷(今张掖市民乐县扁都口)南口完成会师。祁连山北坡的山地巍峨平缓,冬日的浩门河平静地穿过山前的高原草场。安波注亲率五千精骑前行,于十二日晚抵达新城(今海北藏族自治州海晏县)南。闻讯远遁的吐蕃军队在撤退前点燃了草原,烈火将黑夜照得如白昼般通明。唐军气势正盛,顺着吐蕃烽燧一路鼓行追击,十五日清晨在青海北界与两千吐蕃游奕(轻骑兵)相遇,将其围歼。十六日,安波注麾下主力进至鱼海军,吐蕃大使剑具战死,副使以下军将悉数被俘,阵亡三千人,俘获千余吐蕃军士和八万头牲口。然而此时吐蕃援军赶到,唐军陷入重围,转而集结为方阵,以强弩长戟守护辎重战俘,入夜后成功突围,且战且退一千余里,八天后返回浩门河北岸,在凉州援军策应下突破吐蕃围堵,击退追兵。

鱼海之战被王倕吹嘘为"一日三捷",并向玄宗夸下海口,要"拔逻些城(今拉萨市)青地,斩赞普之首,以悬北阙"[1]。从这次

1　[唐]樊衡:《河西破蕃贼露布》,《全唐文》卷352,第3572—3573页。

远征的人事安排中可以窥见哥舒翰与安氏家族早期关系里一些非常微妙的细节。此时的哥舒翰与安思顺都还只是节度使身边偏将。置身王倕幕下的哥舒翰，仅用一两年时间便已担任河西节度衙前讨击副使，与节度使关系密切。相较而言，安思顺兄弟更多倚靠其家族在河西的势力。鱼海之战中，哥舒翰随节度使王倕坐镇后方，安思顺则随安波注远征新城。唐军回师后，为绝隐患，安思顺受命引二千精骑偷袭吐蕃追兵，哥舒翰则与大斗军副使乌怀愿引一千骑兵自后方策应。可以看出，无论是哥舒翰还是安氏兄弟，在此役承担的都是风险较小但易于累积军功的行动，但相较而言，安思顺全程参与远征，作用更重要一些。有趣的是，两人后来的相关记载中，都分别将此战归为己功，[1] 足见早在天宝初年，哥舒翰与安思顺便已存在意气之争与门户之见。[2]

　　鱼海之战后不久，王倕迁转中原另任他职，但唐朝对于吐蕃的战略施压仍在继续。在夺回青海东北部诸地后，唐朝的进攻重

1　《旧唐书·哥舒翰传》称"（王）倕攻新城，使翰经略"，《宗羲仲神道碑》则称"从安思顺破鱼海，败五城"。《旧唐书》卷104《哥舒翰传》，第3212页；[唐]豆卢诜:《岭南节度判官宗公神道碑》，《全唐文》卷439，第4482页。

2　这一点与安史之乱前郭子仪和李光弼在朔方军中的关系颇为类似。

点转向了洮河上游的石堡城（今甘南藏族自治州卓尼县阳坝村）。[1] 这处著名的军事据点在玄宗朝屡经唐蕃争夺，地势险要，易守难攻。天宝四载（745）秋，陇右节度使皇甫惟明出兵石堡城，唐军战败，副将阵亡。入京朝见的皇甫惟明在次年正月受命兼任河西节度使，不料数日后卷入韦坚案，随即罢职。一时间，陇右、河西两道节帅空置，与皇甫惟明私交甚恶的另一位太子故人王忠嗣临危受命，持节充西平郡（鄯州，今海东市乐都区）太守，判武威郡事，充河西、陇右节度使。当时王忠嗣本已兼任朔方、河东两道节度使，诏书下达后，出现了一人身兼四道节帅的局面。

王忠嗣（705—749）与太子李亨的关系极为深厚。开元二年（714）唐蕃武阶驿之战中，丰安军使王海宾战死，留下九岁一子，玄宗怜爱，比为"去病之孤"，赐名忠嗣，养于宫中，"每随诸王问安否，独与肃宗同卧起"[2]。王忠嗣长忠王六岁，自幼相处，且深得李亨生母杨氏宠爱，十余岁便试任代州别驾、大同军副使，在边塞历练。开元十二年（724），玄宗将其召回朝中，杨氏亲自主持其行冠礼并为之安排婚配，随后他以近侍身份参与了封禅大典。[3]

1　关于玄宗朝石堡城的位置，学界存在日月山和卓尼县两种截然不同的观点。两地相距上千里，很难调和。本书采纳卓尼县说。相关争论的具体回顾及卓尼县说的证据，参见李宗俊《唐代石堡城、赤岭位置及唐蕃古道再考》，《民族研究》2011年第6期，第38—50页。

2　［唐］元载：《王忠嗣碑》，［清］王昶编：《金石萃编》卷100，《石刻史料新编》第1辑，台北：新文丰出版公司，1982年，第1651—1652页。

3　王炳文：《从胡地到戎墟：安史之乱与河北胡化问题研究》，第68—69页。

东封之后，王忠嗣在河西节度使萧嵩帐下任兵马使，信安王北伐时，又随李祎北上幽州征讨，此后以郎将充河西讨击副使，再迁为左威卫将军，检校代州都督。[1] 开元二十五年前后，王忠嗣与皇甫惟明交恶，为皇甫构陷贬官，适逢河西节度使杜希望策划进攻新城（安戎城），将王忠嗣召至麾下参战，王忠嗣因功复得升迁，擢为河东节度使。开元二十九年，王忠嗣转任朔方节度使，开启了长达五年的朔方之任，并于天宝四载兼制河东。

如果考虑到王忠嗣与太子的关系，就会发现天宝五载韦坚案发后，身兼四道的任命对王忠嗣而言并非利好。四月，王忠嗣坚辞朔方、河东节度使，获得准许。玄宗的态度很明确，要求王忠嗣不惜一切代价攻下石堡城。对此，王忠嗣持保守态度，从军事层面来讲是攻城代价过高，但深层原因恐怕与韦坚案后太子一党人人自危的现实境遇相关。皇甫惟明已经因石堡城之事下狱，王忠嗣若再失手，很可能步其后尘。况且自从开元二十六年新城之战后，王忠嗣就一直在河东、朔方担任节度使，阔别河西、陇右已逾六年，人事疏离。尽管皇甫惟明已经卸任，但此时河西节度上下仍残留着大量旧的关系印记。除了政敌皇甫惟明任用的旧人

1　《旧唐书·王忠嗣传》载："二十一年再转左领军卫郎将、河西讨击副使、左威卫将军、赐紫金鱼袋、清源男，兼检校代州都督。"这段文字标点不清楚，且疑原文有脱漏。郎将与将军是两个不同级别的职事官，讨击副使和代州都督则是实任之职。王忠嗣应该是先以郎将充副使，后以将军检校都督。《旧唐书》卷103《王忠嗣传》，第3197—3198页。

之外，盘踞河西数代的安波注家族更是在军政事务上影响巨大，种种氛围让新赴任的王忠嗣感受到了明显的孤立。在这种情况下，他刻意提拔了以哥舒翰、李光弼为代表的一批将领。

天宝六载（747），董延光上疏献取石堡城之策，玄宗命王忠嗣分兵接应。由于师出多方，缺乏协调，唐军在石堡城下迁延许久，逾期不克，无功而返。董延光为逃脱罪责，指陈王忠嗣消极不愿配合，这给了李林甫绝佳的机会。韦坚案中太子已失皇甫惟明，此时若构陷王忠嗣成功，无异于卸去东宫的左膀右臂。李林甫找到曾任朔州刺史的济阳别驾魏林，唆使其罗告王忠嗣在河东节度使任上有"欲尊奉太子"之言。[1] 玄宗大怒，罢王忠嗣诸职下狱，交付三司会审。此时，刚以右武卫员外将军充任陇右节度副使、都知关西兵马使的哥舒翰，进入了玄宗视野。他将哥舒翰召至华清宫，委任为鸿胪卿兼西平郡太守、摄御史中丞，知陇右节度事。哥舒翰力救王忠嗣，叩头随玄宗而前，声泪俱下。[2] 陇右两年间连失两位节帅，已然形成权力真空。在哥舒翰的力谏之下，王忠嗣最终免去一死，贬为汉阳郡（沔州，今武汉市汉阳区）太守，次年迁为汉东郡（隋州，今随州市曾都区）太守。玄宗终究因对忠王旧党的疑忌而无法释怀，有杀王忠嗣之意。天宝八载（749），王忠嗣以四十五岁的壮年暴卒于汉东太守任上，疑窦重重。此事在京师引发震动，委身汝阳王门下的杜甫写下了《故武

1　《旧唐书》卷103《王忠嗣传》，第3200页。

2　《旧唐书》卷104《哥舒翰传》，第3212页。

卫将军挽歌》三首：[1]

严警当寒夜，前军落大星。

壮夫思感决，哀诏惜精灵。

王者今无战，书生已勒铭。

封侯意疏阔，编简为谁青。

舞剑过人绝，鸣弓射兽能。

铦锋行惬顺，猛噬失蹻腾。

赤羽千夫膳，黄河十月冰。

横行沙漠外，神速至今称。

哀挽青门去，新阡绛水遥。

路人纷雨泣，天意飒风飙。

部曲精仍锐，匈奴气不骄。

无由睹雄略，大树日萧萧。

王忠嗣当年行冠礼后身在洛阳，又曾随信安王北伐。我们并不清楚开元十三年的杜甫或开元十九年的高适，是否曾与之有过交集。然而，少养宫中的身份、攻下新城的战功、陈兵碛口的壮

1 　此诗所挽之人，主要有裴旻和王忠嗣两种说法，以后者为是。参见
[唐] 杜甫撰，谢思炜校注：《杜甫集校注》卷9，第1507页。

举、身兼四道的令誉，这些都是时人所熟谙的传奇事迹，而构陷下狱、壮年暴卒的际遇，又为这些逸事平添了悲剧色彩。与李邕一样，王忠嗣之死也是李林甫与太子政治斗争引发的恶果。王忠嗣与李邕，一武一文，结局都有《左传》所说"强死"（死于非命）的意味。不过《故武卫将军挽歌三首》与其说是因李邕之死而引发的狐兔之悲，不如说是出于对王忠嗣人格的高度肯定。一个不易察觉的细节是，本诗以"无由睹雄略，大树日萧萧"结篇，与杜甫怀念杜家世交、名将宋之悌的"更识将军树，悲风日暮多"（《过宋员外之问旧庄》），在意象与意境上都高度相似，足见王忠嗣在杜甫心目中的地位。

当然，河陇政治的风云急变，对杜甫的影响远不止三首悼念诗。随着王忠嗣的陨落，河陇军事格局被重新塑造，哥舒翰、安思顺两位蕃将分别接掌了陇右、河西军政大权。为了在与吐蕃的抗衡中占据优势，哥舒翰一改王忠嗣的保守战略，全力收复黄河上游的九曲之地。王忠嗣被贬后，新任陇右节度使哥舒翰在青海（今青海湖）之上建神威军、筑应龙城，与收复的威戎军形成策应，巩固了青海以东的战果。天宝八载，哥舒翰调集河陇军队及朔方、河东十万群牧（当为牧子与战马总数概指），以重兵进抵洮河，在付出巨大兵员伤亡后，攻克石堡城。这些显赫的战功使得哥舒翰成为天宝后期最为耀眼的政治明星，高适与杜甫后来多方投托，试图委身于哥舒翰幕下博取功名。尽管杜甫最终未能入河陇幕府，但他却通过高适、严武等至交的关系，见证了哥舒翰成名后的政治生涯。杜甫早期有关边塞的诗歌素材，很多来自哥舒翰的拓边战争。比如《兵车行》中白骨累累的"青海头"和血流成海的"边庭"，正是唐蕃双方争夺黄河九曲地的缩影。如果说张韩公的三受降城给了杜甫最初的边塞意象，那么哥舒翰的河陇铁骑则给这个意象赋予了灵魂。

四、安西都护

天宝六载并不是一个平静的年份。当王忠嗣麾下的陇右军队在石堡城下迁延无功时，万里之外的播密川中，高仙芝的安西骑兵正在翻越冰山，朝着吐蕃在中亚最北端的据点连云堡挺进。

高仙芝是高丽人，其父高舍鸡由河西军中一路军功迁转，做到安西四镇高级军将。高仙芝自幼随父前往安西，在高舍鸡军功荫庇下，二十余岁便拜将军，历事节度使田仁琬、盖嘉运、夫蒙灵詧，开元末年位居安西副都护、四镇都知兵马使，全面负责安西的军事。当时吐蕃征服了小勃律国（今克什米尔吉尔吉特），由此控制了葱岭周边二十余国，直接威胁到唐朝在中亚的统治。自田仁琬以降，四镇节度使先后出兵征讨小勃律，均以失败告终。天宝六载，玄宗特敕高仙芝为四镇行营节度使，率领马步兵共计万人出征小勃律。三月初的安西地区已不再酷寒，高仙芝的军队从安西（今阿克苏地区库车市）出发，沿塔里木盆地北缘西行，历经拨换城（今阿克苏地区阿克苏市）、握瑟德（今喀什地区巴楚县）、疏勒（今喀什地区喀什市），于五月中旬到达葱岭守捉（今喀什地区塔什库尔干塔吉克自治县）。在这里,高仙芝做出战略部署。东路唐军在葱岭守捉率领下取道赤佛堂路,南行翻越明铁盖达坂后沿瓦罕河谷地顺流西进;唐军主力则西越葱岭进入播密川（今萨雷库里湖及帕米尔河）,在播密川中游分师,中路唐军向南翻越冰山穿过谷地到达婆勒川（今瓦罕河）北岸;高仙芝则率领主力军队于七月初抵达特勒满川（今喷赤河）的塞伽审城。[1] 这里是护密国都城,唐朝于此设飞鸟州都督府。西路唐军在此做简单休整后,由高仙芝亲自率军溯婆勒川北岸东行。这里在地理上被称为瓦罕走廊,吐蕃于此设置了军事据点连云堡（又称娑勒城）,有千人驻守,城下的婆勒川此时水涨难渡,城后十五里山中尚有八九千驻军。七月十三日凌晨,三路唐军在连云堡下婆勒川北岸集结。西落的月亮掠过河谷远方的山头,黎明前的婆勒川陷入一片黑暗,汹涌流动的河水与战马衔枚的吐气低沉地混合在一起,愈显寂静。高仙芝与边令诚率领的唐军主力集结于河北岸,杀三牲祭河之后,诸将各选兵马,带三日程粮,开始渡河。辰时,朝阳从雪山之巅跃升,吐蕃守军震惊地看到阳光遍洒的山下唐军旗帜如火般殷红。集结成列的唐军向山上发动总攻,连云堡上木石如雨坠落,唐军进攻受阻。左陌刀将、中郎将李嗣业率步兵据险

1　关于三路唐军特别是中路军队的行军路线,斯坦因进行了充分而准确的实地勘查。参见〔英〕奥雷尔·斯坦因著,巫新华等译《亚洲腹地考古图记》第2卷,桂林:广西师范大学出版社,2004年,第1184—1185页。

登城，唐军主力随后齐上，[1]一个时辰后攻下了连云堡。

高仙芝的大帐中有一名玄宗亲自委派的术士韩履冰，负责择定行军时日。连云堡是吐蕃控制的西北端，攻下连云堡，意味着唐军随后的行军就进入了吐蕃领地。韩履冰和边令诚不愿继续深入，高仙芝于是安排二人领三千老弱守城，自己率主力继续南行，三天后抵达坦驹岭。这里距长安有着九千余里的遥远路途，即便距安西都护府也有将近三千里途程，一切都充满了未知。唐军畏惧不前，纷纷质疑高仙芝，说："大使，您这是要把我们带到哪里去呢？"高仙芝事先安排的二十余人扮作胡人假意投降，打消了唐军的疑虑，军队这才一鼓作气翻过了坦驹岭，直下四十里冰山。

眼前就是娑夷水（吉尔吉特河）了，水深流急，草芥毛发入水即沉。唐军在河北岸驻扎了三天，当地胡人果然前来迎接。高仙芝于此斫断藤桥，招降王室，平定大、小勃律。八月，唐军主力携勃律王及公主到连云堡与边令诚会合，遣使告捷，取道赤佛堂路班师。回到安西的高仙芝，被节度使夫蒙灵詧痛加斥责，边令诚如实奏报，玄宗遂以高仙芝接替夫蒙灵詧，任安西都护兼四镇经略大使。[2]

小勃律之战使高仙芝顿享朝野盛誉，天宝八载，高仙芝入朝加特进（正二品文散官），兼左金吾卫大将军同正员（正三品）。[3]

1　《旧唐书》卷109《李嗣业传》，第3298页。

2　《旧唐书》卷104《高仙芝传》，第3203—3205页。

3　《旧唐书》卷104《高仙芝传》，第3206页。

然而，高仙芝甫返安息，便获知小勃律西边的朅师国〔（今巴基斯坦西北边境的古德拉尔 Chitral）〕仍旧亲附吐蕃，往北扼住瓦罕走廊西口，断绝了吐火罗等国对小勃律的粮料输送。当年十一月，吐火罗叶护失里忙迦罗的使者抵达长安，奉表请求唐朝出兵再征勃律，约定"安西兵马来载五月到小勃律，六月到大勃律"[1]。天宝九载（750）三月，高仙芝第二次兵临婆勒川，从瓦罕走廊西端南下，攻破朅师，虏其王勃特没，立其兄素迦为王。这样一来，瓦罕走廊南部的小勃律和朅师同时建立了亲唐政权。当年秋，高仙芝率军远征石国。此次唐军自安西抵达拨换城后，溯拨换河谷越过天山，再沿真珠河（今纳伦河，锡尔河的上游）河谷进入费尔干纳盆地，在休循州（渴塞城）进而集结了拔汗那军队，最终进抵石国都城拓折城（今乌兹别克斯坦塔什干），俘虏国王，老弱居民悉数被杀。唐军洗劫了富庶的拓折城，据说光是大块瑟瑟（珠宝）就装了十余斛（一斛合百升），黄金装满五六头骆驼，良马杂货更是不计其数。这些战利品大多变成了高仙芝的私产。[2]

石国国王被唐军带回安息后，与此前已被羁押的突骑施可汗、吐蕃酋长、朅师王一道，作为唐军的西域战果，随高仙芝于天宝十载（751）正月一同抵达长安。这场声势浩大的入城仪式在多日前就已传遍长安城的里坊街巷，它是明皇天宝以来一系列拓边壮

1　吐火罗叶护失里忙迦罗：《请赐个失蜜王敕书表》，《全唐文》卷999，第 10355 页。

2　《资治通鉴》卷216 "天宝九载十二月"条，第6901页。

高仙芝西域作战示意图

沙州

牛河
托
怒江
纳木错

西州

焉耆镇

蒲昌海

且末河

吐 蕃

龟兹镇

赤河

徒多河

于阗镇

疏勒镇

密堰勤川

大勃律

小勃律

塞迦审

额

尔

齐

斯

河

玄池

夷播海

伊丽河

热海

碎叶镇

叶河

珠海

黄河

碎水

怛逻斯

拓折城（石）

萨末鞬（康）

阿滥谧（安）

药水

赤水

乌浒河

洪河

咸海

341

举的缩影，让士女百姓在拥挤喧闹的长安城中，也能亲身感受万里以外的西域气象。住在城南的杜甫自然也有所耳闻，四十岁的他仍是一介布衣，前途未卜。不如随人群一同瞻仰这位战绩卓著的高将军吧！

入城当天，长安民众早早挤在开远门内的横街两侧。扰攘之间，城外大路尽头黄埃泛起，一队人马渐次清晰起来。让观者杜甫没有想到的是，这支进京献俘的安西军队行进速度如此之快，几乎在眨眼之间，高仙芝便已在傔人（随从）们的簇拥下疾驰而过。如果不是胯下那匹纯种醒目的大宛骢马，人们甚至都无法准确分辨究竟哪个才是高都护。那匹大宛马立时便成为围观者们的议论焦点，大家一边指点着队伍后面系颈授首的国王蕃酋们，一边兴奋地谈论着高仙芝的那匹坐骑。听说打小勃律时，他就是骑着这匹马翻越了冰山。

围观的人群很快便往东涌向承天门，后来听说正午时分石国国王被当场砍了头。但对杜甫来说，他更留意的是坊间有关高都护此番进京复杂背景的传闻。情况似乎并不像看到的这样乐观。同时，那匹大宛马的身影也在杜甫脑海中不断盘桓。据我们所知，这是杜甫第二次见到汗血马。和十多年前兖州房兵曹家中豢养的那匹相比，高都护的这匹显然更胜一筹。这是一匹真正的大宛马，毛色青白相间，周身花斑若隐若现。一首《高都护骢马行》就在这样的背景下写成[1]：

> 安西都护胡青骢，声价欻然来向东。
>
> 此马临阵久无敌，与人一心成大功。
>
> 功成惠养随所致，飘飘远自流沙至。
>
> 雄姿未受伏枥恩，猛气犹思战场利。
>
> 腕促蹄高如踏铁，交河几蹴曾冰裂。
>
> 五花散作云满身，万里方看汗流血。
>
> 长安壮儿不敢骑，走过掣电倾城知。
>
> 青丝络头为君老，何由却出横门道。

高都护何时能再出横门（"却"意为再一次），西往流沙呢？

1　本诗写作时间，《杜甫全集校注》拟于天宝八载，不确。"远自流沙至"用西汉《天马歌》"天马徕，从西极，涉流沙，九夷服"典，指征石国事；"成大功"用《左传》僖公二十三年令尹子文典故，"大功"指靖国之功。天宝八载高仙芝入朝的主要目的，是为升任安西都护而谢恩，其时他的战功仅有小勃律一役，难谓"大功"；而天宝十载入朝，则同时有献俘与擢升两个目的。此次诸降王授首阙下，西域平定，可谓"大功"。此外，诗中"雄姿未受伏枥恩""何由却出横门道"，均暗示高仙芝此番入朝有留任可能，与安思顺不愿卸任河西节度使以及高仙芝重拜右羽林大将军诸事实，似乎都有关联。综上，本诗更可能作于天宝十载。参见［唐］杜甫撰，萧涤非、张忠纲等校注《杜甫全集校注》卷1，第167页；［春秋］左丘明撰，杨伯峻注《春秋左传注》"僖公二十三年"，第402页。

篇末的问句暗含了杜甫的隐忧，这种担忧并非凭空而来，长安城的坊间消息往往最终被证明是可靠的。收获西域俘囚的玄宗龙颜大悦，擢高仙芝为从一品的开府仪同三司，这是文散官的最高一级。不久，玄宗下诏迁高仙芝为武威太守、河西节度使，令时任河西节度使的安思顺回朝任职。与自都护府和四镇经略使升格而来的安西四镇节度使相比，河西节度使的地位显然更为重要，所辖兵马粮料也明显多于安西，对于高仙芝来说，这是非常关键的一步迁转。然而安思顺在接到除书（委任状）后，居然授意武威群胡割耳劓面（割断耳垂，划伤面部，是北方草原民族宗教或丧葬仪式中的常见行为）对其请留。朝廷无奈，只得留安思顺于河西节度任上，[1] 进位高仙芝为右羽林大将军。由于当年七月高仙芝率唐军在万里之外的怛逻斯（今哈萨克斯坦塔拉兹）作战，考虑到其返回安西、出征怛逻斯的时间，高仙芝此次在长安不会停留太久，最晚二月便需离开。在月余的时间内，不足以发生下诏武威、群胡请留、复奏朝廷、重新任命这样一系列的事件。这意味着诏安思顺入朝是玄宗此前已有的任命，先空出缺来，再由高仙芝接替，因此，安思顺很可能在前一年的年底便接到了这一职任变动的命令，并策动了武威胡人的请留行动。也就是说，安西此番入京献俘之初，有关安思顺不愿入朝而高仙芝可能留任中央的消息，已经在朝野上下开始流传。杜甫诗中"雄姿未受伏枥恩"其实就是指高仙芝此时政治上的尴尬境地，因此才有"何由却出

1　《资治通鉴》卷216"天宝十载正月"条，第6904页。

横门道"这样的感慨。横门就是开远门，唐人西出此门过便桥后入"彭原—萧关"路，过丰安军（今中卫市）后折而西行，便可直抵武威，进入河西四郡乃至安西、北庭。高仙芝此番入朝，是否还能西出横门，立功绝域，在当时确实要打上一个大大的问号。

不过西域局势此时再次发生动荡，从客观上化解了这次升迁困境。石国王子不满于唐军的屠城劫掠，借机投奔昭武诸胡。康、安等国决定引大食兵对抗唐朝，收复石国。此时，安西方面的任免已经落实，新任安西四镇节度使为王正见，也就是说，高仙芝此番实质上是以中央委派的方式，以右羽林大将军带兵出征。七月，二万唐军进抵怛逻斯，[1] 双方相持五日。在怛逻斯城头柘羯武士之中，唐军已经清楚地看到了大食军队黑色的缠头和弧形的战刀。让高仙芝不曾想到的是，葛逻禄部落在第五天晚上倒向了敌方，唐军阵脚顿时动摇。九姓胡、突骑施、葛逻禄以及大食军队共同反击，唐军损伤惨重，发生溃退。最先撤退的拔汗那盟军拥堵于山间，李嗣业手执大棒突入，人马应声俱毙，高仙芝与主力唐军方得通过。混乱中，段秀实听到李嗣业的声音，斥其重返，两人率军殿后，确保唐军完成撤退。[2] 怛逻斯之战后，高仙芝表奏

1　怛逻斯之战的唐军人数，史书记载有出入。考虑到安西本来有限的军队数量，以及此前小勃律之战的唐军规模，此役唐军数量也不会很多。《旧唐书·李嗣业传》称"仙芝惧，领兵二万深入胡地，与大食战，仙芝大败"，本书采用此数。《旧唐书》卷109《李嗣业传》，第3298页。

2　《资治通鉴》卷216"天宝十载四月"条，第6907—6908页。

李嗣业之功，李嗣业获迁左金吾大将军、疏勒镇使。遥远的安西四镇，李嗣业与段秀实还在驻守，他们再次回到中原，已经要到肃宗即位以后了。

五、鲜于仲通

天宝五载八月，在章仇兼琼入朝三个月后，郭虚己（691—749）以户部侍郎兼任御史大夫、蜀郡长史、剑南节度使。先天元年（712），郭虚己二十二岁时，便以邠州司功参军事（从七品下）充河西支度营田判官，效力于首任河西节度使贺拔延嗣手下，[1] 此后长达二十年的时间里，他任职凉州，先后在贺拔延嗣、杨执一、杨敬述、郭知运、张敬忠、王君㚟、萧嵩、牛仙客八任节度使幕下莅事，由河西节度判官升至虞部郎中检校凉州长史、河西行军司马，成为河西节度使身边举足轻重的人物。郭虚己此后的升迁与牛仙客有密切关系，根源上看仍属于李林甫集团。正是在牛仙客节制河西期间，郭虚己的职事官由相对弱势的虞部（掌山林川

---

1 《郭虚己墓志》载："未冠，授左司御率府兵曹。秩满，授邠州司功，充河西支度营田判官，拜监察御史里行。改充节度判官，正除监察御史，转殿中侍御史，判官仍旧。"郭虚己约十九岁（"未冠"）释褐授左司御率府兵曹，三年秩满时二十二岁，时当先天元年。《唐工部尚书赠太子太师郭公（虚己）墓志铭并序》，吴钢主编：《全唐文补遗》第8辑，第57页。

泽，相当于环保部）转至权力要紧的驾部（掌全国车乘驿传，相当于交通部），充任朔方行军司马，离开凉州来到灵州（今灵武市）。开元二十四年牛仙客由河西节度使迁朔方节度使，接任信安王李祎，郭虚己则以驾部员外郎兼任御史中丞、关内道采访处置使。由于牛仙客当年冬以工部尚书同平章事成为宰相，因此朔方军及关内道的采访处置大权，实际等于交给郭虚己负责。天宝元年，牛仙客卒于相位，约在同一时期，郭虚己迁任工部侍郎，不久充任河南道黜陟使，再转任户部侍郎。天宝五载，章仇兼琼自剑南入朝，升任户部尚书，而户部侍郎郭虚己则兼任御史大夫，迁剑南节度使。从表面上看，章仇与郭二人职位对调，实际上，章仇兼琼走的是诸杨门路，凭借巨额资财和杨钊的奔走疏通，最终得以入朝；而郭虚己则与右相李林甫存在若即若离的关系，同时又是永王李璘生母郭顺仪之兄。[1] 二人一入一出，可以清楚地看出李林甫的缜密布局。

正因如此，节制剑南的郭虚己在当地其实并无根基。与张宥、章仇兼琼两位前任一样，他也将目光投向了蜀中豪强、时任剑南西山督察使的鲜于仲通。由颜真卿撰写于永泰二年（766）的《鲜于仲通神道碑》翔实记载了开天之际剑南道的政治细节：

1　《旧唐书》卷107《玄宗诸子·永王璘传》："母曰郭顺仪，剑南节度尚书虚己之妹。"第3264页。参见黄寿成《〈郭虚己墓志〉发微》，《唐史论丛》第14辑，西安：陕西师范大学出版社，2012年，第218页。

公秉操坚忮，吏人望而畏之。改授新繁尉，充山南西道采访支使。顷之，云南蛮动，琼请公往，以便宜从事。公戮其尤害者数人，蛮夏慑服。山南盗贼，旧多光火，公察其名居，悉倾巢穴，人到于今赖焉。俄拜左卫兵曹，例迁也。琼以两道采访节度使务，悉以委公。无何，摄监察御史，充剑南山南两道山泽使，迁大理评事，充西山督察使。天宝五载，户部侍郎兼御史大夫郭公虚己代琼节制，郭以庶务，一皆仗公。公素怀感激，竭诚受委，故幕府之事，无遗谞焉。六载拜监察御史。公诛羌豪董哥罗等数十人，以靖八州之地。郭公将图弱水西之八国，奏公入觐，玄宗骇异之，即日拜尚书屯田员外郎兼侍御史、蜀郡司马、剑南行军司马。既略三河，收其八国，长驱至故洪州，与哥舒翰陇右官军相遇于横岭，鸣鼓而还。及郭公云亡，恸哭之曰："公亡矣，吾无为为善乎！"初，郭公对敭天休，每荐公有文武之材，堪方面之寄，至是遂拜公为蜀郡大都督府长史兼御史中丞，持节充剑南节度副大使。公当大任，既竭丹诚，射讨吐蕃摩弥城，拔之，改洪州为保宁都护府，堑弱水为蕃汉之界，收户数十万，辟土千余里。属恩敕命召，祗赴京师。至临皋驿，上令中贵人劳问，赐甲第一区，又锡名马，兼供御馔。俄拜司农卿，将不远而复。十一载，拜京兆尹。[1]

当初章仇兼琼与鲜于仲通和解后一改前态，诸事悉皆委任于他。鲜于仲通在巂州度过了开元二十七年至二十八年（739—740）的两年时光，开元二十八年年底或二十九年年初，调任成都府辖下的新繁（今成都市新都区新繁镇）尉，此时杨钊也已任新都（今成都市新都区新都镇）尉，两人任职之处相距不到四十里，关系越发密切。可以说，杨钊是鲜于仲通巂州两年最有价值的发现，二人在章仇兼琼幕下的发迹，是政治上的双赢。

"章仇—鲜于—杨"政治团体的内部地位和位序，在天宝三载杨钊进京后悄然发生了变化。杨钊初抵长安时，还只是九品的巴西县主簿。彼时诸杨最为强劲的政治援引是剑南节度使章仇兼琼，杨钊仅扮演了牵线人的角色。然而，凭借着外戚优势，杨钊在一年多时间里相继迁为正八品下的金吾卫兵曹参军事和正八品上的监察御史，职事官品阶已超越了远在成都的鲜于仲通。天宝五载夏章仇兼琼擢升户部尚书后，与剑南政局再无牵涉。这样一来，对蜀地政治继续产生实质性影响的其实就是鲜于仲通和杨钊。事实上，两人在剑南的势力都可谓盘根错节，其来有自。鲜于氏家族自高宗朝便迁入蜀地，资财雄厚，人丁殷阜。杨钊虽然贯属蒲州，但开元十七年（729）前后便已入蜀，作为屯官在巂州深

1　［唐］颜真卿：《中散大夫京兆尹汉阳郡太守赠太子少保鲜于公神道碑铭》，《全唐文》卷343，第3483—3484页。

耕多年，加上宗族杨玄琰在蜀州的仕宦经历，其人脉交际也非比寻常。可以说，章仇兼琼节制剑南之初，是鲜于仲通提携培植杨钊；章仇时代中后期的剑南幕府中，已然是鲜于仲通与杨钊联袂共进；及至杨钊进京获宠，则变成了鲜于仲通仰仗、攀附杨钊，而"章仇—鲜于—杨"集团，也蜕变为"鲜于—杨"政治联盟。

因此，鲜于仲通在郭虚己任内的升迁只是表象，他在这三年间的飞黄腾达，背后推手正是权势日渐煊赫的杨钊。同样由颜真卿撰写于天宝八载的《郭虚己墓志》，时间上早于《鲜于仲通神道碑》十七年，对探讨鲜于仲通升迁的实际因由，具有宝贵的价值：

> 清静寡欲，不言而化，施宽大之政，变绞讦之风，不戮一人，吏亦无犯。省繇费，蠲力役，巴蜀之士，暖然生春。前后摧破吐蕃，不可胜纪。有羌豪董哥罗者，屡怀翻覆，公奏诛之，而西山底定，特加银青光禄大夫、工部尚书。七载，又破千碉城，擒其宰相。八载三月，破其摩弥、咄霸等八国卌余城，置金川都护府以镇之。深涉贼庭，蒙犯冷瘴，夏六月舆归蜀郡，旬有五日而薨。[1]

郭虚己对剑南的治理，基本沿袭了章仇兼琼的思路，继续任用鲜于仲通。十七年后《鲜于仲通神道碑》对其在天宝五载至八

---

1 《唐工部尚书赠太子太师郭公（虚己）墓志铭并序》，吴钢主编：《全唐文补遗》第8辑，第57页。

载功业的记述，其实是当初《郭虚己墓志》中郭氏剑南勋绩的翻版，包括天宝六载平羌酋董哥罗、七载破千碉城、八载破摩弥城三事。实际上，剑南军队对千碉城和摩弥城的进攻，是开元中后期以来与吐蕃在川西持续争夺的一部分。所谓故洪州，指贞观三年（629）处置党项降部时设置的羁縻州，不久改称洪州。[1] 与之设立背景类似的，还有雅、峨诸州。这些羁縻州分布在弱水（今大金川河，大渡河中游）以东、索磨川（今梭磨河）以北的广阔山区，大致相当于今天阿坝藏族羌族自治州红原县和马尔康市交界处，初属陇右道，后来纳入剑南道管辖。随着8世纪上半叶吐蕃的持续扩张，洪、雅诸州陷入唐蕃的反复争夺之中。天宝七载、八载间，从中亚到青藏高原东侧，唐朝军队对吐蕃发起了协同作战，高仙芝出征小勃律、哥舒翰攻克石堡城、郭虚己进取故洪州，都是在这一背景下展开的。当天宝八载郭虚己自摩弥旋师病故后，临危受命的鲜于仲通首先做的便是继续出兵摩弥八国，巩固战果。[2] 唐军在天宝八载两度兵临故洪州，年初郭虚己出征时设

1　《旧唐书》卷41《地理志四》，第1709页。

2　有学者认为鲜于仲通"坐享了朝廷宣布保宁都护府建立的结果"，窃郭虚己之功。事实上，当我们将唐征摩弥八国放在开天之际唐蕃争夺的大背景下来看，就会发现这是一个持续的过程。考虑到鲜于仲通在剑南幕府中的实际作用，以及两方碑文同为颜真卿撰写，我们认为，尚不能因为《郭虚己墓志》的记载而否认鲜于仲通后来的出兵。参见王义康《唐代边疆史地五题》，《西北民族论丛》第8辑，北京：中国社会科学出版社，2012年，第91页。

金川都护府，当年秋新任节度使鲜于仲通督师再至，[1]更名保宁都护府（今阿坝藏族羌族自治州马尔康市）。

一个颇令人注意的地方是，《鲜于仲通神道碑》中充斥着对郭虚己的感念，却绝口未提杨国忠（杨钊）。这是因为该碑撰写于代宗朝，杨国忠在马嵬兵变及光复两京后，已经被唐朝官方历史归入了奸臣之列。然而细审碑文，会发现郭虚己上任后只是落实了鲜于仲通之前摄理（临时负责）的监察御史，将其变为正除（正式担任）。鲜于仲通职位真正的飞升，是在天宝七载入京面见玄宗之后。此番朝圣后，鲜于仲通的职事官跃升至从六品上的屯田员外郎，同时宪衔（御史台之官）升至从六品下的侍御史，既入中层文官之列，更得郎官清望之属（员外郎属于唐人心目中的"清望官"，声望高，迁转也相对更快）。至于职任，则为蜀郡司马、剑南行军司马，仅次于节度使郭虚己。鲜于仲通初入京师的天宝七载，正是杨钊权力膨胀之始，已升至给事中兼御史中丞的杨钊，在当年身兼十多个使职，"恩幸日隆"[2]。鲜于仲通此番觐见，固然是奉郭虚己之命，但入京后真正奔走拜谒的，恐怕正是故人兼盟友杨钊。如果没有杨钊力荐和玄宗钦点，郭虚己很难将八品

1　《旧唐书·玄宗纪下》载："（天宝八载闰六月）剑南索磨川新置都护府，宜以保宁为名。"郭虚己卒于六月十五日，鲜于仲通率军再至索磨川，应已到当年秋。《旧唐书》卷9《玄宗纪下》，第223页。

2　《资治通鉴》卷216"天宝七载六月"条，第6890—6891页。

的鲜于仲通一步奏升为六品郎官。

　　鲜于氏家族是杜甫在政治上一条不可忽视的私人关系，鲜于仲通接掌剑南的背后，则是杨国忠势力的强势崛起。杜甫从献赋获得出身，到授率府参军的起家官，这两个关键的人生节点，其实都出现在杨国忠掌权之后。理清鲜于仲通发迹的人事因由，才会对杜甫天宝后期的仕宦转机有更为深刻和直观的认识。鲜于仲通节制剑南的第二年，云南（姚州，今楚雄彝族自治州姚安县）都督张虔陀与南诏发生冲突，南诏王阁罗凤出兵攻陷云南，张虔陀兵败自杀，[1] 泸水以南三十二羁縻州附于南诏，唐朝西南风云急变。时间已是天宝九载，其时王忠嗣已卒，攻下石堡城的哥舒翰正在巩固收复的九曲之地，安禄山行将兼任河东节度使节制三道，高仙芝自石国远涉流沙，入朝献捷，鲜于仲通则正疲于应对云南之乱。至于杜甫，他将在不久献上《三大礼赋》，进入漫长的待选时期。

1　关于张虔陀之死，《资治通鉴》等中原王朝视角的史料及以《南诏德化碑》为代表的南诏视角的史料，均有提及。其间异同，向达已有辨析。参见［唐］樊绰撰，向达校注《蛮书校注》卷1《云南界内途程》，北京：中华书局，1962年，第25页。

第九章　羯胡构逆

杜甫四十岁至四十四岁

天宝十载（751年）——————————————天宝十四载（755年）

一、延恩献赋

从开元十八年（730）忤下考功算起，到天宝四载（745）来到京师，整整十五年间，杜甫未再参加科举。为何会出现如此局面？需要结合杜甫面对的入仕选择来看。

杜闲生前最高做到了四品职事官，但四品职事官之子用门荫入仕，往往会被选为斋郎（负责宗庙祭祀杂务）或挽郎（皇帝或太子死后引灵柩唱挽歌），以此作为出身，六年之后酌授起家官；[1]或者纳资代役，经过一定年限，由吏部考试获得出身，释褐为官。无论斋郎还是挽郎，都不如科举及第来得光彩，况且这两类入仕途径也炙手可热，备受官宦子弟追捧，并非唾手可得。此外，斋郎、挽郎以及纳资代役有一个共同的特点，就是等待时间很长，令人备受煎熬。对于自幼习文又家学渊源的杜甫来说，他并不接受这种方式，一心要登进士科。因此，无论从心气理想上说，还是从现实操作性来看，门荫入仕对于杜甫都不是最优选择。

天宝六载（747），唐廷开特科取士，诏天下有一技之长的士人前往应试。通过当事人之一元结的叙述，后人得以知晓这次制

1　关于唐代斋郎、挽郎入仕情况，参见黄正建《唐代的斋郎与挽郎》，《史学月刊》1989年第1期，第31—33、30页。

举的详细因由：

> 天宝丁亥（六载）中，诏征天下士人有一艺者，皆
> 得诣京师就选。相国晋公林甫以草野之士猥多，恐泄漏
> 当时之机，议于朝廷曰："举人多卑贱愚聩，不识礼度，
> 恐有俚言，汗浊圣听。"于是奏待制者悉令尚书长官考
> 试，御史中丞监之，试如常吏（原注：如吏部试诗赋论
> 策）。已而布衣之士无有第者，遂表贺人主，以为野无
> 遗贤。元子时在举中，将东归。[1]

按照元结的说法，天宝六载这次制举，本来是针对有一艺之
长的士人所开设，省去考试环节，直接推荐就选。也就是说，这
些士人未经乡贡之解，直接前往京师就选。但李林甫改变了策试
思路，让吏部以常规铨选的方式进行考试，最终无人及第。无人
及第的原因很简单，他们没有进行全面而充分的考试准备。这些
就选的布衣之士不会知道什么朝廷内幕，李林甫"恐泄漏当时之
机"的担忧，只是一种委婉的说法，他真正害怕的，是有人借机
反映社会实情，说出不合于"盛世"的言辞。李林甫的顾虑并非
凭空而来，在唐朝后期著名的元和三年（808）制举案中，牛僧孺
等人正是借助策论攻击时政，引发了巨大的政治波澜，直接导致
宰相下台。

1　[唐]元结：《喻友》，《全唐文》卷383，第3887页。

尽管缺乏直接的证据，但某些迹象显示，杜甫很可能也参加了此次制举。这些有限的侧证包括后来他赠诗韦济时自嘲的"主上顷见征，欻然欲求伸。青冥却垂翅，蹭蹬无纵鳞"（《奉赠韦左丞丈二十二韵》），以及写给从姑兄、比部郎中萧十的诗中流露的"见知真自幼，谋拙愧诸昆"的自卑情绪（《赠比部萧郎中十兄》）。

但比这次制举更值得重视的是，从天宝六载至天宝八载（747—749），杜甫在长达三年的时间里鲜有诗作。一个可能的推测是，杜甫正是在这一时期娶妻婚配，妻子为司农少卿杨怡之女。杜杨氏在婚后生下长子杜宗文，数年后再生子杜宗武。此间杜甫在长安的主要朋友包括郑虔、岑参、顾诫奢等。要之，这三年诗作的空白期对于杜甫个人生命轨迹而言，其实是非常重要的。

大约在娶妻前后，杜甫定居在长安城南的杜曲一带。这处居所与杜审言当初在京师的旧宅，以及杜闲请授的永业田，都存在密切关系。杜闲生前官至兖州（上都督府）司马，位从四品下，依例可授十一顷永业田，并"许传之子孙"[1]。杜闲请授的永业田，地点在万年县（长安城以朱雀街为南北中轴线，东为万年县，西为长安县）东南二十里的杜陵。当然，开天之际上距李唐建国已有上百年，土地不断授予、流通和兼并，这使得国家手中可供分配的土地数量不会太过充裕，更何况是在寸土寸金的万年县，因而杜闲请授到的永业田未必就是足数的十一顷。但无论如何，在城南杜陵有一块可资耕种的土地并由此置宅，已然颇为优裕了。

1　《唐六典》卷3《尚书户部·户部郎中》，第75页。

在迁居杜陵途中，杜甫经过了长安城东南角的曲江。大风吹过，湖中波涛涌动、菱荷枯折，秋雁哀鸣而过，飞往南方。在秋风激荡中，杜甫长歌激越，歌声穿过城南的榆杨林，前来迎接他的诸弟侄听到这悲凉的吟唱，纷纷落泪。[1] 杜氏子弟的热情和数顷桑麻田的慰藉，让杜甫心绪渐宁。他将此行心迹写成诗句：[2]

曲江萧条秋气高，菱荷枯折随风涛，游子空嗟垂二毛。

---

1. 《杜甫全集校注》释"吾人甘作心似灰，弟子何伤泪如雨"之"何伤"作"为何伤心"，进而认为"二句谓己意本不在富贵，故能甘心灰冷，弟侄辈又何必为我伤心落泪乎"。此解有误，其根源在于对唐人语境中"何伤"一词的误解。该词出自《论语·先进》："何伤乎？亦各言尔志也。"在唐为日常习语，表"何妨"之意。仅举杜甫友人苏源明一例："（元结）常著《说楚赋》三篇，中行子苏源明骇之曰：'子居今而作真淳之语，难哉！然世自浇浮，何伤元子？'"意思是，世道本来就浇薄浮浪，元结在文章里道出大实话又怎么了？因此，上述两句诗的意思是，我都已经心如死灰了，弟侄们哭成泪人又有什么呢？与全诗极度低落的心境相符。参见[唐]颜真卿《唐故容州都督兼御史中丞本管经略使元君表墓碑铭并序》，《全唐文》卷344，第3494页；[唐]杜甫撰，萧涤非、张忠纲等校注《杜甫全集校注》卷2，第307页。

2. 仇兆鳌认为"当是天宝十一载献赋不遇后，有感而作"，不妥。杜甫献赋后已获得出身，进入选序，后面只是时间问题，不会有"自断此生"的绝望感。天宝十三载《进封西岳赋表》称"臣本杜陵诸生……顷岁，国家有事于郊庙，幸得奏赋，待制于集贤"，知天宝九载冬献赋之前，杜甫已定居杜陵。结合《曲江三章章五句》低落的心境，可知杜甫在天宝六载应试落第后便已迁往杜陵。

白石素沙亦相荡，哀鸿独叫求其曹。

即事非今亦非古，长歌激越梢林莽，比屋豪华固难数。

吾人甘作心似灰，弟侄何伤泪如雨。

自断此生休问天，杜曲幸有桑麻田，故将移住南山边。

短衣匹马随李广，看射猛虎终残年。

——《曲江三章章五句》

这块终南山脚下的沃土地势高平、视野开阔，西临神禾原，东望白鹿原，潏水从其北侧缓缓流过。天气好的时候，可以清楚地看到白云之下的终南群峰。将近八百年前，汉宣帝葬于此地，陵曰杜陵。到了唐代，少陵、神禾诸原成为长安士庶死后的主要葬地，四郊远地里散落着大量坟茔。秋风吹过，坟头的一排排白杨树哗哗作响。在杜甫的记忆中，对这段岁月的印象大致是：

脱身无所爱，痛饮信行藏。

黑貂不免弊，斑鬓兀称觞。

杜曲晚耆旧，四郊多白杨。

坐深乡党敬，日觉死生忙。

——《壮游》

他在杜氏宗族宴席中的位次，已由当初的陪奉末座，日渐趋于尊位。杜氏耆旧多已故去，四郊的白杨与坟茔不时提醒着杜甫时光荏苒，韶华易逝。他在杜曲的宅子里植有决明、菊花等多种植物，既为观赏，亦作生计。晒药卖药，成为杜甫这段时期的生活常态。也正因此，当他随郑虔前往终南山下的何将军别业时，一眼便认出了院中种植的独活，吟出"万里戎王子，何年别月支。异花开绝域，滋蔓匝青池"（《陪郑广文游何将军山林十首·其三》）的诗句。友朋游赏，也是此间杜甫的日常图景。长安西南一带，池沼水域鳞次相接。这里最著名的古迹莫过于西汉时期开凿的昆明池，湖边矗立着巨大的石鲸。昆明池往南，是神龙政变后新开的定昆池，中宗曾在岸边的三会寺与首批修文学士举行宴集。当时杜审言已经病重，卧床在家，未能前往，杜家世交宋之问每日奔走探望，这段往事杜甫自然知晓。每到盛夏，辽阔的水面上便铺满了翠绿的荷叶与粉嫩的荷花，杜甫曾在定昆池边酒后策马纵游，"醉把青荷叶，狂遗白接篱"（《陪郑广文游何将军山林十首·其八》）。他与岑参兄弟曾同游渼陂，留下"天地黭惨忽异色，波涛万顷堆琉璃"（《渼陂行》）的壮阔诗篇，也不免陪一些贵公子颐情，吟出"公子调冰水，佳人雪藕丝"（《陪诸贵公子丈八沟携妓纳凉晚际遇雨二首·其一》）的应景词句。这种生活持续了将近十年，相关诗篇也很难明确地系于某个具体的年份。

天宝八载（749），杜甫曾返回东都停留一段时间，并由此与当时的河南尹韦济（688—754）取得联系。[1] 时年六十二岁的韦济

1　韦济墓志已出土，为探讨其与杜甫的交往提供了重要依据。相关录文参见《唐代墓志汇编续集》天宝099《大唐故正议大夫行仪王傅上柱国奉明县开国子赐紫金鱼袋京兆韦府君墓志铭并序》，第654页。

多次遣人前往偃师，向三十八岁的杜甫表达邀请之意，令杜甫颇为感怀，写下"有客传河尹，逢人问孔融。青囊仍隐逸，章甫尚西东"（《奉寄河南韦尹丈人》）的诗句，自负之情与感激之意跃然纸上。可能正是在韦济的安排下，杜甫得以在当年冬拜谒了位于洛阳城北的玄元皇帝庙。这处玄宗为供奉老子而专门设立的建筑群高踞于邙山之上，守庙官员严查凭信以备非常。初冬薄寒中的玄元皇帝庙，青瓦铜柱，绣户雕梁，庙墙之上留有国朝画圣吴道子的真迹，神尧、太宗、高宗、中宗、睿宗五圣依次排列。眼前"五圣联龙衮，千官列雁行"的景象深深震撼了杜甫，他听到庙檐下北风吹动檐铃的脆响，看到古井之上结冰的辘轳，不禁发出"谷神如不死，养拙更何乡"（《冬日洛城北谒玄元皇帝庙》）的感慨。

天宝九载（750），汝阳王去世，韦济则迁任正四品上的尚书左丞。同时，杜甫返回京师，投诗韦济，希望被对方纳为门客，加以提携。在诗中，杜甫向韦济陈述了自己早年的才华与声望，以及科举不第的惨淡经历：

纨绔不饿死，儒冠多误身。丈人试静听，贱子请具陈。
甫昔少年日，早充观国宾。读书破万卷，下笔如有神。
赋料扬雄敌，诗看子建亲。李邕求识面，王翰愿卜邻。
自谓颇挺出，立登要路津。致君尧舜上，再使风俗淳。
此意竟萧条，行歌非隐沦。骑驴三十载，旅食京华春。
朝扣富儿门，暮随肥马尘。残杯与冷炙，到处潜悲辛。

主上顷见征，欻然欲求伸。青冥却垂翅，蹭蹬无纵鳞。

甚愧丈人厚，甚知丈人真。每于百僚上，猥诵佳句新。

窃效贡公喜，难甘原宪贫。焉能心怏怏，只是走踆踆。

今欲东入海，即将西去秦。尚怜终南山，回首清渭滨。

常拟报一饭，况怀辞大臣。白鸥没浩荡，万里谁能驯。

——《奉赠韦左丞丈二十二韵》

　　这首著名的《奉赠韦左丞丈二十二韵》因其看似洒脱的语气
而具有很强烈的欺骗性，它使人们相信杜甫此诗的主旨在于辞别
韦济。事实上，本诗的关键是那句颇不起眼的"窃效贡公喜，难
甘原宪贫"。《汉书》中王阳升官、其友贡禹弹冠而喜的典故固然
为世所熟知，但值得注意的是典故的使用情景，唐人往往在对方
升官之时言及这一典故，带有"苟富贵，毋相忘"的意味。比如
沈东美升任膳部员外郎后，杜甫赠其诗称"徒怀贡公喜，飒飒鬓
毛苍"（《承沈八丈东美除膳部员外阻雨未遂驰贺奉寄此诗》），李
鄂诸人送李侍御赴任，也说"须知贡公望，从此愿相因"[1]，以及卢
纶《冬夜赠别友人》"更送乘轺归上国，应怜贡禹未成名"[2]，都是
这个意思。不同的是，杜甫在这里进一步化用了《列子》中关于

1　[唐] 颜真卿等:《五言送李侍御联句》,《全唐诗》卷788, 第8883—
　　8884页。

2　[唐] 卢纶:《冬夜赠别友人》,《全唐诗》卷276, 第3131页。

海上之人"狎沤（鸥）"的典故，表明了自己的隐逸想法。[1] "驯鸥"被唐人视为教化百姓的象征，[2] 而杜甫则明确表示自己是那只不能被驯服的白鸥，是山野之人。

一个颇为微妙的细节，在于杜甫此诗的遣词用句以及所示心态，其实与李白《上安州裴长史书》多有相似。开元二十二年（734），李白放游至安州（今安陆市），上书安州长史裴宽，希望作为门客留用。李白在文章结尾说："白即膝行于前，再拜而去，西入秦海，一观国风，永辞君侯，黄鹄举矣。"此时，杜甫则寄希望于新任尚书左丞的韦济，以期被他收于门下。因此，杜甫在诗的结尾说："今欲东入海，即将西去秦。尚怜终南山，回首清渭滨。常拟报一饭，况怀辞大臣。白鸥没浩荡，万里谁能驯。"李白

1　此诗结尾"白鸥没浩荡"，又作"白鸥波浩荡"，自来争执不休，以"没浩荡"更为合理。"没"为唐人常用动词，意为入。如"没入司农"指收归司农寺，"陷没"指陷入。至于"浩荡"，这里作名词解，意指广阔的水面。如王勃《益州夫子庙碑》称"龙跃浩荡，鹏飞寥廓"，以"浩荡"对"寥廓"；杨炯《李怀州墓志铭》"右元灞而浩荡，左骊山而起伏"，以"浩荡"指灞川之辽阔。"白鸥没浩荡"的意思，其实就是白鸥飞入无边大海。[唐] 王勃：《益州夫子庙碑》，《全唐文》卷183，第1862页；[唐] 杨炯：《李怀州墓志铭》，《全唐文》卷196，第1982页。

2　岑参《送颜平原》有"易俗去猛虎，化人似驯鸥"之说，长孙佐辅《闻韦驸马使君迁拜台州》有"无阶异渐鸿，有志惭驯鸥"之说，均以"驯鸥"喻教化百姓。[唐] 岑参：《送颜平原》，《全唐诗》卷198，第2036页；[唐] 长孙佐辅：《闻韦驸马使君迁拜台州》，《全唐诗》卷469，第5336页。

是"西入秦海",杜甫则是东将入海,西去秦地;李白自比为黄鹄高举,杜甫则自比为白鸥远飞。全诗的主题,则是李白文章结尾所说的"何王公大人之门,不可以弹长剑乎"[1],即希望为其门客。[2]

杜甫不曾想到,这首气势磅礴的长诗成为了他的福音。当年冬天,玄宗准备于来年正月朝献太清宫、朝飨太庙、在南郊合祭天地。三种国家祭祀典礼同时举行,无疑是当时政治上的一件盛事。年底,杜甫精心撰写了《三大礼赋》,投入延恩匦,献给了玄宗。延恩匦在唐代有悠久的历史,献赋延恩更是士人寻求仕进的一个重要途径。垂拱二年(686)六月,武则天分东、南、西、北四个方位分别铸延恩、招谏、伸冤、通玄四铜匦,由正谏大夫、补阙及拾遗各一人负责,称为理匦使。四匦之设,为天下百姓提供了与皇帝直接沟通的渠道,其中居于东方的延恩匦,供士人献贡赋、求仕进。天宝九载,玄宗将理匦使改为献纳使,四匦依然发挥着作用。[3]

杜甫献上的这三篇赋分别是《朝献太清宫赋》《朝飨太庙赋》和《有事于南郊赋》,篇幅浩大,文辞典雅,铺陈华丽,耗费了

1　[唐]李白撰,瞿蜕园、朱金城校注:《李白集校注》卷26《上安州裴长史书》,上海:上海古籍出版社,2016年,第1829页。

2　《杜甫全集校注》认为"今欲东入海,即将西去秦"指韦济天宝十一载出任冯翊太守,实误。从后两句"尚怜终南山,回首清渭滨"来看,是第一人称的叙述,充满对长安的依恋,可知为杜甫自指。参见[唐]杜甫撰,萧涤非、张忠纲等校注《杜甫全集校注》卷2,第276页。

3　《唐会要》卷55《省号下·匦》,第1122—1123页。

大量心血。与三篇赋一同呈上的，还有一封奏表，我们将其称为"进三大礼赋表"。与主观情绪强烈的诗作不同，奏表是写给皇帝看的，措辞严谨，叙述客观，是探讨杜甫长安生活状态的一手史料。这封奏表内容如下：

> 臣甫言：臣生长陛下淳朴之俗，行四十载矣。与麋鹿同群而处，浪迹于陛下丰草长林，实自弱冠之年矣。岂九州牧伯不岁贡豪俊于外，岂陛下明诏不仄席思贤于中哉？臣之愚顽，静无所取，以此知分，沈埋盛时，不敢依违，不敢激讦，默以渔樵之乐自遣而已。顷者卖药都市，寄食朋友，窃慕尧翁击壤之讴，适遇国家郊庙之礼，不觉手足蹈舞，形于篇章，漱吮甘液，游泳和气，声韵寝广，卷轴斯存，抑亦古诗之流，希乎述者之意。然词理野质，终不足以拂天听之崇高，配史籍以永久，恐倏先狗马，遗恨九原。谨稽首投延恩匦，献纳上表，进明主《朝献太清宫》《朝飨太庙》《有事于南郊》等三赋以闻。臣甫诚惶诚恐，顿首顿首，谨言。

与玄宗朝同龄的杜甫，此时即将度过他人生的第三十九个年头，进入四十岁的不惑之年。如果从他求取功名的弱冠之年算起，整整二十年，尚为一介布衣。他向玄宗承认自己资质愚顽，对现状无有怨言。他在长安靠卖药为生，不能自给，不乏朋友资助。此次献赋是有感于国家祭祀大礼，借机表达自己的欢喜心情。透过这段克制而谨慎的文字，我们可以清晰地感受到杜甫将三大礼赋投入延恩匦时紧张的心情。尽管朝廷没有就投匦次数作明文限制，但由于投入匦中的文章名义上都是献给玄宗的，因此这种献纳机会实际上是弥足珍贵的。

《三大礼赋》献上后，玄宗赞赏有加，召杜甫入集贤殿待制，令集贤学士试其文章，从而诞生了杜甫记忆中最为深刻的场景：

> 忆献三赋蓬莱宫，自怪一日声辉赫。
>
> 集贤学士如堵墙，观我落笔中书堂。
>
> ——《莫相疑行》

经过汝阳府邸"曳裾置醴地"的数年趋奉，杜甫迎来了"奏赋入明光"的辉煌时刻。集贤试文通过后，杜甫的相关材料被移交吏部，列于待选序列。与裴光庭强势推行循资格的开元中期相比，天宝年间选人壅滞的问题越发突出。在经历中书堂作文的短暂高光后，杜甫与众多选人一道，进入了漫长的等待时期。这中间有入仕多年徘徊基层者，有守丧结束亟待官缺者，有常科及第复中制举者，与杜甫相比，他们具有更明显的优势。因此，杜甫的等待必然是漫长而煎熬的。大约一年后，他向当时的集贤学士（从官品上说是直学士）崔国辅、于休烈赠诗，以归隐为借口，试探口风：

> 昭代将垂白，途穷乃叫阍。气冲星象表，词感帝王尊。

天老书题目，春官验讨论。倚凤遗鸰路，随水到龙门。

竟与蛟螭杂，宁无燕雀喧。青冥犹契阔，陵厉不飞翻。

儒术诚难起，家声庶已存。故山多药物，胜概忆桃源。

欲整还乡旆，长怀禁掖垣。谬称三赋在，难述二公恩。

　　　　　　　　——《奉留赠集贤院崔于二学士》

　　杜甫的父亲杜闲应当有着常科及第的正式出身，祖父杜审言更是早登进士科，这使得杜甫长期承受着巨大压力。他在诗的结尾自注道："甫献《三大礼赋》出身。"献赋虽非理想的入仕起点，但终归有了名义上的出身，让杜甫如释重负，发出"家声庶已存"的长吁。

　　在待选的时间里，杜甫逐渐变得消沉。天宝十载（751）的冬天似乎分外寒冷，终南山下的豆苗在秋冬之际便因霜杀而所存无几，长安城东南杜陵一带的瓜地也随着天气不断转寒而竟至冻裂。过冬乏食、御寒无衣的杜甫忍饥卧床，动辄数日，旧衣缝补多处，出门时备受乡里恶少的鄙薄欺凌，而朝中所谓的故人们也已鲜少拜问。最关键的是，待选之事迟迟不见下文，令他身心俱疲。在这种情况下，杜甫向咸宁、华原（今铜川市耀州区）两县官员投致书简，充分道出其在长安的窘迫情境。诗称：

赤县官曹拥才杰，软裘快马当冰雪。

长安苦寒谁独悲，杜陵野老骨欲折。

南山豆苗早荒秽，青门瓜地新冻裂。

乡里儿童项领成，朝廷故旧礼数绝。

自然弃掷与时异，况乃疏顽临事拙。

饥卧动即向一旬，敝衣何啻联百结。

君不见空墙日色晚，此老无声泪垂血。

——《投简咸华两县诸子》

咸宁是万年县在天宝七载之后一段时间内的称呼，华原则是京兆府最北边的一个县。京畿官员才俊聚集，纵使时值冰雪寒冬，亦有软裘快马以御寒疾走，只有像杜甫这样困居杜陵的乡野之人方才难当苦寒。空墙日暮，泣血无声，如此凄惨的自况多少有些情绪化，但个性疏顽却是杜甫性格的一个真实写照。这种"疏顽"并非不通事理，事实上杜甫深谙人情世故，问题是他往往在一些关键时刻固执己见，拙于权变。往后的岁月，随着阅历的增长，他或许会对自己疏顽的一面多有掩饰，但终杜甫一生，都能看到这种颇为矛盾的性格特征。

当年除夕，杜甫在从侄杜位家中守岁。杜位的宅邸坐落在曲江畔，众多亲友士人会聚一堂，宾客盈门，各色坐骑填塞马厩，喧嘈一片。入夜时分，祝岁的椒酒已经进献，杜宅内外火炬照耀，惊起林中宿鸦。杜甫将这一夜的情形付诸笔端："守岁阿戎家，椒盘已颂花。盍簪喧栎马，列炬散林鸦。四十明朝过，飞腾暮影斜。谁能更拘束，烂醉是生涯。"(《杜位宅守岁》)四十载岁月已过，随着明朝新年的到来，他将进入自己的四十一岁。时光的飞逝与仕途的迷茫，让杜甫在除夕的热闹中分明感受到一种前所未有的孤独。

二、高适入幕

杜甫献赋上推一年的天宝八载，他的好友高适得到了宋州刺史、张九龄之弟张九皋的推荐，参加有道科考试并及第，被任命为封丘尉。担任这个从九品的基层文官任满之后，他已经年过五十岁了。权衡之下，高适决定前往长安寻求机会。

天宝十一载（752）秋，身在京师的高适与杜甫、岑参、储光羲、薛据等人一同登上了慈恩寺塔。贞观末年，太子李治为追念生母文德皇后长孙氏，建起大慈恩寺，由高僧玄奘主持寺务。永徽三年（652），寺内建成一座高五层的佛塔，是为大慈恩寺塔（今大雁塔）。该塔建成后曾于长安年间（701—705）一度倾颓，经武则天及诸王公施钱而得以重建，新塔高度达到了十层，成为长安城最为醒目的地标性建筑。

这是一个秋高气爽的午后，白日高悬，长安有风。慈恩寺塔耸峙苍穹，众人在幽暗的塔内循级而上，脚下的木阶嘎吱作响，一番攀爬如同仰龙蛇之窟，让人服膺象教（佛教）之伟力。登至塔顶，视野顿时开阔，北望西顾，目不暇接，简直能够想象出北斗与银河的样子。扑面而来的烈风如此劲猛，让人怀疑是羲和驱使太阳飞驰而过。南边的秦岭层峦叠嶂，地形支离，塔下的长安城混沌一气，难辨街衢，大家激动地指认着朱雀街和大明宫。皇城极北之处，已然模糊，那应该就是泾渭二河了吧！杜甫曾在那里寂寞独行，想念江东暮色中的李白，恍惚之间，已过数年。众人在塔顶边看边饮，兴之所至，吟为诗篇。不觉间日已西沉，几只黄鹄振翅飞向天际。这辛苦的大鸟要飞向哪里？会不会如群雁般飞往温暖的江南，谋得稻粱呢？

　　高标跨苍穹，烈风无时休。自非旷士怀，登兹翻百忧。

　　方知象教力，足可追冥搜。仰穿龙蛇窟，始出枝撑幽。

　　七星在北户，河汉声西流。羲和鞭白日，少昊行清秋。

　　秦山忽破碎，泾渭不可求。俯视但一气，焉能辨皇州。

　　回首叫虞舜，苍梧云正愁。惜哉瑶池饮，日晏昆仑丘。

　　黄鹄去不息，哀鸣何所投。君看随阳雁，各有稻粱谋。

　　　　　　　　　　　　　　——《同诸公登慈恩寺塔》

　　夕阳遍洒的慈恩寺塔上，杜甫觉得自己就像那几只黄鹄。他不是一个旷士，四十二岁的他拖着"两京三十口"的现实经济负担，却始终无法放弃"致君尧舜上，再使风俗淳"的政治理想。这种矛盾让他疲惫不堪。去年中书堂上落笔挥毫的情景，如今看来更像一场梦，自己的相关材料转入吏部之后，便再无音信。

　　在诸人登塔的这个秋季，陇右节度使哥舒翰入朝谒见玄宗，判官田良丘随之进京。田良丘是京兆茂陵（今咸阳兴平市）人，像杜甫一样，他也是七岁便能诵诗，不过后来数年不得登第，遂发愤立志称："大丈夫立身致位，不在于此，徒索长安米耳。"[1]开元

　　1　[唐]于邵:《田司马传》,《全唐文》卷429,第4374页。

末年，他与哥舒翰先后从长安来到凉州，趋走于王倕幕下。随着时间的推移，两人从文武同事逐渐变为上下级。九曲之地收复后，哥舒翰在河源军（鄯城）西六十里筑临蕃城，[1]让田良丘担任临蕃令，兼任节度判官，成为陇右节度使麾下举足轻重的人物。此番田良丘进京，杜甫与高适一同前往结识，表达了投谒哥舒翰、建功幕府的想法。其中杜甫投赠哥舒翰的诗篇如下：

> 今代骐骥阁，何人第一功。君王自神武，驾驭必英雄。
> 开府当朝杰，论兵迈古风。先锋百胜在，略地两隅空。
> 青海无传箭，天山早挂弓。廉颇仍走敌，魏绛已和戎。
> 每惜河湟弃，新兼节制通。智谋垂睿想，出入冠诸公。
> 日月低秦树，乾坤绕汉宫。胡人愁逐北，宛马又从东。
> 受命边沙远，归来御席同。轩墀曾宠鹤，畋猎旧非熊。
> 茅土加名数，山河誓始终。策行遗战伐，契合动昭融。
> 勋业青冥上，交亲气概中。未为珠履客，已见白头翁。
> 壮节初题柱，生涯独转蓬。几年春草歇，今日暮途穷。
> 军事留孙楚，行间识吕蒙。防身一长剑，将欲倚崆峒。
>
> ——《投赠哥舒开府翰二十韵》

1　关于临蕃城的地理考证，参见陆离《Tsong ka（宗喀）、khri ka（赤卡）、临蕃城考》，武汉大学中国三至九世纪研究所编：《魏晋南北朝隋唐史资料》第23辑，2006年，第222页。

对于唐人来说，科举绝非唯一的仕宦出路，明经、进士乃至名目繁多的诸科制举，每年的选拔都远远不能解决全国士人巨大的入仕需求。因此，更多的人选择干谒权贵将帅，或在京城参序补选，或在地方建功进取，这是一个极为庞大的社会群体。当初哥舒翰的"发愤折节"与田良丘的"立身致位"，其实都基于这个大的时代背景，如今杜甫与高适也希望循此道求得仕进。

与对韦济的干谒不同，这篇同样恢宏大气的排律并未打动哥舒翰。当然，这与杜甫作为长子在家族中的义务也有关系，拖家带口的他，前往河西并不现实。不过略显尴尬的是，高适引起了哥舒翰极大的兴趣。天宝十二载（753）初，哥舒翰加河西节度使，封西平郡王，[1]返回河陇。在田良丘的推荐下，高适被延至河西节度使幕下任掌书记，职事官为正八品下的左骁卫兵曹参军事。五月，高适前往武威（凉州，今武威市）履职，杜甫送别并赠诗：

> 崆峒小麦熟，且愿休王师。请公问主将，焉用穷荒为？
> 饥鹰未饱肉，侧翅随人飞。高生跨鞍马，有似幽并儿。
> 脱身簿尉中，始与捶楚辞。借问今何官，触热向武威。
> 答云一书记，所愧国士知。人实不易知，更须慎其仪。
> 十年出幕府，自可持旌麾。此行既特达，足以慰所思。
> 男儿功名遂，亦在老大时。常恨结欢浅，各在天一涯。
> 又如参与商，惨惨中肠悲。惊风吹鸿鹄，不得相追随。

1　《旧唐书》卷104《哥舒翰传》，第3213页。

黄尘翳沙漠，念子何当归。边城有余力，早寄从军诗。

——《送高三十五书记》

由从九品的封丘尉升至正八品，是极为关键的一步，因此杜甫说"脱身簿尉中，始与捶楚辞"。马背上的高适意气风发，"高生跨鞍马，有似幽并儿"的戏谑难掩杜甫的羡慕之情。初夏的长安暑气已盛，大风忽起，高适策马向西，留下黄尘之中伫立的杜甫。此时的哥舒翰对于高适来说是感激不尽的贵人，而杜甫也对其怀有期许，将其比为"国士"，可见一斑。

一路跋涉至武威，高适被告知哥舒翰正在洮河上游征讨吐蕃，遂南行至临洮（洮州，今甘南藏族自治州临潭县）。高适到临洮时已是黄昏，红日正从西方的雪山沉下。适逢哥舒翰军队出征返回城中，豪壮的军阵给高适以巨大的震撼，"戈鋋耀岩谷，声气如风涛"。高适立马洮河岸边，与城中诸人恭迎主帅，心中忐忑。傍晚的洮河边，惊风吹动白蒿，溯河西望，目之所极是连绵的雪山，那里是唐军的前沿据点，与吐蕃相接。不久，高适写成《自武威赴临洮谒大夫不及因书即事寄河西陇右幕下诸公》一诗寄给同僚，在向哥舒翰表达感激的同时，也用"远戍际天末，边烽连贼壕"[1]这样的诗句，真实记录了当时临洮以西的边防情形，这是他在边城的"从军诗"。不过投身戎马的高适首先致书的，却是陇右

1　[唐]高适：《自武威赴临洮谒大夫不及因书即事寄河西陇右幕下诸公》，《高适集校注》，第236页。

诸位僚友。他与杜甫的友谊还将继续,但仕途的差距却已然拉开。

三、天马天狗

　　杜甫与高适诸人登塔并结识田良丘的时候,唐朝的中央政治正发生着重大变动。入冬后,右相李林甫病入膏肓,随行至华清宫但无法起身,临终前仅得与玄宗遥望致意。天宝十一载十一月,李林甫病逝,长达十七年的李林甫时代宣告终结。杨国忠(杨钊已于天宝九载改名为杨国忠)自剑南道返回,担任右相兼文部尚书。天宝十二载初春,杨国忠开始了对李林甫的全面清算,并借助选人上的一系列新举措,标榜其施政形象。对于新任的宰相杨国忠,杜甫怀有深深的期待,其中既有对故相李林甫的不满,也掺杂了他与鲜于仲通家族的私人交际。

　　天宝十二载上巳(三月三日),长安城风和日丽,士庶男女尽皆出游,曲江边上鸟鸣燕飞,杨花如雪般坠落。这一天,杜甫与长安民众一道,目睹了新任宰相杨国忠以及杨氏兄妹出游曲江的奢华阵仗。先是虢国夫人诸姐妹设宴,杨国忠随后到来,径入虢国夫人帐内。杜甫将这一场景写入诗中:

　　　　三月三日天气新,长安水边多丽人。
　　　　态浓意远淑且真,肌理细腻骨肉匀。
　　　　绣罗衣裳照暮春,蹙金孔雀银麒麟。

头上何所有？翠为匌叶垂鬓唇。

背后何所见？珠压腰衱稳称身。

就中云幕椒房亲，赐名大国虢与秦。

紫驼之峰出翠釜，水精之盘行素鳞。

犀箸厌饫久未下，鸾刀缕切空纷纶。

黄门飞鞚不动尘，御厨络绎送八珍。

箫鼓哀吟感鬼神，宾从杂遝实要津。

后来鞍马何逡巡，当轩下马入锦茵。

杨花雪落覆白蘋，青鸟飞去衔红巾。

炙手可热势绝伦，慎莫近前丞相嗔。

——《丽人行》

    对于与虢国夫人的关系，杨国忠毫不避讳，这成为当日长安坊市谈论的热点。至于杜甫，他对新任宰相杨国忠一改前政的些许期待也随着时间的推移而逐渐消失，最后变成不满。其中一个标志性事件，是天宝十三载（754）李宓的南诏之败。阁罗凤攻陷云南后，鲜于仲通于天宝十载率军进讨，以失败告终，在杨国忠的极力掩护下，鲜于仲通迁入朝中任京兆尹。转而接替剑南节度的正是杨国忠本人，但他无法实际莅职，具体事宜交给了节度留后李宓。天宝十三载，李宓在大和城（今大理市）战败被擒，七万唐军死伤大半。杨国忠隐其败状，继续从关中调兵，引发民间巨大骚动。杜甫在西渭桥（咸阳桥）目睹了兵士西行入蜀的场景，写下著名的《兵车行》[1]：

车辚辚，马萧萧，行人弓箭各在腰。

耶娘妻子走相送，尘埃不见咸阳桥。

牵衣顿足拦道哭，哭声直上干云霄。

道傍过者问行人，行人但云点行频。

或从十五北防河，便至四十西营田。

去时里正与裹头，归来头白还戍边。

边庭流血成海水，武皇开边意未已。

君不闻汉家山东二百州，千村万落生荆杞。

纵有健妇把锄犁，禾生陇亩无东西。

况复秦兵耐苦战，被驱不异犬与鸡。

长者虽有问，役夫敢伸恨？

且如今年冬，未休关西卒。

县官急索租，租税从何出。

信知生男恶，反是生女好。

生女犹得嫁比邻，生男埋没随百草。

君不见青海头，古来白骨无人收。

新鬼烦冤旧鬼哭，天阴雨湿声啾啾。

1　关于《兵车行》写作年代，有天宝十载、十一载、十三载几种说法，以十三载为是。参见［唐］杜甫撰，谢思炜校注《杜甫集校注》卷1《兵车行》，第45页。

整首诗其实是一幅静态的场景，实际事件只是杜甫与征行之人的一番对话。虽称营田、防河，实由南诏之役而发，此诗充分勾勒出其惨烈。杜甫对杨国忠的不满态度，到了后来安史之乱爆发，随着马嵬兵变的发生而更加鲜明。至德二载秋，两京收复前夕，杜甫在长诗《北征》中对马嵬兵变作了如此叙述："忆昨狼狈初，事与古先别。奸臣竟菹醢，同恶随荡析。不闻夏殷衰，中自诛褒妲。周汉获再兴，宣光果明哲。"此时，杨国忠已经成为国之奸臣。

　　杨国忠任宰相后，与安禄山关系不断恶化，但玄宗对安禄山的宠信始终不减。天宝十三载，安禄山兼任陇右群牧都使，总领全国马政，以平原太守郑遵意为群牧副使。杜甫姨母嫁于荥阳郑氏，郑氏五子，其中次子郑景所生长子即为郑遵意。作为表侄的郑遵意，其实与杜甫同岁。此时的郑遵意作为群牧副使，实际掌控着陇右群牧的运作，在马政系统中权力很大。已知的杜甫作品中，至少有三篇与郑遵意的马政职任有关，它们分别是《天育骠骑歌》《沙苑行》以及《天狗赋》。三篇诗文分别涉及仗内马厩、沙苑监和五坊院，一般人无从进入。尤其是《天狗赋》简短的序言，包含了丰富的历史信息，值得关注：

　　　　天宝中，上冬幸华清宫。甫因至兽坊，怪天狗院列在诸兽院之上。胡人云：此其兽猛捷，无与比者。甫壮而赋之，尚恨其与凡兽相近。

天宝十三载正月二十四日，安禄山加闲厩、苑内营田、五方、陇右群牧都使，支度、营田等使，两天后再加兼知总监事。[1]"五方"即"五坊"，包括雕、鹘、鹰、鹞、狗五坊，[2]其中雕、鹘、鹰、鹞为禽，狗为兽。杜甫所谓的"兽坊"，其实就是狗坊。五坊属宫苑私产，一般朝臣根本无由入内，遑论布衣白身。安禄山虽然身加以上诸使，但实际在京师总揽马政的是群牧都副使、盟友吉温。至于具体操持马政事务的，则是群牧副使（与都副使不同。天宝年间马政高层官职依次为群牧都使、群牧都副使、群牧副使）郑遵意。当年六月一日，安禄山上奏玄宗："臣差判官、殿中侍御史张通儒，群牧副使、平原（按，当为平凉）太守郑遵意等，就群牧交点。"[3]可见安禄山并未将马政及宫苑大权悉数交给吉温。群牧副使郑遵意的本职是平凉太守，属群牧都使管辖，是安禄山的心腹之人。郑遵意虽未直接负责五坊事宜，但位处宫中的五坊从广义上说也属于仗内马政的一部分。身为姨兄之子的郑遵意，是唯一有可能安排杜甫进入狗坊的人。

观看狗坊与沙苑，应当是同一次行程中前后相接的两件事，间隔不会太久。当年杜甫曾前往同州并拜谒桥陵，写下长诗《桥

---

1 《安禄山事迹》卷中，第90页。原文标点为"安禄山加闲厩、苑内、营田、五方、陇右群牧都使"，其中"苑内、营田"标点有误，应为"苑内营田"。苑内营田使负责禁苑内营田农功，与闲厩使、五坊使同为宫廷马政之职，而陇右群牧使则负责全国各地的监牧马政。

2 《唐会要》卷78《诸使中·五坊宫苑使》，第1682页。

3 《唐会要》卷72《马》，第1543页。

陵诗三十韵因呈县内诸官》。参观五坊院与沙苑监，应当就在此行期间。杜甫观看的狗坊是华清宫内的五坊，而沙苑监则在同州（今大荔市）西南。华清宫东行二百里，可到沙苑。相较于五坊，作为陇右群牧使直接管辖的沙苑监，显然更容易进入，杜甫也因此目睹了唐朝皇室马牧的盛况：

君不见左辅白沙如白水，缭以周墙百余里。

龙媒昔是渥洼生，汗血今称献于此。

苑中骒牝三千匹，丰草青青寒不死。

食之豪健西域无，每岁攻驹冠边鄙。

王有虎臣司苑门，入门天厩皆云屯。

骕骦一骨独当御，春秋二时归至尊。

至尊内外马盈亿，伏枥在坰空大存。

逸群绝足信殊杰，倜傥权奇难具论。

累累埵阜藏奔突，往往坡陀纵超越。

角壮翻同麋鹿游，浮深簸荡鼋鼍窟。

泉出巨鱼长比人，丹砂作尾黄金鳞。

岂知异物同精气，虽未成龙亦有神。

——《沙苑行》

《天育骠骑歌》是观图怀古，"年多物化空形影"，张景顺时代的马政盛况只能依图遥想。相比而言，杜甫写《沙苑行》时，是真正进入了大名鼎鼎的沙苑监，身心震撼非图画可比。沙苑是同州西南、渭水北岸一片广阔的水洼地，在北朝为周齐政权兵争之地，隋代于此设置羊牧。唐朝立国之初，李世民统兵征战山东群雄，靠近长春宫的沙苑成为唐军马政基地，见证了秦王凯旋的盛况，并演绎出赤岸泽三千唐马的神话，成为唐朝马政的起源象征。[1] 沙苑监虽处京师以东，但属于陇右群牧管辖下的牧监。监牧的作用是养育马匹，与宫中马厩相比，监牧设置于关内、陇右、河东诸道的广袤郊野，以深沟长垣划出固定区域，结合了厩养与野牧两者的优势。沙苑监的区域范围毕竟不能和陇右、朔方诸地相比，因此，杜甫看到的沙苑监内部，是天厩云屯、骏马密布，给人的直观感受，便是良马众多却未尽其用，这正是"至尊内外马盈亿，伏枥在坰空大存"的含义。沙苑水洼广布，养马的同时也产鱼。杜甫参观的时候，苑内似乎捕到了长可比人的巨鱼，使他有了"泉出巨鱼长比人，丹砂作尾黄金鳞。岂知异物同精气，虽未成龙亦有神"的妙句，含混的措辞似乎对群牧都使安禄山多有指涉，但又难以坐实，成为本诗最为幽微之处。由于和郑遵意的特殊关系，杜甫显然能够听到关于安禄山的更多逸事秘闻，特别是他与杨国忠之间紧张的关系。安史之乱爆发后，本诗与《自京赴奉先县咏怀五百字》一道，成为预言叛乱的神奇篇章，不能不说是一种历史的巧合。

1　关于赤岸泽以及唐朝马政起源传说的考辨，参见王炳文《书写马史与建构神话——唐马政起源传说的史实考辨》，《史林》2015年第2期，第19—30页。

四、率府参军

时间来到了天宝十三载末。杜甫的故交友朋中，已有多人位至高官。他在此时已与房琯相识，而房杜之交应当与苏源明（苏预）和高适都有关系。房琯与高适在开元后期便已相识，对杜甫应有耳闻。据梁肃所撰《独孤及行状》，天宝十三载独孤及初至长安，时任宪部侍郎的房琯"请公相见"，骇其才学，而"赵郡李华、扶风苏源明并称公为词宗"，遂使得"翰林风动，名振天下"。[1]由此来看，天宝年间，房琯与苏源明多有往来。到天宝十三载，郑虔已擢升为著作郎，苏源明则由东平太守迁为国子司业，至于房琯，更是高居宪部侍郎。

天宝十四载（755）春，占据河湟地带的苏毗国发生内乱，[2]贵族没·东曹（又译末·东则布）毒杀吐蕃赞普墀德祖赞，吐蕃大举出兵苏毗，捕杀二千余人，没·东曹之子悉诺逻率数十首领逃往唐朝，投奔陇右节度使。[3]然而，此时的陇右节度使哥舒翰实际上病废在京，陇右、河西事务由其幕僚田良丘、高适主理。因此，真正接收悉诺逻款附的，正是田、高二人。田良丘进京谒见

1　[唐]梁肃：《朝散大夫使持节常州诸军事守常州刺史赐紫金鱼袋独孤公行状》，《全唐文》卷522，第5303页。

2　苏毗的位置，参见杨正刚《苏毗初探（一）》，《中国藏学》1989年第3期，第35—43页。

3　杨正刚：《苏毗大事记》，《西藏研究》1989年第1期，第30页。

玄宗，以哥舒翰的名义上奏朝廷，备述苏毗王子归唐始末。[1] 此时的杜甫仍未得官，他借机拜会田良丘，冀其引进。这段史事的因缘始末，在他送给田良丘的诗中有详细叙述：

> 崆峒使节上青霄，河陇降王款圣朝。
>
> 宛马总肥春苜蓿，将军只数汉嫖姚。
>
> 陈留阮瑀谁争长，京兆田郎早见招。
>
> 麾下赖君才并入，独能无意向渔樵？
>
> ——《赠田九判官》

诗中颇为讲究地赞赏了河西、陇右的三个主要人物，即节度使哥舒翰（"汉嫖姚"）、风头正盛的幕僚高适（"陈留阮瑀"）以及资历颇老的田良丘（"京兆田郎"）。此时的陇右节度幕下，会集了田良丘、高适、严武等一批才俊。严武在哥舒翰的拔擢下，甚至以不到三十岁的年纪升至侍御史。杜甫以渔樵自况，希望田良丘予以引介。此时上距他献《三大礼赋》又过去了四年，入仕的等待越发煎熬。

机遇在当年十月到来。杜甫被授予河西（今渭南市合阳县东部，位于黄河右岸）尉，正式释褐，开始了他的仕宦生涯。与参军或秘书正字等起家官相比，县尉的职任明显更加繁杂，所谓"亲

1　[唐]哥舒翰:《奏苏毗王子悉诺逻降附状》,《全唐文》卷406, 第4151页。

理庶务，分判众曹，割断追催，收率课调"[1]，凡县内庸调租赋的收缴、盗贼的追捕以及其他诸种事务，均需县尉躬亲操劳。至于工作的成效，更是因人而异。不惮絮烦、擅长基层周旋的人，往往在县尉任上如鱼得水，天宝末年的宰相杨国忠就属此类，他年轻时曾在蜀地周历县尉，广为交结；而对于生性闲散、不通世故的人来说，这一职任就成了一种负担，比如杜甫。他直言"不作河西尉，凄凉为折腰。老夫怕趋走，率府且逍遥"（《官定后戏赠》）。趋走折腰，劳碌庶务，是杜甫对于县尉的成见。

他对于这个职位不是很满意，因为他的家室都在京师，远赴蒲州辖下的河西县履职，对他来说多有不便。经过调整，他被授予太子右卫率府胄曹参军。这是东宫官职，实际在太子李亨身边做事。东宫官署包括一府、三坊、三寺以及十率府，其中十率府依次为左右卫率府、左右清道率府、左右司御率府、左右内率府、左右监门率府。太子左右卫的职责，主要是掌管东宫"兵仗羽卫之政令"，胄曹参军是从属于率府的低级文官，位从八品下，左、右两卫各置一人。率府胄曹参军的职责，是掌管东宫所辖亲、勋、翊三府（即亲卫、勋卫、翊卫，皇宫与东宫禁军的一种）以及广济等五个地方折冲府的器械，此外还有各个公廨的缮造之事。不过，天宝末年作为府兵番上的三府早已名存实亡，军府不再需要给番上的府兵授予兵器，所谓的器械甲仗恐怕只是徒具名数而已。

客观地讲，杜甫当时的心情比较复杂。一方面，这是他长期

1　《唐六典》卷30《诸县·县尉》，第753页。

以来的梦想，"致君尧舜上"也许太过高远，但他无疑又不属于隐沦旷士之流。当初高适跨上鞍马随军西行的情景对他触动很深。如今自己也终得释褐，要说不高兴那是假的。另一方面，对于四十四岁的杜甫来说，这样一个东宫基层文官也谈不上什么惊喜，早在第二次献赋后就传出他有希望纳入选人行列，但迁延数年方得此官。他掩饰地说，我这人怕跑来跑去，做个率府参军没什么实际权力，但也清闲。为什么一定要做呢？他给自己一个台阶下，原因在于我爱喝酒，酒钱得有出处。现在酒钱问题解决了，老杜对于圣朝总体来说是心存感激的，至于故山的归兴，这个时候显然是一扫而空了。值得一提的是，当年房琯也迁为太子左庶子，是太子左春坊的长官，位正四品上，负责"赞相礼仪，驳正启奏，监省封题"[1]，是太子身边的官员。直到肃宗复两京后，在诏书中对房琯此前功绩仍归纳为"尝以经术，辅导朕躬"[2]。杜甫与房琯很可能因同为东宫官属，而增进了交往。

赴任之前，杜甫打算回奉先（今渭南市蒲城县）省亲。奉先县在京师东北二百四十里，杜甫的大致路线，是从长安城外东南方的杜陵往东北走，经过骊山，再北行渡过渭水，继续东北行至奉先。沿途经过万年、昭应、栎阳、奉先四县。天宝十四载十一月初，杜甫于中夜（子时，夜晚十一点到次日凌晨一点间）从他所居住的杜陵出发北行。他将此行写成了著名的《自京赴奉先县

1　《唐六典》卷26《太子左春坊》，第664页。

2　［唐］李亨：《收复两京大赦文》，《全唐文》卷44，第491页。

咏怀五百字》：

杜陵有布衣，老大意转拙。许身一何愚，窃比稷与契。

居然成濩落，白首甘契阔。盖棺事则已，此志常觊觎。

穷年忧黎元，叹息肠内热。取笑同学翁，浩歌弥激烈。

非无江海志，潇洒送日月。生逢尧舜君，不忍便永诀。

当今廊庙具，构厦岂云缺。葵藿倾太阳，物性固莫夺。

顾惟蝼蚁辈，但自求其穴。胡为慕大鲸，辄拟偃溟渤。

以兹悟生理，独耻事干谒。兀兀遂至今，忍为尘埃没。

终愧巢与由，未能易其节。沉饮聊自遣，放歌颇愁绝。

岁暮百草零，疾风高冈裂。天衢阴峥嵘，客子中夜发。

霜严衣带断，指直不得结。凌晨过骊山，御榻在嵽嵲。

蚩尤塞寒空，蹴蹋崖谷滑。瑶池气郁律，羽林相摩戛。

君臣留欢娱，乐动殷胶葛。赐浴皆长缨，与宴非短褐。

彤庭所分帛，本自寒女出。鞭挞其夫家，聚敛贡城阙。

圣人筐篚恩，实欲邦国活。臣如忽至理，君岂弃此物。

多士盈朝廷，仁者宜战栗。况闻内金盘，尽在卫霍室。

中堂舞神仙，烟雾蒙玉质。煖客貂鼠裘，悲管逐清瑟。

劝客驼蹄羹，霜橙压香橘。朱门酒肉臭，路有冻死骨。

荣枯咫尺异，惆怅难再述。北辕就泾渭，官渡又改辙。

群冰从西下，极目高崒兀。疑是崆峒来，恐触天柱折。

河梁幸未坼，枝撑声窸窣。行李相攀援，川广不可越。

老妻寄异县，十口隔风雪。谁能久不顾，庶往共饥渴。

入门闻号咷，幼子饥已卒。吾宁舍一哀，里巷亦呜咽。

所愧为人父，无食致夭折。岂知秋禾登，贫窭有仓卒。

生常免租税，名不隶征伐。抚迹犹酸辛，平人固骚屑。

默思失业徒，因念远戍卒。忧端齐终南，澒洞不可掇。

由于是"咏怀"，因此开篇的心路历程占去了全诗的三分之一。他在"致君尧舜"与"江海之志"间反复纠结，给自己入仕为官寻找道义上的理由，叫作"葵藿倾太阳，物性固莫夺"。性本如此，终不能移，无论如何，得官之后的杜甫启程探亲了。是夜无月，天气阴霾，寒夜中依稀可以辨出长安城高大的影子。行不多远，严霜便挂满杜甫周身，他发现衣带被冻断，试图去重新系起，却意识到双手已不听使唤。凌晨时杜甫到了骊山脚下，山中大雾弥漫，山路冻滑难行，华清宫内禁军的重重旗帜依稀可见。在破晓前的黑暗中，杜甫想起了他随郑遵意参观华清宫的情形。他曾在那里目睹天狗的尊贵地位，感叹于宫廷生活的奢华。此刻禁军的旗帜仿佛给他的想象插上翅膀，让他想到玄宗赐宴百官的极乐情形。其实，凌晨的行宫何来宴乐，寒气浸透的骊山脚下，百官恐怕正行色匆匆地准备上朝。杜甫随后写下的"君臣留欢娱"的情形，不妨视作他前半生若干宫廷经历的融合与提炼。这些记忆中的场景，包括少年初游东都文场，委身汝阳王与郑驸马门下，在集贤殿当众试赋，以及在华清宫观瞻狗坊。它们在杜甫脑海中闪现重组，交织出一幅骄奢纵诞的宫廷画卷。君臣显贵们以貂鼠之裘暖客，乐声动人；以驼蹄之羹劝客，橙橘鲜美。[1] 想到这些，他愤怒地在心中大呼："朱门酒肉臭，路有冻死骨！"[2]

杜甫在此诗中极度压抑的情绪，其实与他到家后猝不及防的遭遇密切相关。渡渭河时，杜甫遇到了自上游漂来的浮冰，桥梁危在旦夕，他勉强越过，归家心切。然而杜甫回到家中，发现自己出生不久的第三子已经饿死，顿时悲痛欲绝。由于是襁褓而亡，没法按照丧制设灵堂接受吊谒，[3] 但邻里却不由得纷纷呜咽落泪。

1　霜橙，霜降以后采摘的橙子，因天气变冷，故酸度低而含糖量高，橘皮也变黄，味色俱佳。霜橙与香橘是互文关系，柑橘类水果的最佳采摘期大致都在霜降以后，这里是指霜降以后采摘的上好橙橘，堆满盘中。

2　酒肉臭，臭读若本音，腐败发臭意。酒肉臭的典故，出自已经佚失的《王孙子新书》，通过《太平御览》等类书得以保留个别佚文，此则是说楚庄王攻宋，当时楚王"厨有臭肉，樽有败酒"，将军子重进谏，说大王您现在"厨有肉，臭而不可食；樽有酒，败而不可饮"，而"三军之士皆饥色"，如何能胜？子重的进谏，让我们确知"酒肉臭"就是酒肉腐败变质的意思。［北宋］李昉等编：《太平御览》卷475《人事部·待士》，北京：中华书局，1960年，第2181页。

3　指诗中"吾宁舍一哀"。"一哀"，"一"同"壹"，专一致哀，即由衷哀恸。典出《礼记·檀弓上》，是说孔子到卫国时，遇到"旧馆人"也就是他以前舍人的家里有丧事，孔子进去凭吊，主人"遇于一哀"，也就是以专一哀恸的方式礼遇孔子，对他的吊唁之举致以真诚谢意。这使孔子大为感动，凭吊变成了"出涕"大哭，以示回敬，并且为了表示诚意，他出来后指示子贡把自己驾车的骖马卸下来"赙之"，以贵重的财物襄助。这就是孔子"遇于一哀而出涕"的典故。［汉］郑玄注，［唐］孔颖达疏：《礼记正义》卷9《檀弓上》，上海：上海古籍出版社，2008年，第274—276页。

"抚迹"两句，其实化用了南朝刘宋名臣傅亮《为宋公修张良庙教》中"抚迹怀人，永叹实深"的名句，将原文的抚旧迹、怀斯人，扩展为抚眼前之事、怀百姓之苦，也与本诗"咏怀"的主旨相符。他将自己的遭遇推及天下，展示出难能可贵的家国情怀。

五、禄山起兵

杨国忠对安禄山的猜忌不断加深，而安禄山心怀异志也有数年之久。天宝十三载离京后，安禄山马不停蹄返回范阳，自此再未前往长安。起兵之事除心腹僚佐严庄、高尚等少数几人外，他人一无所知。天宝十四载十一月九日的深夜，范阳天寒地冻。在严冬的夜幕中，安禄山向三军将士宣言："奉事官胡逸自京回，奉密旨遣禄山将随手兵入朝来，以平祸乱耳。莫令那人知，诸公勿怪！"[1]"那人"指当朝宰相杨国忠，"清君侧"只是起兵借口，诸将已然猜出八九分。次日清晨，安禄山往范阳城北祭拜祖父和父亲坟茔，随后举兵南下。这是一次充分预谋、精心策划的军事行动，战争在范阳、大同、太原三地同时打响。在范阳主力南下的同时，河东道北部大同军经略使高秀岩向西突袭，进击位于河套东北角的东受降城。另一支特种兵则突入太原城，劫持了当时的河东节度副使、太原尹杨光翙。也正因如此，东受降城和太原得

1　《安禄山事迹》卷下，第95页。

以在叛乱爆发的第一时间上奏朝廷，传递了安禄山反叛的重要情报。叛乱爆发时，玄宗正在华清宫，六天后东受降城及太原的军情相继传至华清宫。当时，安西、北庭节度使封常清进京述职正好到达昭应县，次日封常清入见玄宗，当场表态："臣请走马赴东京，开府库，募骁勇，挑马箠渡河，计日取逆胡之首悬于阙下。"[1]在封常清看来，河北的局势只需举马鞭、募骁勇渡河便可平定，这种盲目的自信，其实反映了当时朝廷对于此事的普遍态度。

事实上，安禄山的这支叛军在范阳、平卢、河东三镇正规军的基础上，加入了由同罗、契丹、室韦等东北民族构成的"曳落河"，马步相兼计有十万。"曳落河"源自突厥语，指中亚粟特城邦特有的"柘羯"近卫军组织，它以将领和士兵的义父子关系为纽带，具有鲜明的私属性和高度的忠诚性。[2]这种组织早在安禄山发迹之前便已长期存在于胡风盛行的幽、营诸州，安禄山最初也是作为前任节度使张守珪的义子得到重用的。[3]自武周时默啜劫掠赵、定诸州后，河北道已将近六十年不历兵燹，天宝年间唐朝在地方的主力部队又都集中于沿边军镇。在这种情况下，安禄山的

1　《旧唐书》卷104《封常清传》，第3209页。

2　关于中亚柘羯的父子兵传统，参见〔日〕小野川秀美《河曲六州胡の沿革》，《東亞人文學報》第1卷第4号，1942年，第193—226页。

3　《太平广记》保留了安禄山为张仁愿（实为张守珪）濯足并约为义儿的逸事，清晰地反映出早在开元年间，以义父子为纽带的军事组织便已在幽营诸州逐渐形成。参见《太平广记》卷222《安禄山》，第1703页。

军队以闪电般的速度一路南下，沿途郡县大多束手而降，反对者无兵可用，皆被杀。十天后，安禄山抵达博陵郡，斩杀了被劫持至此的杨光翙。常山太守颜杲卿自知不敌，假意开城，迎入安禄山。

十二月一日晚，叛军抵达黄河北岸的灵昌，对岸的陈留郡城在夜色中已经约略可辨。陈留郡即汴州，北扼河朔，南据郑陈，东至睢阳，西望洛阳，战略地位重要。确知范阳兵变后，唐廷第一时间于此设置了河南节度使，以卫尉卿张介然为使，屯以重兵。安禄山安排工兵以小船结草架桥，一夜之间河面结冰，次日清晨叛军渡过黄河，直抵陈留。五日，陈留太守郭纳以城降敌，叛军自北门逶迤而入。安禄山下令斩杀河南节度使张介然，将投降的近万名唐军悉数屠杀，以李庭望为河南节度使，镇守陈留，以张通晤为睢阳太守，与杨朝宗率军东进淮河流域。

陈留的陷落，使得东都立时暴露在了敌方兵锋之下。两天后的七日，叛军马不停蹄西抵荥阳，前锋兵临虎牢关下，封常清的军队第一次望见了来自范阳的曳落河轻骑兵。封常清亲临虎牢关，与荥阳太守崔无诐共同御敌，然而次日荥阳便告失守，崔无诐被杀，封常清退至荥阳城西的汜水左岸，据守罴子谷以保东都。十一日，安禄山麾下的柘羯骑兵先行进至罴子谷葵园，封常清派出骁骑迎战，杀伤甚众，但随后叛军主力开抵，唐军力不能支，复退至洛阳上东门。此时，封常清的身后便是东都。十二日，叛军兵临上东门，唐军战败，东都陷落。封常清逃至陕郡，与高仙芝商议后决定退保潼关。东都的失守对于此后数年的战局影响深远，随后建立起的燕政权得以建都中原，与唐朝形成对峙之势。

东都失陷的消息传至长安，玄宗下诏削除封常清官爵，白衣于高仙芝军中效力。对于自己的老部下和继任者，高仙芝颇持恻隐之心，令其着皂衣监巡左右厢诸军，而玄宗派来的监军边令诚则不免被架空，晾在一边。按理说，这三人是共过生死的老搭档，在大小勃律之战中一起立有殊勋。然而此时的边令诚代表玄宗意旨，封、高二人失守东都，本已是莫大的罪过，封常清以戴罪之身仍得实际掌管诸军，更是置玄宗宸旨于不顾。入京奏事的边令诚将前线情形如实上报，并暗示封、高二人怯阵避敌以致败退。玄宗大怒，命边令诚携敕旨往军中斩杀封、高。边令诚返回潼关，将封常清引至驿南西街，斩首示众，高仙芝随后赶来，边令诚告诉他："大夫亦有恩命。"以百余陌刀手将仙芝引至刑场，宣示斩首。临刑之际，高仙芝望着陈尸于破席之上的封常清，不禁感叹："封二，子从微至著，我则引拔子为我判官，俄又代我为节度使，今日又与子同死于此，岂命也夫！"[1] 遥远的葱岭雪山和暗夜的战马红旗拼接起了一幅模糊不全的记忆图景，在高仙芝生命的最后一刻倏忽划过。这一天是天宝十四载十二月十八日，距东都失守仅仅过去了六天。

在代北战场，高秀岩率其所属的大同军向西进袭东受降城，时任朔方节度副使、天德军使的郭子仪（697—781）第一时间做出反应，率军东向迎击。与安禄山等通过偏将途径快速拔擢的蕃将不同，郭子仪是武举出身的职业军人，经过长期的军功积累和

1　《旧唐书》卷104《封常清传》，第3211页。

职级迁转一步步进入高级将领之列。天宝后期，唐朝为了加强黄河北岸的军事防御体系，在中受降城设立了横塞军，后改名为天德军，由郭子仪任经略军使，[1]掌控着朔方军的精锐部队。安史之乱打响的时候，郭子仪已经五十九岁。在获知安禄山反叛后，玄宗立即返回京师。返回长安的玄宗所做的第一件事，就是罢免与安禄山有家族关系的朔方节度使安思顺，以郭子仪为朔方节度使，率天德军东向讨伐叛军。

临危受命的郭子仪上奏玄宗，起用了赋闲在家的前朔方军节度副使李光弼。郭子仪比李光弼年长十一岁，二人私下关系并不算好，据说当初同在安思顺帐下吃饭时都不愿对视一眼。[2]但是在叛乱爆发后，郭子仪主动向玄宗举荐了李光弼，后者随即受任河东节度使。安禄山既已反叛，河东道没有了节度使，而作为副使的杨光翙又被劫杀，因此郭子仪的举荐在当时具有极为关键的政治和军事意义，既稳定了太原的政治局势，又使河东道大同军以南忠于唐朝的军事力量得以最大限度地调动起来，对高秀岩形成了夹击之势。

从683年高宗病逝，到755年安禄山反叛，唐朝在这七十二年间，经历了武周、中睿、玄宗三个时代，共四位皇帝。杜家则在此期间，完成了由杜审言到杜闲再到杜甫的代际传承。高宗死

1　《旧唐书》卷120《郭子仪传》，第3449页。

2　[唐]杜牧撰，陈允吉点校：《樊川文集》卷6《张保皋郑年传》，上海：上海古籍出版社，2009年，第102页。

时，杜审言三十八岁；安史之乱爆发时，杜甫四十四岁。如果作一个静态的比较，此时的杜甫已经比当初自己的祖父还要年长，他的孩子杜宗文和杜宗武，也比当初杜审言的长子长女再大一些。时间在默默地推移。谢世多年的杜审言，固然无法感知后来的开天盛世；杜闲虽在玄宗朝为官，幼年与青年却属于武周、中睿时代；只有杜甫，亲身经历了玄宗朝的四十四年盛世。他是玄宗朝的同龄人，前半生对于国家和社会的诸多认知，都与他所成长的时代同频共调。然而，正如武周、中睿间漫长的政治斗争催生出玄宗盛世那样，杜甫前四十四年的盛世生命史，同样是杜家自武周以来不懈奋斗的结果，而贯穿其间的历史主线，则是文学派在8世纪上半叶的兴衰沉浮。杜甫的盛世图景之下，其实暗流涌动。在《后出塞五首》的终章，杜甫如是写道：

我本良家子，出师亦多门。

将骄益愁思，身贵不足论。

跃马二十年，恐辜明主恩。

坐见幽州骑，长驱河洛昏。

中夜间道归，故里但空村。

恶名幸脱免，穷老无儿孙。

————《后出塞五首·其五》

诗中的男子是在信安王北伐时应募从军的，当时他还是二十左右的"及壮"之年。如果我们的推定不假，那么就有一个不易察觉但极为关键的细节隐含在诗中，即《后出塞五首》塑造的主人公其实与杜甫同岁。他在开元十九年（731）随军北上幽州，至天宝十四载叛乱爆发，屈指算来已"跃马二十年"。在此期间，主人公亲身参与了唐军"拔剑击大荒，日收胡马群"的拓边壮举，然而"六合已一家，四夷且孤军"的赫赫武功背后，是"云帆转辽海，粳稻来东吴"（《后出塞五首·其三、其四》）的巨大财政开支。危机已悄然滋生。安禄山起兵的天宝十四载十一月，杜甫身在奉先县。东受降城的战报送抵华清宫，其实会经过奉先县，因此他很可能在十一月抵家后不久，便得知了安禄山起兵的传闻。东京失守后，封、高被杀，哥舒翰受任元帅，领兵驻守潼关，高适与田良丘也自河陇赶赴前线。历史的走向与个人的际遇都已改变。盛世终归落幕，战乱已然开启。

附录一：图表

唐代长安坊市图

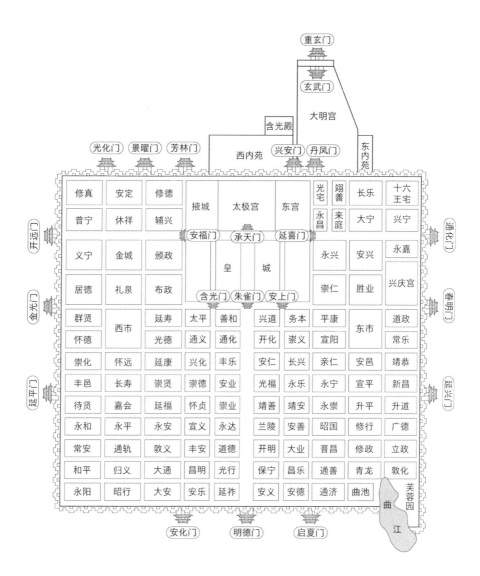

唐代洛阳坊市图

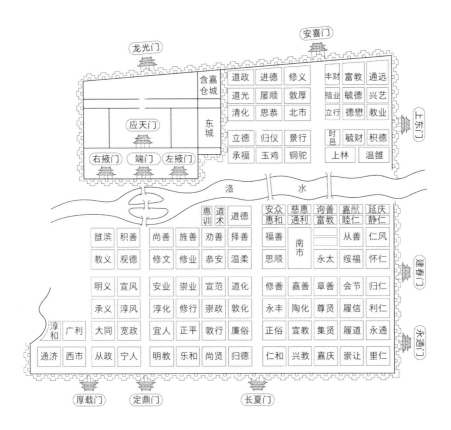

唐代主要官阶表（省台）

说明：本表并非唐代省台全部官职，仅选取其中最常见且与本书相关者收录。在某一品级完全空缺时，以合并后的单元格表示。以下诸表例同。

	尚书省	门下省	中书省	秘书省	殿中省	御史台
正一	三师三公					
从一						
正二	尚书令					
从二	尚书仆射					
正三	六部尚书	侍中	中书令			
从三		左散骑	右散骑	秘书监	殿中监	御史大夫
正四上	吏部侍郎 尚书左丞	黄门侍郎	中书侍郎			
正四下	五部侍郎 尚书右丞					
从四上				秘书少监	殿中少监	
从四下						
正五上		给事中 谏议大夫	中书舍人			御史中丞
正五下					食药奉御	
从五上	郎中			秘书丞 著作郎	殿中丞 四奉御	

从五下						
正六上						
正六下						
从六上	员外郎	起居郎 城门郎 符宝郎	起居舍人	秘书郎 著作佐郎		
从六下						侍御史
正七上					直长	
正七下						
从七上	都事	左补阙	右补阙 主书			殿中侍御史
从七下						主簿
正八上						监察御史
正八下						
从八上		左拾遗	右拾遗			
从八下			主事			
正九上				校书郎		
正九下				正字		
从九上	主事	校书郎		主事		
从九下		典仪				

唐代主要官阶表（卿监东宫）

	东宫	九卿	国子监
从一	三师		
正二	三少		
从二			
正三	宾客、詹事	太常卿	
从三		其他卿	祭酒
正四上	少詹事、左庶子、率	太常少卿	
正四下	右庶子、谕德		
从四上	家令、率更令 太子仆、副率	其他少卿	
从四下			司业
正五上	赞善大夫		博士
正五下	中允、中舍人		
从五上		太常丞	
从五下		大理正	
正六上	詹事丞、司议郎、 舍人		太学博士
正六下			
从六上		其他丞	国子助教
从六下			国子丞
正七上	长史		四门博士
正七下	通事舍人		

从七上	詹事主簿、三寺丞	太常主簿 太常博士	太学助教
从七下		郊社令	国子主簿
正八上		协律郎	
正八下			
从八上	录事参军		四门助教
从八下	厩牧令、诸曹参军		
正九上			
正九下	三寺主簿		
从九上		录事	
从九下	校书、厩牧丞		录事

唐代主要官阶表（京兆、河南、太原及都督府）

	府			
	三都	大都督	中都督	下都督
从二	牧	都督		
正三			都督	
从三	尹	长史		都督
正四上				
正四下			别驾	
从四上				
从四下	少尹	司马		别驾
正五上			长史	
正五下			司马	
从五上				长史
从五下				司马
正六上				
正六下				
从六上				
从六下				
正七上	司录参军事	录事参军事		
正七下	诸曹参军事	诸曹参军事	录事参军事	
从七上			诸曹参军事	录事参军事
从七下				诸曹参军事

唐代主要官阶表（州）

	州		
	上州	中州	下州
从三	刺史		
正四上		刺史	
正四下			刺史
从四上			
从四下	别驾		
正五上			
正五下		别驾	
从五上	长史		别驾
从五下	司马		
正六上		长史	
正六下		司马	
从六上			司马
从六下			
正七上			
正七下			
从七上	录事参军事		
从七下	诸司参军事		
正八上		录事参军事	
正八下		诸司参军事	
从八上			录事参军事
从八下			诸司参军事

唐代主要官阶表（县）

	县				
	赤县	三都县	上县	中县	下县
正五上	令				
正五下					
从五上					
从五下					
正六上		令			
正六下					
从六上			令		
从六下					
正七上				令	
正七下					
从七上	丞				令
从七下					
正八上					
正八下		丞			
从八上	主簿				
从八下	尉		丞	丞	
正九上		主簿			
正九下		尉	主簿		丞
从九上			尉	主簿	主簿
从九下				尉	尉

凡例

唐代宰相的标志,在于职事官后所加的"同中书门下平章事"或"同中书门下三品"。由于官制几度改易,"同中书门下平章事"又在某些时候称为"同凤阁鸾台平章事"。本表将其一概简称"同平章事"或"同三品"。正史记载中,一个人此前已为宰相,职事官有变动,多称"依旧知政事",本表尽量避免使用这种口头化的描述,采用"迁任后的职事官 + 同平章事(同三品)"的表述。二人或以上同日拜相,正史多称"并同中书门下(凤阁鸾台)平章事(三品)",本表简化为"并同平章事(三品)"。武周、中睿时期宰相变动频繁,人员混乱,部分宰相与杜家变迁了无关涉,故本表对这一时期的宰相,仅选取与杜家相关者收录;玄宗朝宰相交接相对稳定,与杜甫及其家族关系密切,故本表全部收录。

时间部分,西历与中历同时标出。中历分年号与月份。众所周知,西历与中历间存在岁末年初的一个多月差别,但这种差别对我们理解唐代历史几乎没有影响;相反,如果将中历的月份简单地换算为西历月份,则不仅于理解历史事件无益,反而使得历史叙述变得混乱。因此本表的月份与书中一样,是中历月份,亦即我们所说的"农历",记为阿拉伯数字,是为了方便查阅。中历每三年有一次闰月,本表闰月前有"+"以示区别,如闰九月即为"+9"。

事件部分，分为"政治""杜家""相关人物"三个部分。其中"政治"一列，指国家层面发生的重大事件，包括皇位更替、宰相变动、重要宫廷活动、政治军事外交举措，以及与杜甫家族直接相关的国家行为。"杜家"一列，指杜甫家族以及重要亲属的事件，包括杜审言、杜闲、杜甫三代及其核心家庭，以及与杜家关系密切的裴氏、郑氏等亲属。"相关人物"一列，指与杜家存在实际交往关系或对杜家产生关键影响的历史人物。三个事件部分，都是围绕杜甫家族展开，无关者不予收录。

杜甫年表

时间			事件		
西历	年号	月	政治	杜家	相关人物
698	圣历元年	1	武则天亲享明堂，改元圣历。		
		2		杜审言外放吉州。	
		3	召庐陵王李显于房州。		
		8	梁王武三思为内史，狄仁杰为纳言。		
		9	庐陵王李显册为太子。苏味道为凤阁侍郎、同平章事。		
		10	夏官侍郎姚元崇、麟台少监李峤同平章事。		
699	圣历二年	2	魏元忠为凤阁侍郎、同平章事。		

		7	太子李显与梁王武三思等于明堂立誓文。	杜并刺杀周季童。	
		8		杜审言返回洛阳待罪。	
		9			
700	圣历三年/久视元年	1			孙嘉之、齐澣制举及第。
		3	李峤为鸾台侍郎、同平章事。		
		5	改元久视。		
		6	魏元忠为左肃政御史大夫、同平章事。		
		+7	张锡为凤阁侍郎、同平章事。李峤为成均祭酒，罢知政事。		
		9	内史狄仁杰卒。		
701	久视二年/大足元年/长安元年	1	改元大足。张说迁右史内供奉，知贡举。		崔尚进士及第。
		3	姚元崇为凤阁侍郎、同平章事。		
		10	武则天移驾长安。改元长安。		

420

		11	麟台监张昌宗进呈《三教珠英》。		
					李峤、张廷珪引李邕为左拾遗。
702	长安二年			杜并被认定为孝童，载入国史。	崔尚调补秘书省校书郎。
		4		杜审言将杜并葬于洛阳城北。	苏颋撰写《杜并墓志》。
		6		杜审言至长安面见武则天，授著作佐郎。	
					张说迁凤阁舍人。
703	长安三年	+4	李峤知纳言、同平章事。		
		9	张易之、张昌宗告御史大夫魏元忠谋反。魏元忠贬高要尉。	杜审言迁任膳部员外郎。	凤阁舍人张说御前对证，称魏元忠不反。张说配流钦州。
		10	武则天还驾洛阳。		
					代国公主下嫁郑万钧。

704	长安四年	1	韦嗣立为凤阁侍郎、同平章事。	
		4	韦安石为纳言，李峤为内史。	
		8	姚元崇为司仆卿、知政事。	
		10	秋官侍郎张柬之同平章事。	
		11	李峤为地官尚书。	
705	长安五年 / 神龙元年	1	改元神龙。桓彦范等发动政变，诛杀张易之、张昌宗。武则天逊位，中宗即位。	杜审言流放峰州。	李峤、崔融左迁外州，房融、宋之问等流放岭南。李邕迁南和令、富州司户参军事。
					张说迁兵部员外郎。
		11	武则天崩。	杜审言作《旅寓安南》。	崔融任国子司业。
706	神龙二年	1	武则天灵驾至京师。吏部尚书李峤同三品。		
		7	卫王李重俊为太子。	杜审言奉诏北返。	

		9	杜审言途经襄阳。	
		11	杜审言为崔融服缌麻丧。	崔融卒。
				张说迁工部侍郎。李邕迁富州司户参军事。
707	神龙三年／景龙元年		杜审言任国子主簿。	宋之问任鸿胪主簿。
		7	李重俊发动政变，失败被杀。	
		9	改元景龙。	宋之问迁户部员外郎。
				张说服母丧。姚元崇迁常州刺史，注意到义兴尉严挺之。
708	景龙二年	1		考功员外郎宋之问知贡举。
		4	修文馆增置大学士四员、学士八员、直学士十二员。李隆基兼潞州别驾。	中书令李峤、兵部尚书宗楚客兼任修文馆大学士，秘书监刘宪等为学士。
		5	国子主簿杜审言为修文馆直学士。	考功员外郎马怀素、户部员外郎宋之问、起居舍人武平一等为修文馆直学士。

708	景龙二年	7	中宗在两仪殿大宴群臣。	杜审言参加两仪殿宴会并赋诗。	李峤参加两仪殿宴会并赋诗。
		9	中宗登慈恩寺塔宴集群臣。	杜审言缺席慈恩寺塔宴会。	李峤、宋之问等参加慈恩寺塔宴会并赋诗。
		+9	中宗登总持寺塔宴集群臣。	杜审言缺席总持寺塔宴会。	
		10	中宗在定昆池三会寺宴集群臣。诏赠杜审言著作郎。	杜审言缺席三会寺宴会。杜审言向宋之问、武平一托付后事。杜审言病逝，棺椁发往洛阳。	宋之问参加三会寺宴会。宋之问、武平一探视杜审言，被托以后事。宋之问送别杜审言棺椁，作《祭杜学士审言文》。李峤上疏为杜审言请求赠官。
709	景龙三年		张说终母丧，迁兵部侍郎、修文馆学士。		宋之问迁越州长史。
					宋之问致书宗楚客兄弟，谋划政变。

710	景龙四年 / 唐隆元年 / 景云元年	1	考功员外郎武平一知贡举。		王翰进士及第。
			武平一奉使往嵩山置舍利塔。		张说、徐坚于灞川送别武平一。
		6	安乐公主与韦后鸩杀中宗。中宗崩。韦太后称制，改元唐隆。李重茂即位。临淄王李隆基发动政变，诛除韦武。睿宗即位。平王李隆基为太子。		
		7	改元景云。宋璟检校吏部尚书，与姚元崇、苏瑰并同三品。		李峤迁怀州刺史。宋之问配流钦州。武平一贬至岭南。李邕迁户部员外郎。严挺之迁右拾遗。
			张说迁中书侍郎兼雍州长史，与褚无量同为太子侍读。		王翰于吏部东街私张榜帖。
711	景云二年	1	太仆卿郭元振、中书侍郎张说并同平章事。说监修国史。	杜闲初婚，娶崔氏。	
		2	姚元崇迁申州刺史，宋璟迁楚州刺史。郭元振为兵部尚书、同平章事。		严挺之迁万州员外参军事。李邕迁崖州舍城丞。

711	景云二年	4	张说为兵部侍郎、同平章事。		
		10	张说为尚书左丞，罢知政事。		
712	景云三年 / 太极元年 / 延和元年 / 先天元年	1	改元太极。	杜甫出生。杜崔氏卒。杜甫被送往洛阳，由小裴杜氏照顾。小裴杜氏长子夭折。	
		5	改元延和。		
		8	睿宗退位，玄宗即位。改元先天。		
713	先天二年 / 开元元年	7	玄宗诛除太平公主。张说检校中书令。		
		8			慧能圆寂，张说致书武平一。武平一为慧能撰写碑铭赞，宋之问书写。
		10	玄宗于骊山讲武。郭元振配流新州。姚元崇为兵部尚书、同三品。	杜闲续娶小杜卢氏。	朝廷诏敕抵达岭南，赐宋之问自尽。武平一迁郴州司法参军事。李邕迁江州别驾。

		12	改元开元。姚崇兼任紫微令、同平章事。门下侍郎卢怀慎同平章事。张说迁相州刺史。		
714	开元二年	7	吐蕃入侵临洮军与兰、渭诸州。		
		10	薛讷率军追击至武阶驿，王海宾战死。王忠嗣以烈士遗孤养入宫中。		
			姚崇北伐。		李邕以江州别驾随姚崇北伐，任判官。
715	开元三年	1	立郢王李嗣谦（瑛）为太子。		
		2	十姓及高丽等部来降。		
		10	马怀素迁左散骑常侍，与右散骑常侍褚无量同为玄宗侍读。		
			马怀素迁秘书监兼昭文馆学士。		李邕迁户部郎中。

（续表）

		6	睿宗崩。默啜卒。		
716	开元四年	11	源乾曜为黄门侍郎、同平章事。卢怀慎卒。		
		+12	宋璟为吏部尚书兼黄门，与紫微侍郎苏颋并同平章事。		
			张嘉贞迁并州大都督府长史。		王翰入张嘉贞幕下。李邕迁括州司马。
717	开元五年	2	玄宗至东都。		
		3	于柳城复置营州都督府。		
			宋璟上疏指斥姜皎。		
		7	明堂更名乾元殿。		
		12	马怀素上疏请续修《七志》。诏于乾元殿东廊校书，褚无量任使。		
					杜甫随家人在豫州郾城县观看公孙大娘剑器浑脱舞。

428

（续表）

		6	马怀素卒。		
718	开元六年	11	玄宗返回京师。设丽正殿修书院。		
				杜甫写诗歌咏凤凰。	
719	开元七年	2		老裴杜氏卒于次子裴昌期许州扶沟县官舍。	
		12	张说迁并州大都督府长史兼天兵军大使，摄御史大夫。		
			弘文馆恢复生徒设置。		房琯入选弘文生。李邕撰《兖州曲阜县孔子庙碑》。
720	开元八年	1	宋璟、苏颋罢知政事。源乾曜为黄门侍郎，张嘉贞为中书侍郎，并同平章事。褚无量卒。元行冲任修书使。		
		7			山阴尉孙逖迁秘书正字。
				杜甫写出规整大字，诗作可汇成一囊。	

429

（续表）

721	开元九年	1	宇文融上疏请检括天下逃户。	
		9	张说为兵部尚书、同平章事。	崔尚任秘书郎。王翰随张说入京，授秘书正字。
			武惠妃生李清（瑁），养于宁王府。	李邕迁海州刺史。
722	开元十年			孙逖制举及第，擢为左拾遗。孙逖与张均、张垍叙为伯仲。武平一迁任宣州。
723	开元十一年	2	张嘉贞罢知政事，迁幽州刺史。张说为中书令、同平章事。	
			山东大旱。王丘迁怀州刺史，崔沔迁魏州刺史。	
				李邕撰《李思训碑》。武平一撰《东门颂》，游琴溪。
724	开元十二年	2	大酺五日，赐百官钱帛。玄宗与百官乐游园宴集。张说以下赋诗。	崔尚、王翰等参加宴集并赋诗。

		7	王皇后废为庶人。		
		11	玄宗至东都。		
			王皇后卒。		李邕迁陈州刺史。房琯献文章并致书张说，授秘书省校书郎。
725	开元十三年	2	宇文融迁御史中丞兼户部侍郎、诸色安辑户口使。		
			许景先等十一人迁任外州刺史。玄宗率群臣饯别。		王翰迁驾部员外郎。
		10	玄宗自东都启程，前往泰山。	杜甫随杜闲前往洛阳，拜会张垍、李邕、崔尚、王翰诸人。	李邕自陈州入计，在洛阳拜会张垍、孙逖诸人。
		11	玄宗至泰山封禅。张说为尚书右丞相兼中书令。玄宗在宋州宴请百官。		
		12	玄宗经汴州。玄宗返回东都。		陈州刺史李邕至汴州境上迎谒玄宗，献牛酒钱帛。
					武平一迁金坛令。

726	开元十四年	1	考功员外郎严挺之知贡举。		
		4	崔隐甫、宇文融、李林甫弹奏张说。张说停兼中书令，罢知政事。		
					张九龄迁太常少卿。
		9	源、杜、李三相秉政。		薛自劝、库狄履温弹奏李邕。李邕至洛阳下狱。
			赵丽妃卒。		孔璋上书。李邕贬遵化尉。
727	开元十五年	1	制草泽之士诣阙自举。		苏预上表自荐，进士及第。李邕途经端州，作《石室记》。
		2	张说致仕，崔隐甫免官，宇文融迁魏州刺史。		
		5	诸皇子加都督，李瑁随诸兄入拜。		
728	开元十六年	1	宇文融迁户部侍郎兼魏州刺史，充河北道宣抚使。	杜甫自洛阳启程，前往吴越。	

728	开元十六年		宇文融检校汴州刺史，充河南北沟渠堤堰决九河使。	杜甫至润州，在江宁县结识旻上人、许登。在瓦官寺观顾恺之绘维摩诘图。杜甫至苏州，游虎丘、剑池。	严挺之先后迁给事中、登州刺史。
		5		杜甫至越州，游镜湖、剡溪。	
		6		杜甫自越州北返洛阳。	
		11	萧嵩为兵部尚书、同平章事。		
729	开元十七年			杜甫为东都乡贡进士。	
		2	张说起复尚书左丞相、集贤院学士。信安王李祎攻下石堡城。		
		5	齐瀚向玄宗进言王毛仲之奸。		
		6	源、杜、李同日罢相。萧嵩兼中书令，宇文融为黄门侍郎，裴光庭为中书侍郎，并同平章事。		

		9	宇文融迁汝州刺史。裴光庭为黄门侍郎、同平章事。		
		11	玄宗谒五陵。		
			王毛仲求任兵部尚书未果。		
			杨贵嫔卒。		杨钊应募从军至剑南道，在巂州屯田。
730	开元十八年	1	裴光庭为侍中、同平章事。考功员外郎刘日政知贡举。	杜甫应进士举不第。	严挺之迁太原少尹。
		4	裴光庭兼吏部尚书，推行"循资格"。	杜甫拜谒裴仙先、宋之悌。	
		6	诏关内、河东诸道召募勇士。忠王李浚为河北道行军元帅，李朝隐、裴仙先为副，统十八路总管征可突干。	杜闲任奉天令。杜甫前往奉天县看望杜闲。杜甫离开奉天县，前往蒲州。作《行次昭陵》《重经昭陵》。	张说对孙逖、韦述说忠王貌类太宗。
			王毛仲索太原甲仗，太原少尹严挺之密奏之。	杜甫前往蒲州猗氏、安邑，结识韦之晋、寇锡。	

		12	张说卒。萧嵩兼领集贤院事。		
731	开元十九年	1	王毛仲被贬，后于途中被赐死。张九龄迁秘书少监、集贤院学士，副知院事。		
		2	王毛仲赐死途中。		严挺之迁濮州刺史。
			张九龄迁中书侍郎。		
			张九龄服母丧，回韶州守制。		高适应募从军，投奔信安王幕下。
732	开元二十年	1	信安王李祎率军自洛阳渡河北上。	杜闲自奉天令迁任河北或河南某州。杜甫前往魏州、洛州，与苏预同游。	
		3	唐军在幽州以北击败奚部，可突干遁入平州北山。		
		5	信安王李祎自幽州回京献俘。		
		6	赵含章坐赃流放，死于途中。宋璟致仕。		

435

（续表）

				杜甫与苏预至青州，在千乘县等地游玩。	严挺之迁汴州刺史。鲜于仲通为乡贡进士。
733	开元二十一年	3	裴光庭卒。韩休为黄门侍郎、同平章事。		鲜于仲通进士及第。
		12	萧嵩、韩休罢知政事。张九龄自韶州启程前往东都。		严挺之迁刑部侍郎、太府卿。
734	开元二十二年	1	玄宗至东都。张九龄至东都。		
		5	裴耀卿为侍中，张九龄为中书令，李林甫为礼部尚书，并同平章事。		
					严挺之迁尚书左丞。
735	开元二十三年	10	皇甫德仪卒。		
		12	杨玉环为寿王妃。		严挺之迁中书侍郎。李邕迁括州刺史。
736	开元二十四年	9	牛仙客加实封之争。王元琰下狱。		
		10	玄宗返回京师。		

		11	裴耀卿、张九龄罢知政事。		严挺之迁洺州刺史。
737	开元二十五年			杜甫至兖州陪侍杜闲。	
		4	太子李瑛、鄂王李瑶、光王李琚废为庶人。		
		12	武惠妃卒。章仇兼琼迁益州司马、节度营田防御副使。		
738	开元二十六年	8		杜甫与高适在兖州相识。	
		+8			临晋册为公主。
		10	剑南节度使王昱兵败安戎城，去职。张宥迁益州长史、剑南节度使。		鲜于仲通授新都尉。张宥笞责杨钊。
739	开元二十七年		章仇兼琼入朝，面谒玄宗。	杜闲卒于兖州官舍。	鲜于仲通为剑南采访支使。李邕迁淄州刺史。
			章仇兼琼迁剑南节度使、益州长史。	老杜卢氏从偃师杜宅搬出，前往汴州随杜登生活。	鲜于仲通摄判节使事，监越巂兵马。鲜于仲通结识巂州屯官杨钊。
740	开元二十八年	1	寿王杨妃度为道士。		杨钊迁新都尉。

					临晋公主下嫁郑潜曜。鲜于仲通迁新繁尉。
741	开元二十九年	3		杜甫服满父丧。杜家分家,杜甫作《祭远祖当阳君文》。	
				裴荣期迁朝散大夫、济王府录事参军。小裴杜氏获封万年县君。	李邕迁滑州刺史。哥舒翰、田良丘入河西节度使王倕幕下。
742	天宝元年	1	改元天宝。		
		2	改侍中为左相,中书令为右相。改州为郡,刺史为太守。		
		3		杜甫至汴州老杜卢氏宅。杜甫舅氏刑部员外郎崔某作假山盆景,置于汴州宅中。	
		5		小裴杜氏卒于洛阳仁风里。杜甫前往洛阳吊丧,撰写墓志。	
		7	牛仙客卒。		
		8	李适之为左相。		

		12	河西节度使王倕攻吐蕃鱼海军。		
			皇甫惟明迁陇右节度使。	杜甫拜谒严挺之、齐澣、崔尚、李邕诸人。	李白被召至京师，待诏于翰林院。
743	天宝二年				李邕迁汲郡太守。
744	天宝三载	3		杜甫与李白在洛阳相识。	杨钊前往京师送剑南道春绤。
		4		杜甫与李白往王屋山访道。	杨钊至京师，拜会杨氏姊妹。杨钊迁金吾卫兵曹参军。
		10		杜甫、李白、高适在宋州相会，同游吹台。	
		11		杜甫、李白、高适至单县，三人分别。	李之芳迁济南司马。
745	天宝四载				李邕迁北海太守。
		6		杜甫在济南拜会李邕、李之芳，于历下亭、崝山湖宴集。	柳勣随裴敦复至济南，拜会李邕。
				杜甫辞别李之芳，至临邑见杜颖。	

		7	杜甫与李白在鲁郡重会，至曲阜县拜访范十，同往东蒙山访道。	
		9	杜甫在兖州与李白分别。	
		10	杜甫至京师。	
746	天宝五载	1	韦坚与太子、皇甫惟明密会，李林甫奏其谋反。韦坚迁缙云太守，皇甫惟明迁播川太守。王忠嗣兼河西、陇右节度使。	杜甫为临晋公主与驸马郑潜曜作《皇甫德仪神道碑》。杜甫送别孔巢父。	孔巢父返回江东。
		4	李适之罢知政事。门下侍郎陈希烈同平章事。	杜甫随郑潜曜参加终南别业宴会。	郑潜曜在终南别业设宴。
		8	郭虚己以户部侍郎兼任御史大夫、蜀郡长史、剑南节度使。		
			柳勣罗告杜有邻。	杜甫拜谒汝阳王李琎。	
747	天宝六载	1	诏天下有一艺士人赴京，以常科策试。	杜甫应试不第。	李邕被杀，埋于郓州东。

		7	高仙芝攻下连云堡，征服小勃律。		
			高仙芝迁安西都护兼四镇经略大使。	杜甫在杜曲定居。	
748	天宝七载	11	王忠嗣迁汉阳太守。	杜甫结婚，妻子杜杨氏。	
			郭虚己破千碉城。		
			贵妃三姊同日受封国夫人。		
					鲜于仲通进京，见玄宗与杨钊，迁屯田员外郎。
749	天宝八载	3	郭虚己破摩弥八国，设金川都护府。		高适应有道科及第，授封丘尉。
		6	郭虚己卒。鲜于仲通迁剑南节度使。		
			哥舒翰攻下石堡城，筑临蕃城。鲜于仲通设保宁都护府。王忠嗣迁汉东太守。王忠嗣卒。	杜宗文出生。杜甫至东都。	田良丘迁临蕃令，兼节度判官。
		10		杜甫在洛城北谒玄元皇帝庙。	河南尹韦济数次遣人往偃师询问杜甫。

441

				杜甫返回京师，拜谒韦济，作《奉赠韦左丞丈二十二韵》。	韦济迁尚书左丞。高适前往清夷军送兵。
750	天宝九载	8	汝阳王李琎卒。		
			高仙芝征石国，俘其王。		
		12	诏明年正月朝献太清宫、朝飨太庙、南郊祭祀。	杜甫作《三大礼赋》，投延恩匦进献。	
751	天宝十载	1	玄宗朝献太清宫，朝享太庙，有事于南郊。高仙芝入长安城献石国战俘。高仙芝迁右羽林大将军。	杜甫于中书省试文章通过，获得出身，参列选序。杜甫观高仙芝献俘，作《高都护骢马行》。	
		2	安禄山加河东节度使。		
		7	高仙芝兵败怛逻斯。		
		10	李嗣业迁左金吾大将军、疏勒镇使。封常清迁安西都护、四镇节度使。	杜甫致书咸宁、华原两县官员。	

		11	杨国忠兼剑南节度使。		
		12		杜甫在杜位宅守岁。	高适封丘尉任满，来到长安。
752	天宝十一载	1	鲜于仲通迁京兆尹。		
		9	哥舒翰入朝。	杜甫与高适等登慈恩寺塔。杜甫与高适结识田良丘。	田良丘随哥舒翰入朝。
		11	李林甫卒。杨国忠迁右相兼文部尚书。		
753	天宝十二载	3		杜甫在曲江观诸杨出行，作《丽人行》。	
		5		杜甫送别高适。	高适前往河西哥舒翰幕下，授左骁卫兵曹参军事。
754	天宝十三载	1	安禄山加陇右群牧都使、闲厩使。		
		6			郑遵意协助安禄山交点群牧。
		8	陈希烈罢知政事。韦见素为武部尚书、同平章事。		

443

（续表）

		10		杜甫进入华清宫五坊院，观天狗院。杜甫进入沙苑监。	
755	天宝十四载	1	悉诺逻投奔陇右节度使。		
		10		杜甫授河西尉，不之官，再授右卫率府胄曹参军事。	
		11	安禄山在范阳起兵反叛。	杜甫自杜曲前往奉先县探亲。	
		12	安禄山攻陷东都。玄宗遣边令诚斩封常清、高仙芝。哥舒翰任元帅。		

444

后　记

我读本科时在学校的旧书店买到一本萧涤非先生的《杜甫诗选注》，第一次接触到真正的杜诗，为其恢宏磅礴的古诗和排律所震撼。后来的读书和研究中，杜诗始终能给我启发。如果将唐史研究比为一场考试，那么杜甫几乎是在把答案展示给你看，只不过他的手势和暗号需要解读。在我看来，有关8世纪唐朝的政治、人事、社会、观念等多个方面，都能从杜甫诗歌中找到最为直观的解答，这是他被称为"诗史"的真正意义之所在。

众所周知的一个说法，叫作"千家注杜"，杜甫的诗歌从来不会缺少研究。但在扎堆注解的同时，却也有大量困惑因为无法达到文献学的笺证要求，而被"阙而不论"。同时，自宋代以来诸家对杜甫生命历程的划分多侧重后半段，前半生很少有深入考证，造成杜甫的实际生命史划分很不均衡，人生前三四十年只是徒具形式，而这恰恰是他思想和认知的形成发展期，至关重要。此外，历代注家对于杜甫强烈的感情，也使得杜甫生命历程中某些关键因素，被刻意地掩盖或者人为地调和。因此，我一直希望用历史学的研究方法，将杜甫置于8世纪的家族、社会、政治斗争以及地缘格局中，考证并还原出一幅杜甫当日所目睹、所身处的历史图景。

感谢浦睿文化的编辑于欣女士向我约稿，使我有机会将这个想法变为实践。感谢责任编辑朱可欣女士的辛勤工作。本书的标题，叫作"杜甫的历史图景：盛世"，写到 755 年安史之乱爆发。显然，随后还会有另一部书，叫作"杜甫的历史图景：战乱"，来记录他人生的最后十五年。

王炳文

2023 年 1 月于厦门大学

446

图书在版编目（CIP）数据

杜甫的历史图景 : 盛世 / 王炳文著 . -- 长沙 :
岳麓书社 , 2024.3
　ISBN 978-7-5538-1962-4

　Ⅰ . ①杜… Ⅱ . ①王… Ⅲ . ①杜甫（712-770）－人物
研究 Ⅳ . ① K825.6

中国国家版本馆 CIP 数据核字 (2023) 第 208082 号

DU FU DE LISHI TUJING: SHENGSHI

杜甫的历史图景：盛世

作　　者　王炳文
出 品 方　中南出版传媒集团股份有限公司
　　　　　上海浦睿文化传播有限公司
　　　　　上海市万航渡路 888 号开开大厦 15 层 A 座（200042）
责任编辑　刘丽梅
装帧设计　凌　瑛

岳麓书社出版发行
地　　址　湖南省长沙市爱民路 47 号
直销电话　0731-88804152　0731-88885616
邮　　编　410006

2024 年 3 月第 1 版第 1 次印刷
开　　本　880mm×1230mm　1/32
印　　张　14.5
字　　数　298 千字
书　　号　978-7-5538-1962-4
定　　价　88.00 元
承　　印　河北鹏润印刷有限公司

如有印装质量问题，请与印刷厂联系调换。联系电话：8621-60455819

出　品　人：陈　垦
监　　　制：余　西
出版统筹：胡　萍
策　　　划：于　欣
编　　　辑：朱可欣
封面设计：凌　瑛
版式设计：张干珏
营销编辑：阿　七

欢迎出版合作，请邮件联系：insight@prshanghai.com
新浪微博 @ 浦睿文化